기뻐서 茶를 노래하노라

茶父 한재 이목의 차도茶道

기뻐서 차를 노래하노라

초판 1쇄 2018년 08월 17일

지은이 박남식 ● 펴낸이 김기창 ● 기획 임종수
디자인 銀 ● 인쇄 및 제본 천광인쇄사

펴낸곳 도서출판 문사철
주소 서울 종로구 명륜동 2가 4번지 아남A 상가동 3층 3호
전화 02 741 7719 ● 팩스 0303 0300 7719
홈페이지 www.lihiphi.com ● 전자우편 lihiphi@lihiphi.com
출판등록 제300-2008-40호

ISBN 979 11 86853 49 8 (93150)

* 값은 뒤표지에 있습니다.

기뻐서 茶를 노래하노라

茶父 한재 이목의 차도 茶道

박남식 지음

도서출판문사철

일러두기

- 한재 이목의 호칭은 특별한 경우를 제외하고는 일반적으로 문집의 제호에 따라 '한재'를 사용하기로 한다. 또한 본고에서 '이목'과 '茶賦'의 영문표기를 'Yi Mok'과 'ChaBu'로 하고, '茶'자를 '차'로 발음하여 「茶賦」를 '차부'로 표기함을 원칙으로 한다. 효당(曉堂)의 『한국의 차도』에서 월인석보, 동국정운 등 옛 고서 등에서 '차'로 발음되어 표기되었음과 중국의 '茶'가 우리나라에 와서 '차'로 정착되었고, 그것이 그대로 일본에 전파되어 일본의 차도(茶道)를 낳았음을 들어 한국의 '茶'는 '차'로 발음하는 것이 옳다고 한 견해를 따랐다.
- 한재 저술의 원문인용은 한국고전종합DB의 한국문집총간에 등재된 『이평사집(李評事集)』에서 인용하고 이후는 각각 저술 명으로만 표기하였다.
- 본고에서 인용한 『노자』, 『장자』 등 원전원문은 http://ctext.org/pre-qin-and-han/zh[중국철학전자화계획(中國哲學書電子化計劃)]에 의거하였음을 밝힌다. 이후 『장자』는 편명만 명기하도록 하였다.
- 한재의 학문적 분야의 요점을 연구한 학회게재의 2개의 논문은 형식의 딱딱함을 피하기 위하여 서론, 본론, 결론 등의 단락제목과 참고문헌을 생략하고 내용의 절목의 제목만 취하였다.
- 책제목 등은 『 』를 사용하고, 문집의 저술명이나 원전의 편명은 「 」부호를 사용하였다. 한자와 한글의 부연설명이 필요할 때는 ( ) 부호를 사용하였다. 각 저술의 한문원문에 모두 한글로 토를 달아서 이해를 도모했다. 본서 전체에서 꼭 한자의 병기가 필요한 경우를 제외하고는 거의 한글을 사용하여 현대인들이 읽기에 용이하도록 하였다.
- 책 뒷머리에는 찾아보기를 편집하여 보다 상세한 접근을 도모하였다.

이 책을 내면서

스물도 되지 않아서부터 멋모르고 차를 마셨다. 생각을 조금 가지고 차인의 길을 걸어 온지도 40년이 훌쩍 넘었다. 그것은 차살림이 가지는 수행의 덕목을 사랑했기 때문이다. 점점 차도의 깊이와 차인연의 환희에 녹아들 즈음에는 초의艸衣(1786-1866)선사의 「동차송東茶頌」과 「차신전茶神傳」을 달달 외다시피 하였다. 몇십 번을 공부하고, 또 몇십 번을 가르치기도 하였다. 초의를 '한국의 차성茶聖'이라 일컫고 『한국韓國의 차도茶道』에 「동차송」과 「차신전」을 소개함으로써 세상에 크게 드러냈던 효당曉堂(1904-1979)과 인연이 닿았다.

조선의 차맥과 닿은 효당의 차도사상을 기려 「『한국의 차도』에 나타난 효당의 차도정신」이란 석사학위 논문으로 쓰기도 하였다. 그러한 차의 길에서 한재 이목Yi Mok(1471-1498)의 「차부茶賦」를 만나게 됨은 나의 차살림에 있어서 무척 행운이었다. 「차부」에 나타난 한재의 철학적 기반을 중심으로 「한재 이목의 차도사상 연구」라는 박사학위논문을 쓰게 되었기 때문이다. 현대차도의 중흥조인 효당에서 근대의 초의선사를 거쳐, 조선전기의 한재에 이르기까지 한국차도사상의 맥을 꿰어 연구할 수 있었던 것에 차인으로서는 큰 복이라 여긴다.

한재는 점필재 김종직의 문인이라는 이유로 무오사화(1498, 연산군 4)의 참화를 입어 28세의 젊은 나이로 생을 마감하게 되었다. 선생은 조선조 유학자 중에 '부오도벽이단扶吾道闢異端'을 몸소 실천하여 유생들의 귀감이 되었던 인물이며, 춘추의리정신으로 성리학의 도통을 이을 수도 있는 인물이었다.

「차부」는 단순한 차노래 글이 아니다. 「차부」는 유학사상과 노장사상이 절묘하게 융합한 차심일여茶心一如의 사상이 강조되고, 차의 정신수양이 강조된 차서로 독보적 지위를 차지한다. 한재 이목선생기념사업회를 발족시키고 한재의 인물을 현창하기에 앞장섰던 류승국(1923-2011) 교수는 「차부」의 함의에서 육우陸羽의 「차경茶經」보다도 더 심오한 철학이 담겨있다고 하였다. 과연 『차경』보다도 더 심오한 철학이 무엇인지 박사논문 연구에 이어 더 구체화하고 지속적으로 밝혀내야 하는 것이 나의 마지막 과제가 아닌가 싶다.

한재의 차도사상 핵심은 '내 마음의 차[吾心之茶]'로 표현된다. 오심지차는 실제 양생의 차에서 내 마음의 차로 승화시킨 심차사상이다. 이는 유자적 엄격함 속에서도 낙도의 여유를 즐기는 정신적 초월성을 내포하고 있다.「차부」에 담겨 있는 한재의 철학적 기반은 유학적 요소, 노장적 요소, 유학과 노장의 융합적 요소를 품고 있다. 본서에는 이러한 요소들의 특성을 연구논문으로 덧붙였다. 또한 한재의 노장적 요소의 이해를 더하기 위하여「차부」와 쌍벽을 이루는「허실생백부虛室生白賦」의 강독을 함께 하였다.

이 책을 내기까지 든든한 지주가 되었던 한재종중회에 감사드린다. 특히 여러 각도의 지원을 아끼지 않았던 한재종중 재경회에 깊은 감사의 마음을 표하지 않을 수 없다. 또한 이 책이 올바르게 나올 수 있도록 정성을 다해 주시고 선조의 업적을 바로잡아 기리고자 하는 이환규 선생(한재 17대손)과 이병규 선생(한재 16대손)의 그 열망에 경의를 표해 마지않는다. 출판을 흔쾌히 맡아준 도서출판 문사철의 김기창 사장께도 고마음을 표한다.

마음 한편에는 한재선생의 차정신을 조명하고자 하는 욕심으로 선생의 깊은 도학을 가리는 어리석음을 저지르지나 않았는지 무척 두렵다. 어느 결엔가 선생의 대쪽 같은 삶이 내 속에 깊숙이 들어앉은 지 오래되었다.

늘 내 삶의 지표로 차실에 걸려있는 서액, '오심지차吾心之茶' 앞에 옷깃을 여미고 정성들여 우린 차 한 잔을 올리고 선생의 업적을 기림에 부족했던 나의 어리석음에 용서를 구해야겠다.

2018년 봄
청계산 자락 우거 화윤당에서
후학 박남식 쓰다

차례

■ 이 책을 내면서 5

제1장 기뻐서 차를 노래하노라_내 마음의 차

「차부」의 저술동기 14
차의 이름과 종류 33
차의 산지 50
차의 생육환경 59
차림풍광 69
절로 웃음 띠며 스스로 마시는 차 77
차의 일곱 가지 효능 90
차의 다섯 가지 공 105
차의 여섯 가지 덕 121
「차부」에 나타난 차의 정신경계 134

제2장 「차부」의 특성_한재 이목의 심차사상

저술배경과 동기   144

「차부」의 저술배경   147
「차부」의 저술동기   150
선비차도정신을 자리매김한 '한'과 '파'   153
「차부」에 나타난 차의 정신경계   156

도학사상과 노장사상이 융합된 심차사상   160

「차부」의 노장적 요소   162
차의 칠효·오공·육덕에 나타난 항지양기와 현허낙도의 융합   167
신묘자락의 오심지차   171

제3장 한재 이목의 낙도사상

유가의 낙도정신   183

유가에서 지향하는 낙도   185
한재 시문에서의 낙도   192

「차부」에 나타난 낙도정신   202

송유의 심수양과 한재의 수양정신   202
주자의 차덕과 한재의 차육덕   210
오심지차의 낙도   216

제4장 비어 있는 방에 햇살이 비침을 노래함
_「허실생백부」

마음의 바탕은 본래 밝다 226
허령한 마음에서 현묘함을 찾노라 239
나의 텅 빈 마음, 하늘을 즐기고 명이 있음을 안다 250
정신이 기운을 움직이면 미묘한 경지에 든다 261
성명을 세움에는 경과 성으로 274
「허실생백부」의 의의 278

제5장 한국 차도의 연원과 시대적 변천

신라의 풍류차도 298
고려의 수양차도 308
조선의 차례차도 330

- 한재 이목의 연보 347
- 가계도 352

- 참고도서 353
- 찾아보기 363

제1장

기뻐서 차를 노래하노라

내 마음의 차 [吾心之茶]

「차부」의 저술동기

차부에 아울러 씀-차부병서 茶賦幷序[1]

❖ 국역

무릇 사람이 사물에 대하여
혹은 완상하고 혹은 음미하면서
그것을 즐기기를 평생토록 했으되
싫증냄이 없었던 것은
그 성품인가 하노라.
이태백이 달에 대해서
유백륜이 술에 대해서
그 좋아하는 바가 서로 달라도,
지극함에 있어서는 한가지라.

내가 차에 대해서 아주 모르지는 않았는데
육우陸羽의 『차경茶經』을 읽은 뒤부터
차츰 차의 성품을 터득하여
마음속으로 몹시 진중하게 여겼노라.
옛날 중산中散이 거문고를 즐겨서 부를 지었고,
팽택彭澤이 국화를 사랑하여 노래를 지음은
그 미미한 것들에 대해서
오히려 드러냄을 더했거늘,
하물며 차의 공덕이 으뜸인데도
아직 칭송하는 이가 없는 것은
차[賢人]를 버린 것과 같으니
또한 잘못됨이 아니겠는가?

---

* 본장은 한재 이목의 『차부(茶賦)』를 내용의 구성상 열 개의 단락으로 국역하고 원문을 실었다. 또한 이해를 돕기 위한 강설과 보충설명을 더하는 형식을 취했다.
1 본서에서는 번역문 비교는 다음 8명의 해석본을 참고, 비교하였다. 향후 번역문 비교는 역자의 이름만 사용한다.
류석영, 『한재문집(寒齋文集)』, 한재종중관리위원회, 1981.
윤경혁, 『차문화고전』, 한국차문화협회, 1998.
김길자, 『이목의 차노래』, 두레미디어, 2001.
석용운, 『한국茶문화강좌 - 고전편』, 2004.
류건집, 『茶賦 註解』, 이른아침, 2009.
정영선편역, 『다부(茶賦)』, 너럭바위, 2011.
최영성, 『국역 한재집(國譯 寒齋集)』, 도서출판문사철, 2012.
이병인, 『한재 이목(寒齋 李穆)의 차부(茶賦)』, 신라문화원, 2012.

이에 그 이름을 살피고
그 생산된 상하의 품질을 증험하며 부를 지으려니,
혹 누가 말하기를, "차는 스스로 세금을 들여오지만
도리어 사람에게 병폐가 되거늘,
그대는 (차에 대해) 운운하는가."하였네.
내가 대답해서 말하길,
"그렇다. 그러나 이것이 어찌 하늘이
만물을 낳은 본뜻이겠는가?
사람 탓이요, 차 탓이 아니로다.
또 나는 차를 좋아하는 병이 있어서
이를 언급할 겨를이 없었다."라고 하였네.
그 사에서 말하노라.

❖ 원문

凡人之於物
범 인 지 어 물
或玩焉或味焉
혹 완 언 혹 미 언
樂之終身
낙 지 종 신
而無厭者
이 무 염 자
其性矣乎
기 성 의 호

若李白之於月
약 이 백 지 어 월

劉伯倫之於酒[2]
유 백 륜 지 어 주

2 주덕송酒德頌(술의 덕을 칭송함) - 유령(劉伶)
진(晋)의 시인. 서진의 사상가. 자는 백륜(伯倫). 술을 즐기며 주덕송(酒德頌)을 지었음. 죽림칠현(竹林七賢)의 한 사람으로 장자의 사상을 실현하였으며 신체를 토목(土木)으로 간주하여 의욕의 자유를 추구하고 술을 즐겼다.

대인 선생이란 사람이 있었으니,	有大人先生(유대인선생)하니
천지개벽 이래의 시간을 하루아침으로 보고	以天地爲一朝(이천지위일조)하고
만 백 년을 순간으로 삼으며,	萬期爲須臾(만기위수유)하며
해와 달을 문과 창문으로 삼고	日月爲扃牖(일월위경유)하고
광활한 천지를 집안 뜰로 생각한다.	八荒爲庭衢(팔황위정구)라.
길을 가면 수레바퀴 자국이 없고	行無轍跡(행무철적)하고
일정한 거처가 없으며,	居無室廬(거무실려)하며
하늘을 천막으로 삼고	幕天席地(막천석지)하야
마음대로 내맡긴다.	縱意所如(종의소여)라.
머물러 있을 때는 크고 작은 술잔을 잡고	止則操卮執觚(지즉조치집고)하고
움직일 때는 술통과 술병을 들고,	動則挈榼提壺(동즉설합제호)하야
오직 술에만 힘을 쓰니	唯酒是務(유주시무)니
어찌 그 나머지를 알겠는가?	焉知其餘(언지기여)리오?
귀족 공자와	有貴介公子(유귀개공자)와
고위 관리와 초야에 묻혀 사는 선비들이	縉紳處士(진신처사)가
나의 소문을 듣고	聞吾風聲(문오풍성)하고
그러한 까닭을 따진다.	議其所以(의기소이)라.
이내 소매를 떨치며 옷깃을 걷어붙이고	乃奮袂揚衿(내부몌양금)하고
눈을 부라리고 이를 갈면서	怒目切齒(노목절치)하며
예법을 늘어놓으니,	陳設禮法(진설예법)하니
시비가 칼끝처럼 일어난다.	是非鋒起(시비봉기)라.
선생이 이에	先生於是(선생이시)에
바로 술 단지와 술통을 들고	方捧罌承槽(방봉앵승조)하고
술잔을 대고 탁주를 마시며,	銜盃漱醪(함배수료)하며
수염을 쓰다듬고 두 다리를 쭉 뻗고 앉아서는	奮髥踑踞(분염기거)하고

「차부」의 저술동기

其所好雖殊
기 소 호 수 수

而樂之至則一也
이 낙 지 지 즉 일 야

余於茶 越乎其莫之知
여 어 차 월 호 기 막 지 지

自讀陸氏經 稍得其性
자 독 육 씨 경 초 득 기 성

心甚珍之
심 심 진 지

昔中散樂琴而賦
석 중 산 낙 금 이 부

彭澤愛菊而歌
팽 택 애 국 이 가

其於微尙加顯矣
기 어 미 상 가 현 의

누룩을 베게삼고 술 찌꺼기를 자리삼아 누우니 枕麴藉糟(침국자조)하니
생각도 없고 걱정도 없으며 無思無慮(무사무려)하고
그 즐거움이 도도하다. 其樂陶陶(기락도도)라.
멍청히 취해 있는가 하면 兀然而醉(올연이취)하고
어슴푸레 깨어 있기도 하니, 恍爾而醒(황이이성)하니
조용히 들어봐도 우레 소리가 들리지 않고 靜聽不聞雷霆之聲
(청정불문뢰정지성)하고

자세히 들여다봐도 熟視不見泰山之形
태산의 형체가 보이지 않도다. (숙시불견태산지형)이라.
살을 에는 추위와 더위도 不覺寒暑之切肌
(불각한서지절기)하고

욕심의 감정도 느끼지 못하고, 嗜慾之感情(기욕지감정)하고
만물을 굽어보니 어지러이 俯觀萬物擾擾焉
(부관만물요요언)하야

마치 장강과 한수의 부평초 같도다. 如江漢之浮萍(여강한지부평)이라.
따지는 두 호걸이 옆에 서 있어도 二豪侍側焉(이호시측언)에
마치 나나니벌이나 배추벌레나 같도다. 如蜾蠃之螟蛉(여과라지명령)이라.
(김학주 역주, 「신완역 古文眞寶 후집」, 명문당)

況茶之功最高
황 차 지 공 최 고

而未有頌之者
이 미 유 송 지 자

若廢賢焉
약 폐 현 언

不亦謬乎
불 역 류 호

於是考其名
어 시 고 기 명

驗其産 上下其品爲之賦
험 기 산 상 하 기 품 위 지 부

或曰 茶自入稅
혹 왈 차 자 입 세

反爲人病 子欲云云乎
반 위 인 병 자 욕 운 운 호

對曰然
대 왈 연

然是豈天生物之本意乎
연 시 기 천 생 물 지 본 의 호

人也非茶也
인 야 비 차 야

且余有疾
차 여 유 질

不暇及此云
불 가 급 차 운

其辭曰
기 사 왈

❖ 강설

'범인지어물凡人之於物'로 시작하는 이 병서 부분은 「차부」의 서론이다. 즉 「차부」의 저술 동기를 밝히고, 문체로 부賦형식을 선택하는 이유를 밝히고 있다.

◆ 차의 공덕이 으뜸이라는 인식이다

첫 번째 저술 동기는 "차의 공덕이 으뜸인데도 칭송한 글이 없는 것은 어진 이를 버려둠과 같다."에서 드러나는데, 차의 성품을 현인의 성품과 동격화하고 있다. "무릇 사람이 사물에 대하여 완미하며 그것을 즐겨서 몸을 마치되 싫증이 없는 것은 그 성품인가 하노라."라고 하는 말은 사람이 살아가는데 기호라는 것이 매우 중요하게 작용함을 의미한다. 달을 좋아하는 당나라 시인 이태백이나 술을 좋아하여 주덕송酒德頌을 지은 유백륜劉伯倫과 같은 반열에서 차의 즐거움을 논하겠다는 선언인 셈이다.

◆ 육우의 「차경」보다도 더 심오한 철학을 담았다

두 번째 저술 동기는 육우의 『차경』에 필적할만한 차에 관한 글이 우리나라에 없다는 인식에서 비롯하고 있다. 즉 한재寒齋 이목李穆의 차에 대한 애정이 강하게 드러남을 알 수 있다. 한재에게 차의 의미와 위치란 무엇인지 다음 글로 파악할 수 있다. "내가 차에 대해서, 아주 모르지는 않았는데, 육우의 『차경』을 읽은 뒤부터 차츰 차의 성품을 터득하여 마음속으로 몹시 진중하게 여겼다.[余於茶 越乎其莫之知 自讀陸氏經 稍得其性 心甚珍之]"라는 표현이다. 한재 자신의 차에 대한 접근동기를 구체적으로 표현하고 있다. 또한 『차경』을 읽고 「차부」를 저술하려 했다는 것은, 자신이 차를 지극히 좋아하기 때문에 그 실제를 이론으로 확립해서 육우의 『차경』의 경지 이상으로 끌어 올리려는 강한 욕구를 표명한 것이다. 류승국도 「차부」의 위상에 관해 육우의 『차경』보다도 더 심오한 철학이 담겨 있다고 하였다.[3]

　육우의 『차경』을 읽은 뒤부터 "차츰 차의 성품을 터득하여 마음속으로 몹시 진중하게 여겼다.[稍得其性心甚珍之]"라고 하는 표현은 한재가 차에 대하여 품는 마음의 깊이를 나타낸다. 단순한 기호물로 그치지 않고, 심신을 수양하는 덕목으로서의 차의 가치를 중히 여김을 의미한다. 이 마음을 다스리는 수양이란 곧 마음이 사물을 어떻게 객관적으로 마주하는가에 달려 있다. 즉 물욕物慾과 사물의 대상이 서로 끌어당기는 사이에서 마음이 어떻게 그 자신의 자재를 온전하게 유지시킬 수 있는가에 달려 있다. 차가 가지는 순수함을 통해 차츰 마음을 조율할 수 있다는 의미이다.

3 　柳承國, 『차의 세계』 2003년 12월호 인터뷰 기사

◆ 여어차 월호기막지지汝於茶 越乎其莫之知에 대한 논란[4]

여기서 '월호기막지지越乎其莫之知'의 '차를 조금 안다'는 말은 유자儒者로서의 일반적인 겸사이다. '차를 조금 안다'는 말을 액면 그대로 받아들이면 「차부」 저술 동기를 이해하기 어렵다. 바꾸어 말해 한재는 차에 대해 대단히 잘 알고 있다는 반증이다.

한재는 유가의 엄격했던 선비이다. '벽이단부오도闢異端扶吾道'의 의리사상을 자신의 책무로 삼았다. 즉 불교나 노장 등의 이단을 배척하고 성리학을 옹호하고자 한 한재 학문의 특성을 표현한 말이다. '벽이단부오도'는 『송사』 「도학전」 정명도程明道의 묘표에서 "이단을 분별하여 배척하고 사설을 막아서 성인의 도가 환하게 다시 세상을 밝히게 하였다.[辨異端, 辟邪說, 使聖人之道煥然複明於世]"라고 함에 근거하고 있다. 청음晴陰 김상헌金尙憲이 지은 비문에서, "집에 거처함에는 온공溫恭하고 화락하니, 일을 논하여 옳고 그름을 밝히고 선과 악을

---

[4] 여어차 월호기막지지(汝於茶 越乎其莫之知)에 대한 역문 비교
류석영, "내가 차에 대해서 지나쳐 버려서 알지 못하다가"
윤경혁, "나는 차에 어두워, 그를 알지 못했는데"
김길자, "나는 차를 알지 못하다가"
석용운, "내가 차에 대해서 전에는 그것을 알지 못하였는데"
류건집, "내가 차에 대해 잘 알지 못하여 평범하게 마시고 지내다가"
정영선, "내가 차에 대해 모르지는 않았으나"
최영성, "내가 차에 대해서 아주 모르지 않았는데"
이병인, "내가 차에 대해서 잘 알지 못하다가"

분별함에는 굳고 곧아서 회피하는 바가 없으니, 항상 오도吾道를 붙들어 세우고 이단異端을 물리치는 것을 자기의 임무로 삼았다."⁵ 함은 그의 성품을 잘 표현한 말이다. 그러한 시기에 차에 대한 단순한 호기심에서 차를 논하고자 한 것은 아닐 것이다. 그의 차에 대한 관심의 정도가 매우 깊었음을 알 수 있다. 이 '월호기막지지'에 대한 번역에서 한재가 차에 대해 이미 알고 있었다는 주장과 차에 대해 모르고 있었다는 엇갈리는 논란이 있는 부분이다. 이러한 정반대의 번역은 한재의 「차부」 저술 동기에서 대단히 중요한 요소로 서로 다른 견해를 바로잡아야 할 문제이다. 한재는 다양한 문헌을 인용하고 면밀한 고증을 거쳐서 확정하는 학문적 태도를 가지고 있다. 한재의 이러한 학문적 태도와 「차부」 전체문맥의 흐름, 자구적 번역으로 보아 본서에서는 한재 자신이 차에 대해서 이미 '알고 있다'에서 출발함이 마땅하다고 본다.

◆ 차를 좋아하는 병[余有疾]

차부병서幷序에서 눈여겨볼 또 하나의 대목은 마지막 대목인 "여유질余有疾 불가급차운不暇及此云"이다. 특히 "나는 차

---

5   한재종중관리위원회, 柳錫永역, 『寒齋文集』, 1981, p.243.「墓誌銘」, "淸陰金公撰碑曰, 居家恂恂和樂, 論事是非, 辨別藏否, 慷慨切直, 無所回避, 常以扶吾道闢異端爲己任."

를 좋아하는 병이 있어서 이를 언급할 겨를이 없었다."라는 구절의 '질疾'이 뜻하는 바이다. 이는 한재의 차에 대한 열정이 매우 큼을 뜻한다. 유자儒子는 어휘를 선택함에 있어 하나하나를 소홀히 하지 않는다. 차에 대한 자신의 태도를 왜 병이라 했을까? 학자가 자신의 사상을 드러내는 데는 글자 한 자 한 자의 선택을 매우 까다롭게 여긴다. 차를 좋아하는 고질병이라 차를 좋아하는 열광적인 취향을 말한다. 차를 좋아하는 고질병이 있어서 다른 생각을 할 겨를이 없다고 하는 것은 당시 유자의 입장에서 상당한 부담을 감수하겠다는 뜻이다. 이는 노장사상이 저변에 깔려있는 차의 정신수양과 유가儒家의 존양存養수양이 다르지 않음을 전제하는 것이다. 차세茶稅가 주는 병폐를 감수하고서도 차의 성품이 주는 본 뜻, 즉 자연의 본뜻을 따르겠다는 선언이다.

    차부병서의 마지막 구절의 "차는 스스로 세금을 들여오지만 도리어 사람에게 병폐가 된다."라고 하는 우려에 대해, "나는 차를 좋아하는 병이 있어서 이를 언급할 겨를이 없었다."라고 대답하고 있다. 이 구절은 차와 같이 기호의 극과 취미의 특수한 여건을 가지는 차생활의 특성에 매우 중요한 의미를 부여한다. 또한 한재는 "하늘이 만물을 낳은 본뜻[天生物之本意]"을 들어서 차의 세금으로 인한 병폐가 사람에 기인하는 것이지 차의 본뜻이 아님을 천명하고 있다. 하늘의 이치가 준엄함을 일깨우며 사람이 잘못 운영함을 솔직하게 인정하였다.

◆ 자독육씨경 초득기성 심심진지自讀陸氏經 稍得其性 心甚珍之

병서의 첫 구절에 나오는 "그것을 즐겨서 몸을 마치되 싫증이 없는 것은 그 성품인가 하노라.[樂之終身而無厭者. 其性矣乎]"에서 나오는 성性과 "차츰 차의 성품을 터득하여 마음으로 몹시 진중하게 여겼다.[稍得其性 心甚珍之]"라는 성은 「차부」의 내용을 파악하는 중요한 기준이 된다. 『중용』에서 "천명天命을 성이라 이르고, 성을 따름을 도라 이르고, 도를 품절해 놓음을 교라 이른다."[6]라고 했다. 이처럼 차의 성품 또한 하늘의 명이다. 인간이 기호로 마시는 끽차에 도를 붙여 차도라고 강조하여 일컫는 연유도 여기에 있다. 또한 이 성은 바로 한재의 천인합일사상을 바탕으로 병서를 열고 있음을 알 수 있다. 과거답안으로 쓴 그의 「천도책天道策」에서 "하늘의 성은 곧 나의 성이요, 하늘의 마음은 곧 나의 마음이요, 하늘의 도는 곧 나의 도요, 하늘의 좋아하고 미워함은 곧 나의 좋아하고 미워함이라 합니다. 그러니 우리 마음속에 또한 하나의 하늘이 있는 것입니다."[7]라고 하였다. 이로써 한재는 확고하게 천인합일사상으로 정리하며, 우리 마음속에 또한 하나의 하늘이 있다고 주장하고 있다.

---

6 『中庸』一章. "天命之謂性 率性之謂道 脩道之謂敎."
7 『天道策』, "天之性. 卽吾之性. 天之心. 卽吾之心. 天之道. 卽吾之道. 天之好惡. 卽吾之好惡. 然則吾人方寸間. 亦有一天也."

한재는 「천도책」에서 맹자, 중용, 예기, 주역과 서경 등의 근거를 들어[8] 하늘과 인간의 성이 하나이고, 하늘과 사람의 마음은 하나이며, 하늘과 사람의 도는 하나이며 하늘과 사람이 좋아하고 미워함이 하나라 하여, 성, 심, 도, 호오好惡가 하늘과 사람에게 다를 수 없다는 천인합일사상을 천명한다. 한재의 이 '초득기성 심심진지'는 차를 이론으로만 그치는 것이 아니다. 실천을 함께 하는 언행일치를 강조하는 삶을 말한다. 이 '초득기성 심심진지'는 바로 한재의 학문적 경향과 조선조 유림들이 삶의 이상으로 여기는 절의사상이 반영된 표현이라 볼 수 있다.

차부병서에 거론되는 불후의 작품과 등장인물들에 대해서 의미를 부여해 해석해볼 필요가 있다. 한재는 중산의 금부琴賦나 팽택의 애국가愛菊歌를 같은 수준으로 놓고 차를 노래하고자 했던 열망이 엿보인다. 차생활은 바로 기호생활이다. 이태백이 「월하독작月下獨酌」으로 달을 노래함이나 유백륜의 「주덕송酒德頌」으로 술을 노래함은 대상인 사물은 각각 다르지만 그 지극함의 성품은 매한가지라는 의미인 것이다.

---

8 『孟子』「離婁章上」, "誠者天之道也 思誠者人之道也.", 『中庸』 22장, "誠者天也. 誠之者人也.", 「尙書·湯誥」, "天道福善禍淫. 降災于夏. 以彰厥罪", 『周易』乾卦, "象曰天行健, 君子以自彊不息."

❖ 차부병서의 등장인물

- 이백(701 - 762): 중국 당나라의 낭만주의 시인으로 시선詩仙으로 불리며 칠언절구에 뛰어나다. 자는 태백, 호는 청련거사青蓮居士이다. 시성詩聖 두보杜甫와 더불어 이두李杜라 일컬어진다. 안녹산의 난으로 불우한 만년을 보낸다. 달을 좋아하기로 유명하여 「월하독작月下獨酌」 등 달을 노래한 시가 많다.
- 중산: 죽림칠현의 한 사람인 혜강嵆康을 일컬으며 중산대부라는 벼슬을 지냈다. 일찍이 「금부琴賦」를 지었고 「양생론」으로도 유명하다.
- 팽택: 동진시대의 자연시인으로 자가 연명淵明인 도잠陶潛을 일컫는다. 팽택 현령을 지내다가 「귀거래사歸去來辭」를 읊으면서 벼슬을 떠나 전원생활에 묻혔다. 그는 국화를 매우 좋아하여 그의 시가에 국화를 소재로 한 시가 많다. 「음주飲酒」라는 시에서 "동쪽 울타리 밑에서 국화를 따다가, 유연히 남산을 바라보노라."라는 구절이 아주 유명하다. 은자의 상징으로 손꼽히는 국화를 동쪽울타리에서 따다가 절로 눈을 들어 남산을 바라본다는 그 미학적 경계를 통해 안분자족하는 모습을 느낄 수 있다.
- 유백륜: 백륜은 자, 이름은 유령劉伶이다. 중국 진나라 초기 죽림칠현의 한사람으로 노장사상의 청담에 몰두하고, 술을

몹시 좋아하였다. 그의 「주덕송」에 "술잔을 물고 막걸리로 양치질을 하고는 수염을 쓰다듬으며 술 찌게미를 깔고 앉고, 누룩을 베고 누웠다."라고 술을 찬양하였다.

- 육우(733-804): 당나라 현종 개원 21년(733)에 복주의 경릉, 지금의 호북성 천문현에서 출생하였다는 설이 있으나 출생연도는 명확하지 않다. 육우라는 그의 성과 호는 그가 쓴 『육문학자전』이란 책을 보면, 자신이 붙인 것이다. 자는 홍점鴻漸 또는 계자季疵이고 호는 경릉자竟陵子, 상저옹桑苧翁 등이다. 사람들은 그를 육문학陸文學이라고도 부른다. 『육문학자전』에 "3세 때 버려진 몸이 되어 경릉의 지적선사 智積禪師의 선원에서 길러지게 되었다."고 스스로 기술하고 있다. 청나라 도광道光 연간에 편집한 『천문현지天門縣志』에 "경릉군 북부주 소재 용개사의 주지스님이 경릉 서호 물가에서 기러기 떼가 세살배기의 울고 있는 아기를 날개로 감싸고 있는 것을 보고 사찰로 데려가 키웠다."라고 기술되어 있다. 차를 무척 좋아하여 『차경』 세 권을 저술하게 된다. 안진경이 호주자사로 부임해서 『운해경원韻海鏡源』을 편찬할 때(773) 석교연과 육우가 동참하게 된다. 당대의 시승詩僧이자 차에 대한 지식이 풍부한 석교연釋皎然과 망연지교를 맺고 교연의 지지와 격려 속에서 『차경』을 탈고 하였다. 『차경』은 삼편 십장으로 구성되어 있다. 십여 년에 걸쳐 작업한 『차경』은 최초의 차 전문서적이자 차의

지침서로 차의 경전으로 칭송받고 있다. 이러한 칭송과는 달리 『만구지蠻甌志』에 "육우는 월강차를 건조하는데 어린 종에게 불을 살피라고 했다. 종이 졸아서 차를 그을려서 먹을 수 없게 되자 철사를 꼬아 종을 묶어 불속에 던져버렸다.[陸鴻漸債越江茶, 使小奴自看焙, 奴失睡 茶焦爛, 鴻漸怒, 以 鐵繩縛奴投火中]"고 기록하고 있다. 많은 학자들이 이 이야기의 진실여부를 증명하고자 노력했으나 육우의 인품과 사뭇 다른 것이어서, 이 소문이 사실일 가능성은 낮다는 분석이다.[9]

-죽림칠현(竹林七賢): 중국 위魏·진晉 왕조 시절 완적阮籍, 혜강嵇康, 산도山濤, 상수向秀, 유령劉伶, 완함阮咸, 왕융王戎을 가리킨다. 정치권력에는 등을 돌리고 죽림에 모여 거문고와 술을 즐기며, 청담淸談을 주고받고 세월을 보낸 일곱 명의 선비이다. 개인주의적·무정부주의적인 노장사상老莊思想이 그들의 근본 사상이었다.

❖ 차부병서茶賦幷序의 함의

「차부」의 저술 동기를 밝히는 병서에서 함의하는 바를 정리

---

9   짱유화, 『煮茶學』, 도서출판 국차미디어, 2011, pp.22 - 23 참조.

하면 다음과 같다.

첫째, 한재는 차에 대해 잘 알고 있으며, 육우의 『차경』을 읽고부터 차츰 차의 성품을 터득하여 마음속으로 몹시 진중하게 여기게 되었다고 했다. 그가 육우의 『차경』 이상의 차론을 세우기 위해 「차부」의 저술이 필연이었음을 나타내고 있다.

둘째, 인간의 완상·완미하는 기호품의 공으로는 차의 공이 제일 크다. 따라서 글로 지어 칭송하지 않을 수 없다.

셋째, 차를 칭송함이 없는 것은 현인賢人을 버려둠과 같다고 하여 차의 품격을 현인과 동격으로 두었다. 이것은 차의 위치를 존현尊賢사상에 둔 것이다.

넷째, 차를 하늘이 만물을 낳은 본뜻에 비추는 것은 차의 성품인 자연의 본뜻을 따르겠다는 정신수양의 지표를 세운 것이다. 이는 도학사상의 천인합일사상에 근본을 두고 있다.

다섯째, 한재의 차를 좋아하는 병, 즉 그 열광적인 취향은 유자로서의 선을 넘어 노장경향의 심취에 대한 선언이다.

❖ 중국 차서茶書에 나타난 차의 성품

◆ 육우의 정행검덕精行儉德

『차경』 「일지원一之源」에서 "차의 쓰임은 그 맛이 매우 찬 것이어서 그것을 마시는 데에 적당한 사람은 정성스러운 행실과 검소한 덕을 갖춘 사람이다.[茶之爲用 味至寒. 爲飮 最宜精行 儉德之人]"라고 하여 '정행검덕'을 그의 차정신으로 피력하고 있다.

◆ 노동盧仝의 정호불치精好不奢

당의 노동은 그의 「차가茶歌」에서 차를 두고 "지극히 정밀 하고 지극히 좋으면서도 사치하지 않다.[至精至好且不奢]"라고 차의 성품을 노래하고 있다.

◆ 배문裴汶의 정청호결精淸浩潔

당의 배문은 그의 「차술茶述」에서 "차는 그 본성이 정미하 고 맑으며 그 맛이 매우 깨끗하다. 그 효용은 번뇌를 씻어내 며, 그 공은 중화中和에 이르게 한다. 차는 100가지 물건을 함 께 섞어 두어도 섞이지 않는다. 여러 마실 거리를 능가하여 홀 로 빼어나다."[10]라고 하였다. 차의 정청호결함이 유자의 기질 과 통하는 것이다. 배문은 당 덕종 때 학자로서 호주자사를 역 임했으며 「차술」원문은 유실되었으나 지금은 『사고전서』 속 육정찬陸廷燦의 『속차경續茶經』에 남아있다.

---

10 裴汶, 「茶述」, "茶…….其性精淸 其味浩潔 其用滌煩. 其功致和. 參百品而不混 越衆飮而獨高."

❖ 차세茶稅

　송말 원초 마단림(1254-1323)의 『문헌통고文獻通考』「각차고榷茶考」에 의하면, 당나라 덕종唐德宗 건중建中 원년에 호부시랑 조찬趙贊의 논의를 채택하여, 천하의 차茶·칠漆·대竹·목재에 대해 10분의 1의 세를 받아서 상평본전常平本錢을 만들어서 차에 세금이 붙기 시작했다.

　당 문종文宗 때에 왕애王涯가 정승이 되어서 다시 차를 전매하는 제도인 각차榷茶를 설치해 스스로 관할하였다. 백성의 차나무를 관장官場으로 옮겨 심고, 예전에 저축된 것을 독점하니 천하가 크게 원망하는 상황이었다. 이러한 차세가 송태조宋太祖 건덕乾德 2년에 조서하여, 백성의 차茶에 세를 제[折]한 외에는 모두 관에서 매입하였는데. 감히 감춰두고 관에 보내지 않거나 사사로 판매한 것은 몰수하여 죄를 논고하였다. 이러한 차세에 대한 폐단이 조선조에도 벌어져서 『점필재집佔畢齋集』에 의하면, 성종5년(1474)에 김종직이 함양군수로 있을 때, 당시 함양에서는 군민이 차를 생산하지도 않았는데 차를 상공해야 하는 폐단이 커지자 김종직이 군민에게 부과하는 차를 없애고 관에서 직접 차를 구해 상공하였다. 또 문헌을 살펴 차밭을 조성하여 차를 생산하고 백성의 근심을 거두게 되니 이를 기뻐하여 시를 짓기도 하는 등 차세의 폐단을 해결하는 사례가 나온다.

차의 이름과 종류

❖ 국역

여기에 (차라는) 물건이 있으니 그 종류가 매우 많구나.
명명茗, 천荈, 한蕼, 파菠라 한다.
선장仙掌, 뇌명雷鳴, 조자鳥觜, 작설雀舌, 두금頭金, 납면蠟面, 용봉龍鳳, 소적召的, 산제山提, 승금勝金, 영초靈草, 박측薄側, 선지仙芝, 난예嬾蕊, 운경運慶, 복록福綠, 화영華英, 내천來泉, 영모翎毛, 지합指合, 청구淸口, 독행獨行, 금명金茗, 옥진玉津, 우전雨前, 우후雨後, 선춘先春, 조춘早春, 진보進寶, 쌍계雙溪, 녹영綠英, 생황生黃 등이 있노라.
산차散茶도 있고 편차片茶도 있으며
어떤 것은 그늘에서 어떤 것은 볕에서
하늘과 땅의 깨끗한 정기를 머금고
매우 아름다운 기운을 들이마시네.

❖ 원문

有物於此. 厥類孔多.
유물어차 궐류공다

曰茗 曰荈. 曰蕿 曰蔎.
왈명 왈천 왈한 왈파

仙掌, 雷鳴, 鳥觜, 雀舌, 頭金,
선장 뇌명 조자 작설 두금

蠟面, 龍鳳, 召的, 山提, 勝金,
납면 용봉 소적 산제 승금

靈草, 薄側, 仙芝, 嬾蕊, 運慶,
영초 박측 선지 난예 운경

福綠, 華英, 來泉, 翎毛, 指合,
복록 화영 내천 영모 지합

淸口, 獨行, 金茗, 玉津, 雨前,
청구 독행 금명 옥진 우전

雨後, 先春, 早春, 進寶, 雙溪,
우후 선춘 조춘 진보 쌍계

綠英, 生黃
녹영 생황

或散或片
혹산혹편

或陰或陽
혹음혹양

含天地之粹氣
함 천 지 지 수 기

吸日月之休光
흡 일 월 지 휴 광

❖ 강설

「차부」의 본론 첫머리인 이 부분에서는 차의 별칭으로 명, 천, 한, 파 네 가지 차의 다른 이름을 거론하고 있다. 선장에서 생황까지 32가지의 차 이름을 나열하고 있다. 차모양인 산차, 편차의 분류와 차산지의 음, 양을 언급하고 있다.

서른두 가지의 차 이름 중에 조자鳥觜는 조취鳥嘴로, 산제山提는 산정山挺으로, 소적召的은 석적石的으로, 난예嬾蕊는 눈예嫩蕊로, 쌍계雙溪는 쌍승雙勝으로 바로 잡아야 한다.

또 이중에서 석적石的은 석유石乳와 적유的乳를, 운경運慶은 운합運合과 경합慶合을, 복록福綠은 복합福合과 녹합綠合을, 용봉龍鳳은 용단과 봉단을 묶어 말한 것으로 실제는 서른여섯 가지의 차이름을 말하고 있다.

중국의 송말 원초의 마단림의 『문헌통고』[11]「각차고」를 보면 차를 크게 편차片茶와 산차散茶 두 종류로 나누고 있다. 편차는 덩이차로 용龍, 봉鳳, 석유, 적유, 백유白乳, 두금頭金, 납면蠟面, 두골頭骨, 차골次骨, 말골末骨, 추골麤骨, 산정山挺 등 12종류에 이르고 있다. 또 덩이차 26종이 있다고 하는데 실제로는 서른여섯 개의 차 이름이 나온다. 이어 태호, 용계, 차호

---

11 『文獻通考』는 중국 고대로부터 남송 영종(寧宗) 때까지의 제도와 문물사(文物史)에 관한 책. 1319년에 중국 원나라의 마단림(馬端臨)이 엮었다. 348권.

次號, 말호, 악록嶽麓, 초자, 양수楊樹, 우전, 우후, 청구, 명자茗子의 열한 개의 산차가 거론되고 있다.

「차부」에 나오는 차의 이름인 산정, 두금, 납면, 용봉, 석유, 적유, 승금, 영초, 박측, 선지, 눈예, 운합, 경합, 복합, 녹합, 화영, 내천, 영모, 지합, 독행, 금명, 옥진, 선춘, 조춘, 진보, 쌍승, 녹영, 청구, 우전, 우후, 생황은 마단림의 『문헌통고』에 나온다.

그러나 선장, 뇌명, 조취, 작설은 『문헌통고』에 나타나지 않는 차 이름이다. 선장은 선인장차仙人掌茶로 『전당시全唐詩』의 「옥천사지玉泉寺誌」에 나온다. 조취와 작설은 당말 오대五代의 모문석毛文錫의 『차보茶譜』에 나온다.

이처럼 한재는 차의 이름을 거론함에도 마단림의 『문헌통고』, 『송사』[12] 「식화지」, 모문석의 『차보』, 『전당시』의 이태백과 유우석劉禹錫(772-842)의 시 등 광범위한 문헌자료 등을 참고했음을 알 수 있다. 또 차의 종류나 차의 이름에 관해서 명대 문학가인 심덕부沈德符(1578—1642)의 『만력야획편萬曆野獲編』「차식茶式」에도 차의 종류와 이름이 잘 정리되어 있으나 한재 사후의 인물이라 후학이 참고할 만하다.

---

12 『宋史』는 중국 이십사사(24史) 중의 하나로, 중국 북송과 남송시대의 역사를 기록하고 있다. 원나라 중서우승상(中書右丞相) 탁극탁(托克托; 1314년-1355년)을 중심으로 7명의 총재관(總裁官)들과 23명의 사관(史官)들이 1343년에 저술을 시작하여 1345년에 완성하였다.

◆ 차 이름의 연원

육우의 『차경』 일지원에서 거론되는 차의 별칭으로 차茶, 가檟, 설蔎, 명茗, 천荈이 나온다.

- 차(茶) : 『차경』 1장, 차의 근원에서 첫 글자로 시작한다. 즉 "차라는 것은 남방의 상서로운 나무다.[茶者 南方之嘉木也]." 라고 시작한다. 실제로 육우 이전에는 이 '茶'자가 통용되지 않았고 중당中唐(762-835)이후에 사용되었다. 청나라의 고증학자인 고염무顧炎武(1613-1682)의 『당운정唐韻正』에서 "대력14년(779)부터 정원14년(798)까지 모두 '도茶'자로 표기되었다.[見大曆十四年刻筴字 貞元十四年刻宴字 皆作茶]"라고 기술하고 있다. 중국의 현대의 차의 석학인 장만방庄晩芳(1908-1997)은 '차'자는 '도'자에 한 획을 줄여 간소화한 것으로 육우가 만든 글자이며 오늘날 우리에게 시사하는 바가 크다고 하며 '차'자가 『차경』에 사용됨으로써 정착된 글자라고 말하고 있다.

- 가(檟) : 차의 별칭이다. 진한秦漢시대의 자서字書인 『이아爾雅』 석목편에서 "가는 고도이다.[檟, 苦荼]"라고 하였다. 즉 도는 차의 옛글자이다. 중국의 대표적인 명의인 화타華陀의 『식론食論』에 "차를 오래도록 마시면, 사색에 유익하다.[苦荼久食益意思]"라고 하여 고도苦荼는 차를 가리킨다. 동한東漢(100-121)의 허신許愼이 지은 『설문해자說文解字』

에 "도는 옛 차이다.[荼 古茶也]"라고 하여 육우 이전에는 지금의 차를 도라 하였다.

- 설(蔎) : 차의 별칭으로 전한 말기의 저명한 문학가이자 사상가인 양웅揚雄(BC 53 - AD 18)이 지은 한자어 사전의 일종인 『방언方言』에서 "서쪽 촉나라 남인은 차를 설이라 한다.[楊執戟云:西蜀南人謂茶曰蔎]"라고 하였다.

- 천(荈) : 차의 별칭으로 항상 차나 명과 합쳐 칭하고 있다. 동진의 곽박郭璞(276 - 324)이 『이아』를 풀이한 『이아주』에서 "일찍 딴 것은 차이고, 늦게 딴 것은 명, 또는 천이다.[早取爲茶, 晚取爲茗, 一曰荈]"라고 하고 있다. 북송(977 - 984)의 『태평어람太平御覽』에서 "위왕화목지魏王花木志에서 그 늙은 잎을 천이라 하고 어린잎을 명이라 한다.[其老葉謂之荈, 細葉謂之茗]"라고 하고 있다.

- 명(茗) : 차싹을 지칭하며 차의 별칭이다. 『설문해자』에서는 "명은 차싹이다.[茗, 茶芽也]"라고 하였다. 진대의 곽박의 『이아주』에서 "지금 일찍 딴것은 도이고, 늦게 딴것은 명이라 이름 한다.[今呼早采者爲茶, 晚取名爲茗]"라고 하여 곽박은 명을 늦게 딴 잎이라 하였으나 『위왕화목지』에서는 "어린잎을 명이라 한다.[細葉謂之茗]"라고 하여 차의 어린잎[嫩葉]을 지칭하고 있다. 또한 차, 명, 천의 관계를 왕정王禎의 『농서農書』[13]에서 "일찍 딴것을 차, 늦게 딴 것을 명, 천에 이르면 늙은 잎이다.[早採曰茶, 晚曰茗, 至荈則老葉矣]"라

고 하여 명을 차와 천 사이에 두고 있기도 한다. '명'은 '도', '가', '천'자보다 늦게 출현했으나 통상적으로 차를 통칭하는 것으로 사용되고 있다. '명'이 '차'자와 더불어 많이 쓰고 있는 것은 한 대 이후 많은 문인들이 문헌이나 시문 속에 등장하기 때문이다.

◆ 한재가 고유하게 명명命名한 '한蹇'과 '파菠'

한재는 차의 별칭으로 명茗, 천荈, 한蹇, 파菠의 네 종류를 들고 있다. 이 중 한재가 '한'과 '파'를 차의 다른 이름으로 고유하게 명명하고 있다. 명과 천은 육우의 『차경』에서 거론되는 차의 별칭, '차茶, 가檟, 설蔎, 명茗, 천荈' 중에 나오는 이름이다. 문헌상에 나타난 차의 이칭은 타詫, 가檟, 도茶, 설蔎, 명茗, 천荈, 고로皐盧, 과로瓜蘆, 과라過羅, 선選, 유동遊冬, 수액水厄[14] 등이 사용되었다. 그러나 한과 파는 차문헌의 어디에서도 찾아볼 수 없다. 한재가 차를 한과 파로 명명한 이유가 무엇인지도 명백하지 않다.

이 한과 파를 두고 최영성은 한재의 개결한 삶에 비추어 보고 '한재' 라는 이목의 호와 관련이 있을 것이라 견해를 밝히

---

13 『王禎農書』 또는 『農書』: 중국 원나라의 왕정(王禎, 1271 - 1368)이 지은 농업 기술서.

14 http://www.lincha.com/Chinese - Tea/cha - china - tea - culture - 815.shtml 참조. 2011. 4. 30. 검색.

고 있다. '한재'라는 호가 이목 자신의 시문이나 사우들이 보내
온 시문 속에서는 보이지 않으나, 『집현전학사동료록』[15]에 처
음으로 그 호칭의 기록이 보인다. 이 문헌은 조선전기의 문신
이며 학자인 김일손金馹孫(1464 - 1498)에 관한 연보 및 세계世
系 · 과방록科榜錄 · 집현전학사동료록 · 사우록師友錄 등으로
구성된 책이다.

이와 같이 한과 파의 차 이름이 '한재'라는 이목의 호와 연
관 지어 생각할 수 있으나, 더 자세한 논증이 필요한 과제로
남는다. '한'과 '파'를 두고 한재의 호와 유관할 것이라는 최영
성의 주장이다. 유건집은 명과 천이 찻잎의 채취시기에 의한
분류라면 '한'과 '파'는 색, 향, 미에 의한 분류라는 주장을 내
놓고 있다.

실제 '한'과 '파'[16] 이 두 글자는 『설문해자』와 『이아』 등 어
느 자서字書나 차 문헌에도 없는 글자로 한재가 고유하게 사용
한 것이 틀림없는 사실이다. 한재가 새롭게 명명한 한과 파를
색, 향, 미에 의한 분류로 보는 시각에도 충분한 근거가 나타나

---

15 한재종중관리위원회, 柳錫永역, 『寒齋文集』, 1981, P.280. 「集賢殿學士同僚錄」, 「集賢殿學士同僚錄」은 1915년에 金榮灏발행의 『灌纓先生年譜續』에 수록되어 있음. "조선전기의 문신, 학자인 金馹孫(1464 - 1498)에 관한 연보 및 世系 · 五世八高祖 圖 · 科榜錄 · 集賢殿學士同僚錄 · 師友錄으로 구성된 책." 출처: 규장각한국학연구원/원문자료/해제.

16 菠의 사전적인 의미 : 菠薐 本草綱目 下卷(2006 - 08 - 01), 釋名 菠菜, 波斯草, 赤根菜. 氣味 甘, 冷, 滑, 無毒.

있지 않고 심정적인 추론인 것이 아쉽다.

마단림의 『문헌통고』「각차고」에는 없으면서 한재의 「차부」에만 보이는 선장, 뇌명, 조취, 작설은 『전당시』「천명록舜茗錄」, 『차보』「천명록」, 『신당서·예문지』의 『유우석집劉禹錫集』 등의 다양한 문헌에서 보이는 차명이다. 이것은 면밀한 고증을 거쳐서 사실을 확정하는 한재의 학문하는 태도를 보여주는 것이다. 또한 그가 차에 대해서 얼마나 해박한가를 말해준다. 더구나 고유하게 명기하여 사용한 한과 파의 경우는 한재 자신의 독창적인 견해를 밝힐 정도로 차 이론가로서의 면모를 드러내고 있다.

차부병서에서 밝혔듯이 "내가 차에 대해서 아주 모르지는 않았는데 육우의 『차경』을 읽은 뒤부터 차츰 차의 성품을 터득하여 마음속으로 몹시 진중하게 여겼다."라고 한 것을 본다면 육우의 『차경』에 명기된 차, 가, 설, 명, 천을 인용할 법도 하다. 그런데 한과 파와 같은 벽자僻字를 명기함에는 특별한 함의를 가지는 것으로 여겨진다. 『차경』에서 "차라는 글자는 초두艹를 쓰기도 하고 나무 목木변을 쓰기도 하고, 혹은 초두와 나무목 변을 합하여 쓰기도 한다."[17]라고 되어 있다. 한재가 이름붙인 한과 파의 글자에도 초두艹를 사용한 것은 분명 위와 같은 맥락으로 차를 나타내고자 했을 것이다. 한재의 학

---

17 陸羽, 『茶經』一之源, "其字, 或從草, 或從木, 或草木竝."

문태도로 보아 한, 파, 차의 이칭 명기는 매우 신중한 선택이었을 것으로 본다. 이것은 우리나라 차로서의 새로운 매김을 하려는 의도와 선비의 차정신을 담아내려는 의미가 컸을 것으로 보인다.

'한'과 '파' 두 말의 의미는 일단 「각차고」나 『송사』「식화지」에서 언급되지 않은 차명인 선장, 뇌명, 조취, 작설과의 연관성을 검토해보았다. 그러나 타당한 논의를 이끌어 낼 근거를 발견하지 못하였다. '파'의 사전적인 의미는 시금치를 의미하고 있어 혹자는 시금치를 차로 만들어 차의 대용으로 손색이 없다고도 하나 좀 무리한 접근이라 본다.

진대 곽박의 『이아주』에 송대의 형병이 주석을 붙인[晉郭璞注 宋邢昺疏]『이아주소』[18] 5-77의 석초釋草편에 "葴寒漿○陸本寒作蔃(표1 참조)"[19]이라 하여 '蔃'자가 보인다. 곽박주의 『이아주』에 침葴은 일명 한장寒漿으로 '산장초酸漿草' 즉 꽈리를 의미하고 있다. 그런데 『이아주소』의 "葴寒漿○陸本寒作蔃"을 글자대로 풀이하면 "침葴은 일명 한장寒漿이다. 육본陸本

---

[18] 『爾雅注疏』는 『이아』를 풀이한 3가지의 주석서로써, 『이아주(爾雅注)』는 곽박(郭璞)이 『이아』의 경문(經文)을 풀이한 주석서이다. 『경전석문(經典釋文)』(『爾雅音義』)은 육덕명(陸德明)이 『이아』의 경문 및 곽박의 『이아주』를 문자(文字) 위주로 풀이한 주석서이다. 『이아소(爾雅疏)』는 형병(邢昺)이 『이아』의 경문 및 곽박의 『이아주』를 전반적으로 풀이한 주석서이다.

[19] http://ctext.org/library.pl?if=gb&file=80275&page=77 : 2016. 11. 2. 검색.

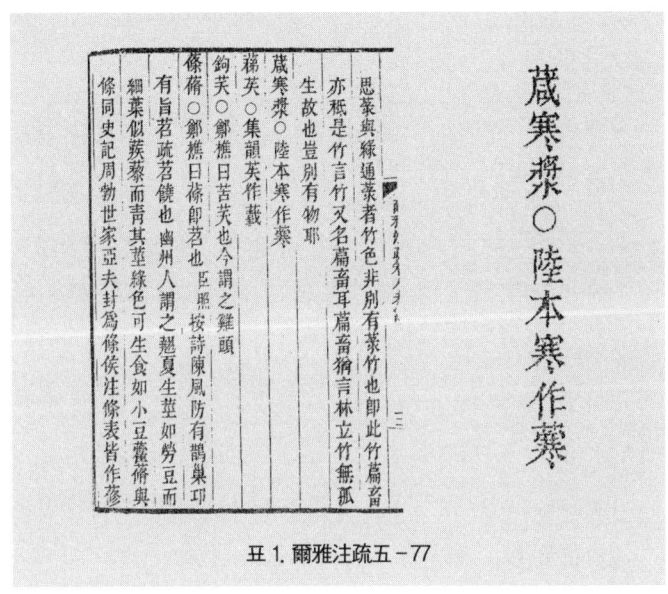

표 1. 爾雅注疏五-77

에서 寒을 '蔎'으로 만들었다."라고만 되어있다. 그러나 여기의 '蔎'은 차로 볼 근거가 되지 않고 있다.

이로 보아 「차부」에서 한재가 고유하게 명명한 차의 이명인 '한'과 '파'는 차의 이름에 관해서 한재 자신의 독창적인 견해를 밝힐 정도로 차의 이론가임을 증명하고, 우리나라 차로서의 새로운 자리매김과 선비의 차도정신을 담아내려는 의지가 실린 것으로 그 의미가 크다고 볼 수 있다.[20]

---

20 '蔎'과 '菠'에 관한 최영성의 견해
  모진 한파 속에서도 능설의 기개로 자라는 차, 또는 '백물에 앞서서 이른 봄을

❖ 차의 이름

- 선장(仙掌) : 형주荊州 옥천사玉泉寺 부근에서 생산된 산차이다. 찻잎의 외형이 마치 손바닥과 같이 넓적하여 선인장仙人掌 형상을 하고 있다. 색상은 은색 빛을 내는 비취색의 기운을 띠고 있으며, 향기는 맑고 신선하며 담아하다. 이 구절은 당의 시인 이태백이 쓴 「답족질승중부증옥천선인장차병서答族侄僧中孚贈玉泉仙人掌茶並序」라는 시제에서 선인장차가 나온다.
- 뇌명(雷鳴) : 이른 봄 '첫 우레 소리'가 날 때(첫 봄비) 찻잎을 채취하여 만든 차이다. 복건성福建省 민동閩東에서 천산뇌명차天山雷鳴茶가 난다. 청대의 천산차가 초청炒靑차로 바

독차지'하는 차를 가리키는 것이라고 할 수 있다. 「차부」의 말미에서 "내가 세상에 태어남이여! 풍파가 모질구나.[我生世兮, 風波惡]"라고 한 것과 연결시켜 볼 때 더욱 설득력이 있다고 생각된다. 또한 이 '한'과 '파'는 서른두 가지 차 이름 가운데 특히 '선춘'과 '조춘'이 이에 해당되는 것이 아닐까 한다. '한재'라는 호 또한 이와 무관하지 않을 것이다.(崔英成, 「한재 李穆의 茶賦 硏究」, 「한국사상과 문화」 제19집, 한국사상문화학회, 2003. p.487.)

'蘻'과 '菠'에 관한 유건집의 견해
蘻은 맛이 시고 씁쓸하지만 약효가 많은 苦茶 계통의 차를 말하고 菠는 여린 잎을 따서 만든 달고 부드러운 계통의 차를 말한다. 여기서 말하는 한과 파는 꽈리나 시금치로 만든 대용차가 아니라 茗과 荈, 荼, 蔎 모두 같은 차의 이름이라는 것이다. 곧 앞에 나오는 명과 천이 찻잎의 채취시기에 의해 분류한 차의 이름이라면 한과 파는 色香味에 의해서 분류한 차의 이름이라는 말이다.(류건집, 「차부주해」, 이른아침, pp.80 - 100.)

뀐 것의 일종인데 역사적인 명차가 되었다.[21]

- 조자(鳥觜) : 조취鳥嘴의 잘못된 표기이다. 송나라 황제 조호 趙昊는 원나라 병사들에게 쫓기고 있던 중에 목이 말라서 참기가 어려웠던 참에 한 마리 봉황조鳳凰鳥가 입에 찻잎을 물고 와서 황제 앞에 떨어뜨렸다. 그것을 받아들여 입에 넣자 정신이 맑아지고 피로가 가셨다는 전설로 인하여 조취차의 명칭이 생긴 것이다. 지금은 중국의 명차 오룡차의 생산지로 유명하다.[22]

- 작설(雀舌) : 가장 부드러운 차 싹으로 만든 상등품의 차이다. 당대 사람들은 차의 외형에 근거하여 차의 이름을 지었다. 사천지역은 당시 차의 주요 산지 중의 하나였다. 그 시기에 작설, 조취 등의 차도 이러한 이유로 이름을 지은 것이다. 조취와 작설은 모두 잎차이다. 당의 시인 유우석의 「병중일이선객견문 인이사지病中一二禪客見聞 因以射之」에 작설이 보인다.[23]

- 두금(頭金) : 덩이차로 마단림의 『문헌통고』 「각차고」에 보인다.

- 납면(蠟面) : 건주建州의 명산품으로 덩이차다. 마단림의 『문

---

21 http://tea.ahnw.gov.cn/sdmc/index_new.asp?id=789&qy=qt 참고.
22 호장춘(胡長春), 「고금차명취담(古今茶名趣談)」, 강서성사회과학원, p.69 참고
23 호장춘(胡長春), 「고금차명취담(古今茶名趣談)」, 강서성사회과학원, p.69. 참고

헌통고』「각차고」에 보인다. 당송시대에 복건성福建省에서 생산된 차이다. 오늘날의 민북오룡閩北烏龍을 말한다.

- 용봉(龍鳳) : 덩이차로『문헌통고』「각차고」에 보인다. 송대 건안(지금의 복건 건구建甌)에서 조공을 바치던 차이다. 형태는 둥글고 납작한 원형으로 그 면 위에는 용과 봉황의 무늬가 있는 덩이차이다. 용문이 있는 것이 '용봉', '용단'이라고 불리었으며, 봉문이 있는 것은 '봉단', '단봉'이라고 불리었다. 후에 직경이 비교적 작은 용봉차를 '소용단' '소봉단'이라고 불렀다.

- 소적(召的) : 석적石的의 잘못된 표기이다. 석유石乳와 적유的乳를 말하며, 덩이차로서 송대 차의 일종이다. 오늘날의 민북오룡閩北烏龍이라는 설도 있다.『문헌통고』「각차고」에 보인다.

- 산제(山提) : 덩이차로 산정山挺의 잘못된 표기이다. 산정은『문헌통고』「각차고」에 보인다.

- 승금(勝金) : 덩이차로『문헌통고』「각차고」에 보인다.

- 영초(靈草) : '차茶'자가 아직 출현하지 않았을 때, 강남산민江南山民은 이것을 '영초'라고 불렀고 약용으로 자주 쓰였다. 이것과 관련된 용례는 명나라 허차서許次紓의『차소茶疏』중에 "천하명산에는 반드시 영초가 나온다. 강남땅은 따듯하므로 홀로 차가 마땅하다.[天下名山必産靈草, 江南地暖, 故獨宜茶]"라고 논하고 있다. 즉 '영초'는 차를 말한다.

덩이차로『문헌통고』「각차고」에 보인다.

- 박측(薄側) : 덩이차다. 당나라 육우의『차경』과 이조李肇의『국사보國史補』에서 의양차義陽茶를 당시의 명차라고 열거하고 있다. 또한 송조宋朝의『영사식화지寧史食貨志』와 송 휘종의『대관차론大觀茶論』에서는 신양차信陽茶를 명차라고 하고 있다.『문헌통고』에 광주의 명차로 박측을 꼽고 있다.

- 선지(仙芝) : 영지靈芝라고도 하며, 요주饒州 명산품이다. 덩이차로『문헌통고』「각차고」에 보인다. 의료 치료를 할 때, 여러 가지 병을 고칠 수 있는 고대의 선초仙草라고 한다. 중국의 가장 오래된 약전藥典인『신농본초경』에는 영지를 상등의 상약이라고 열거하고 있다.

- 난예(嬾蕊) : 눈예嫩蕊가 잘못 표기된 것이다. 차의 줄기가 탄탄하면서 미세하고 찻잎이 희고 부드러우며 세모가 나 있는 것이 마치 예화蕊花 같아 이름을 아예차峨蕊茶라고도 한다. 원래 아미산 중턱의 백룡동, 흑수사 일대에서 산으로 둘러싸여 자란다. 구름과 안개가 가득하고 습기가 많고 비옥한 토지에서 자란다.『아미독지峨嵋讀誌』에 "아미산에는 약초가 많은데 차가 더욱 좋아서 천하의 것과는 다르다.[峨嵋山多藥草, 茶尤好, 異於天下]"라고 쓰여 있다. 당나라 중기의 대시인 백낙천은 차를 좋아하였다. 그가 이육낭중이 보내온 사천의 새 차를 받고 감사하면서 지은 시「사이육낭중기신촉차謝李六郎中寄新蜀茶」를 통해 이 눈예차가 사람

들에게 감사의 선물로 바치는 사천의 새로운 차가 되었다.
덩이차로 『문헌통고』「각차고」에 보인다.

- 운경(運慶) : 운합運合과 경합慶合을 묶어 이른다. 둘 다 덩이 차로 요주, 지주池州의 명산품이다. 『문헌통고』「각차고」에 보인다.

- 복록(福綠) : 복합福合과 녹합綠合을 묶어 이르는 것이다. 요주, 지주의 명산품이다. 덩이차로 『문헌통고』「각차고」에 보인다.

- 화영(華英) : 금주錦州 검각劍閣 이남의 촉蜀 지역에서 생산되는 흡주歙州의 명산품이다. 촉은 오늘날의 사천면양四川綿陽지역이다. 당대의 시인 조업曹鄴의 「고인기차故人寄茶」 시에 화영차의 이름이 나온다. 『문헌통고』「각차고」에 보인다.

- 내천(來泉) : 덩이차로 『문헌통고』「각차고」에 보인다.

- 지합(指合) : 덩이차로 『문헌통고』「각차고」에 보인다.

- 영모(翎毛) : 명나라 황일정黃一正 집주의 『사물감주事物紺珠』에 오늘날의 99개의 차명이 열거되어 있다. 옛날에 제작된 차명도 101개 열거되고 있다. 그 중에서 악주嶽州에서 나온 황영모黃翎毛와 악양嶽陽에서 나온 함고냉合膏冷은 옛날에 제작된 차명에 속한다. 덩이차로 『문헌통고』「각차고」에 보인다.

- 청구(淸口) : 산차로 『문헌통고』「각차고」에 보인다. 귀주歸州(오늘날의 호북성 자귀秭歸)에서 생산되었다.

- 독행(獨行) : 담주潭州 지역에서 생산되었다. 담주는 오늘날의 장사長沙지역이다. 원명대의 문자자료에 의하면, 송대에 이미 독행이 유명하였다고 기재되어 있다. 덩이차로『문헌통고』「각차고」에 보인다.
- 금명(金茗) : 송대 덩이차로 담주에서 생산되었다.『문헌통고』「각차고」에 기재되어 있다.
- 옥진(玉津) : 덩이차로『문헌통고』「각차고」에 보인다.
- 우전(雨前), 우후(雨後) : 모두 산차로『문헌통고』「각차고」에 보인다.
- 선춘(先春) : 덩이차로『문헌통고』「각차고」에 보인다.
- 조춘(早春) : 덩이차로『문헌통고』「각차고」에 보인다.
- 진보(進寶) : 홍국군興國軍의 명산품으로 덩이차다. 오늘날의 강하벽방江夏碧舫과 금수취봉金水翠峯을 말한다.『문헌통고』「각차고」에 보인다.
- 쌍계(雙溪) : 쌍승雙勝의 잘못된 표기로 덩이차이다. 홍국군의 명산품으로 오늘날의 강하벽방과 금수취봉을 말한다.『문헌통고』「각차고」에 보인다.
- 녹영(綠英) : 덩이차로 원주袁州의 명산품이다. 오늘날의 무록婺綠이다.『문헌통고』「각차고」에 보인다.
- 생황(生黃) : 덩이차로 악주嶽州의 명산품이다.『문헌통고』「각차고」에 보인다.

차의 산지

❖ 국역

차가 잘 자라는 땅으로 말하자면,
석교石橋, 세마洗馬, 태호太湖, 황매黃梅, 나원羅原, 마보麻步, 무처婺處, 온태溫台, 용계龍溪, 형협荊峽, 항소杭蘇, 명월明越, 상성商城, 왕동王同, 홍광興廣, 강복江福, 개순開順, 검남劍南, 신무信撫, 요홍饒洪, 균애筠哀, 창강昌康, 악악岳鄂, 산동山同, 담정潭鼎, 선흡宣歙, 아종鴉鐘, 몽곽蒙霍이네.
두터운 언덕에 뿌리를 서리고,
비이슬의 은택으로 가지를 뻗어가는구나.

❖ 원문

其 壤 則
기 양 즉

石橋, 洗馬, 太湖, 黃梅, 羅原,
석교　세마　태호　황매　나원

麻步, 婺處, 溫台, 龍溪, 荊峽,
마보　무처　온태　용계　형협

杭蘇, 明越, 商城, 王同, 興廣,
항소　명월　상성　왕동　흥광

江福, 開順, 劍南, 信撫, 饒洪,
강복　개순　검남　신무　요홍

筠哀, 昌康, 岳鄂, 山同, 潭鼎,
균애　창강　악악　산동　담정

宣歙, 鴉鐘, 蒙霍.
선흡　아종　몽곽

蟠柢丘陵之厚,
반저구릉지후

楊柯雨露之澤.
양가우로지택

❖ 강설

한재가 「차부」에서 거명하는 차산지가 스물여덟 군데이지만 두 지역을 묶은 곳을 펼치면 실제는 마흔다섯 군데의 차산지이다. 『송사』「식화」지에서 거명되는 차지구와 37주의 차생산지를 보면 한재가 제시하는 차산지의 근거를 이해할 수 있다. 한재 당시의 조선에도 1484년의 『동국여지승람』에 기록된 차생산지가 32개 지역이 있음에도 불구하고 중국의 차산지만 언급하고 있음이 아쉬운 점이면서 특이하다.

　한재는 차의 이름이나 차산지의 이름을 중국 원나라의 마단림이 1319년에 엮은 『문헌통고』「각차고」나 1345년에 완성한 원나라 중서우승상中書右丞相 탁극탁 중심의 저술인 『송사』「식화」지를 주로 참고했으리라 본다.

　『송사』「식화」의 차상편에 의하면 "송나라의 차를 독점하는 제도에 차가 모이는 중요한 곳은 강릉부江陵府, 기주蘄州 등의 여섯 무務가 있고, 기주蘄州, 황주黃州 등 십삼장十三場이 있었다. 또 차를 수매하는 곳으로서 강남江南, 호남湖南, 복건福建 등 모두 수십 고을이 있었다. 산장山場의 제도는 원호園戶를 통솔해서 그 조租를 받고 나머지는 모두 관에서 수매하였다.[宋制榷茶有六務. 江陵蘄州等. 十三場. 蘄州, 黃州等. 又買茶之處. 江南, 湖南, 福建總數十郡. 山場之制. 領園戶. 受其租. 餘悉官市之]"라고 하여 차를 전매하는 각차榷茶제도가 있어 세금을 매긴 것을 볼 수 있다.

　여기서 육무六務란 『문헌통고』「각차고」에 보면 대개 교통의 요지로 주요 나루터에 위치하고 있어 수송과 판매가 용이한 곳으로 강릉부江陵府, 진주眞州, 해주海州, 한양군漢陽軍, 무위군無爲軍, 기주蘄州의 기구蘄口 등 여섯 곳을 말한다. 또 13장은 차의 관리기관으로 기주蘄州에 왕기王祺, 석교石橋, 세마洗馬, 황매黃梅 네 곳, 황주黃州에 마성麻城 한 곳, 여주廬州에 왕동王同 한 곳, 서주舒州에 태호太湖, 나원羅源 두 곳, 수주壽州에 곽산霍山, 마보麻步, 개순구開順口 세 곳, 광주光州에 상성商城, 자안子安 등 열세 곳을 말한다. 또 『송사』「식화」의 차상편에 차가 나는 지구로는 37주가 다음과 같이 명기되어 있다.

- 회남淮南지구에 6주 : 기주蘄州, 황주黃州, 여주廬州, 서주舒州, 광주光州, 수주壽州
- 강남江南지구에 10주 : 선주宣州, 흡주歙州, 강주江州, 지주池州, 요주饒州, 신주信州, 홍주洪州, 무주撫州, 균주筠州, 원주袁州
- 광덕廣德, 홍국興國, 임강臨江, 건창建昌, 남강南康, 오군五軍; 양절兩浙지역에 12주 : 항주杭州, 소주蘇州, 명주明州, 월주越州, 무주婺州, 처주處州, 온주溫州, 태주台州, 호주湖州, 상주常州, 구주衢州, 목주睦州
- 형호荊湖의 강릉부江陵府에 7주 : 담주潭州, 풍주澧州, 정주鼎州, 악주鄂州, 악주嶽州, 귀주歸州, 협주峽州
- 형문군荊門軍의 복건福建의 2주 : 건주建州, 검주劍州

또 "통괄해서 매년 강남지역에서 1,027만여 근, 양절지역에서 127만 9천여 근, 형호지역에서 247만여 근, 복건지역에서 39만 3천여 근 부과하였다. 모두 여섯 군데의 차 전매처에서 사서 보내었다.[總爲歲課江南千二十七萬餘斤, 兩浙百二十七

萬九千餘斤, 荊湖二百四十七萬餘斤, 福建三十九萬三千餘斤, 悉送六榷務鬻之"라고 하니 강남지구 10주에서 가장 차가 많이 남을 알 수 있다.

❖ 차 산지의 이름

본문의 지명은 주로 『중국고금지명대사전中國古今地名大辭典』(대만상무인서관, 중화민국20년)에 의거하였다. 위의 책에 근거한 지명은 본문 뒤 괄호 안에 참고쪽수만 표기하였다. 13장에 속했던 지역은 『문헌통고』의 「각차고」에 근거하였다.

- 석교(石橋) : 십 삼장의 하나인 기주蘄州에 속함. 강서성 동고현 서쪽[在江西銅鼓縣西石橋水上. p.277]
- 세마(洗馬) : 십 삼장의 하나인 기주蘄州에 속함. 세마판시는 호북성 기수현 동쪽 오십 오리에 기춘현과 접경을 이룬다.[洗馬販市: 在湖北蘄水縣東五十五里. 與蘄春縣接界. p.639]
- 태호(太湖) : 십 삼장의 하나인 서주舒州에 속함. 태호현은 안휘성 안경도에 속함[太湖縣: 今屬安徽安慶道. p.144]
- 황매(黃梅) : 십 삼장의 하나인 기주蘄州에 속함. 황매현. 중화민국 초에는 호북성 강한도에 속함[黃梅縣: 民國初屬湖北江漢道. p.986]

- 나원(羅原) : 십 삼장의 하나인 서주舒州에 속함. 나원현. 청나라 때는 복건성 복주부에 속했고, 민국 초에는 복건성 민해도에 속함[羅原縣: 淸屬福建福州府. 民國初屬福建閩海道. p.1352]
- 마보(麻步) : 십 삼장의 하나인 수주壽州에 속함. 마보산은 마부진조에 보인다. 마부진은 안휘성 육안현 서남쪽 구십 리에 있음[麻步山: 見麻埠鎭條./ 麻埠鎭: 在安徽六安縣西南九十里. pp.874-5]
- 무처(婺處) : 절강성 금화현에 있는 무주와 절강성 여수현에 속한 처주[婺州: 卽今浙江金華縣治. 處州: 在今浙江麗水縣東南七里. p.887]
- 온태(溫台) : 절강성 영가현에 속한 온주와 절강성 임해현에 속한 태주[溫州: 故治卽今浙江永嘉縣.台州: 屬浙江⋯.治所卽今臨海縣. p.1030]
- 용계(龍溪) : 복건성의 구룡강 유역[龍溪: 福建之九龍江. p.1271]
- 형협(荊峽) : 호북성 형문군과 호북성 의창현의 서북쪽의 협주[峽州: 在今湖北宜昌縣西北. p.695]
- 항소(杭蘇) : 절강성 항주시의 항주[杭州: 明置抗州府. 淸因之. p.477]와 강소성 소주시의 소주[爲浙江省治. 蘇州: 淸爲江蘇省治. p.1370]
- 명월(明越) : 절강성 경원부의 명주[明州: 在今浙江鄞縣東⋯

後升爲慶元府. p.474]와 절강성 소흥현의 월주[越州: 卽今浙江紹興縣治. p.946]

- 상성(商城) : 십 삼장의 하나인 광주光州에 속함. 상성현. 하남성 여양도에 속함[商城縣: 今屬河南汝陽道. p.786]
- 왕동(王同) : 십 삼장의 하나인 여주廬州에 속함.
- 흥광(興廣) : 호북성 신양현의 흥국군[興國軍: 見興國州條 興國州: 淸屬湖北武昌府. 民國改爲陽新縣. pp.1235-1236]과 안휘성 광덕현의 광덕군[廣德軍: 今安徽廣德縣治.p.1159]
- 강복(江福) : 강서성 남창현의 강주[江州: 今江西南昌縣治. p.325]와 복건성 복주시의 복주[福州: 在今福建閩侯縣東北…. 明曰福州府. p.1113]
- 개순(開順) : 십 삼장의 하나인 수주壽州에 속함. 개순현. 안휘성 곽구현 남쪽 백오십리에 있음[開順鎭: 在安徽霍丘縣南一百五十里. p.955]
- 검남(劍南) : 검남진. 현재 사천성 성도현[劍南鎭: 今四川成都縣治. p.1149]
- 신무(信撫) : 강서성 상요현 서북의 신주[信州: 故治在今江西上饒縣西北 p.578]와 강서성 임천현의 무주[撫州: 故治卽今江西臨川縣. p.1164]
- 요홍(饒洪) : 강서성 파양현인 요주[饒州: 故治卽今江西鄱陽縣. p.1385]와 강서성 남창현인 홍주[洪州: 故治卽今江西南昌縣. p.644]

- 균애(筠哀) : 애哀는 원袁의 잘못인 듯하다. 현재 강서성 고안인 균주[今江西高安市]²⁴와 현재 강서성 의춘인 원주[今江西宜春市 袁州].²⁵
- 창강(昌康) : 건창군建昌軍과 남강군南康軍으로 둘 다 지금의 강서에 속함.²⁶
- 악악(岳鄂) : 호남성 악양이 악주岳州와 호북성 무창의 악주 鄂州.²⁷
- 산동(山同) : 안휘성 파서현의 산남진[在安徽省肥西縣西南部]과 현재 섬서성 대려현인 동주[今陝西大荔縣].²⁸
- 담정(潭鼎) : 현재 호남성 장사현치하인 담주[潭州: 卽今湖南長沙縣治. p.1178]와 현재 호남성 상덕현치하인 정주[鼎州: 今爲湖南常德縣治. p.107]
- 선흡(宣歙) : 지금 안휘성 선성시인 선주[宣州: 今安徽宣城市]와 안휘성 흡현인 흡주[歙州: 今安徽歙縣].²⁹
- 아종(鴉鐘) : 하남성 남소현인 아하[鴉河: 出河南南召縣. p.1208]와 강서성 분의현 동쪽 십리에 있는 종산[鐘山: 在

---

24 대균량(戴均良),『中國古今地名大辭典』, 上海辭書, 2005, p.2375.
25 대균량, 앞의 책, p.3031.
26 대균량, 앞의 책, p.1989. p1694 참조.
27 대균량, 앞의 책, p.1834. p.2680 참조.
28 대균량, 앞의 책, p.237. p.1141 참조
29 대균량, 앞의 책, p.2299, p.3272 참조

江西分宜縣東十里. p.1373]

- 몽곽(蒙霍): 강서성 신유현 또는 호북성 형문현에 있는 몽산
[蒙山: 在江西新喻縣北七十里… 在湖北荊門縣西一里. p.1122]
과 안휘성 곽산현에 있는 곽산[霍山: 在安徽霍山縣西北五里.
p.1251] 곽산霍山은 십 삼장의 하나인 수주壽州에 속함.

차의 생육환경

❖ 국역

차나무가 자라는 곳은
산석이 높고 험하며,
산이 높이 솟고 가파르네.
산봉우리는 우뚝 우뚝 험한 바위 솟아
산굽이 길게 뻗어 잇닿아 있네.
입을 딱 벌린 듯 혹은 넓고,
휑하니 트였다가 혹 끊어지기도 하네.
엄연하여 혹 태양이 숨기도 하고,
구부러졌다가 혹 좁아 보이기도 하네.
그 위에 보이는 것이 무엇인가?
별이 지척에 있음이요.
그 아래에 들리는 것이 무엇인가?

으르렁거리며 흐르는 강해로다.
신령스러운 새 노래하며 날고,
신이한 짐승 서로 움켜잡고 노니네.
기이한 꽃과 상서로운 풀은
금구슬, 옥구슬로 장식한 듯
무성하게 꽃술이 늘어져서
웅대 준수하고 뇌락하네.
사냥개무리도 무서워 머뭇거리고,
산도깨비가 곁에 가까이 다가오는 듯하네.

❖ 원문

造其處則
조 기 처 즉
崆峛嶱碣
공 앙 갈 갈
險巇屼崒
험 희 올 률
䧿崔嵓嶭
액 죄 암 얼
嶹蟒崱崱
당 망 즉 리
呀然或放
하 연 혹 방
豁然或絶
활 연 혹 절

崦然或隱
엄 연 혹 은

鞠然或窄
국 연 혹 착

其上何所見
기 상 하 소 견

星斗咫尺
성 두 지 척

其下何所聞
기 하 하 소 문

江海吼嗟
강 해 후 돌

靈禽兮翎頷
영 금 혜 함 하

異獸兮挐攫
이 수 혜 나 확

奇花瑞草
기 화 서 초

金碧珠璞
금 벽 주 박

葬葬蘘蘘
준 준 양 양

磊磊落落.
뇌 뢰 락 락

徒盧之所趑趄
도 로 지 소 자 저

魑魍之所逼側
이 소 지 소 핍 측

❖ 강설

'조기처즉'부터는 차의 생육환경에 대해 서술하고 있다. 한재는 차나무가 자라기 좋은 생육환경을 묘사함에는 매우 힘이 넘치고 생동감이 솟는다. 마치 글을 읽는 이로 하여금 그 속에서 심장을 뛰게 하며, 함께 호흡을 같이 하는 것 같은 느낌이다. 육우의 『차경』 일지원一之源에서 차는 "야생으로 자라는 것이 좋고, 밭에서 가꾸어 나는 것은 그 다음이다. 양지쪽 벼랑이면서 그늘진 숲에서 나는 차가 좋다. …… 그늘진 산이나 비탈진 계곡에서 나는 것은 채취하지 않는다. 이런 곳에서 나는 차는 그 성질이 엉기고 막히어 몸에 병을 일으킨다.[野者上, 園者次;陽崖陰林 … 陰山坡穀者不堪采掇, 性凝滯, 結瘕疾]"라고 하였다. 또 차나무를 성장시키기에 좋은 토양은 "차가 자라는 땅으로 제일 좋은 곳은 돌이 문드러져서 생긴 자갈밭이고, 중간은 조약돌이 섞인 흙밭이고, 하품은 황토밭이다.[上者生爛石, 中者生礫壤, 下者生黃土]"라고 하였다. 즉 차는 양지쪽 벼랑이면서 그늘진 숲인 반양반음半陽半陰의 계곡 자갈밭에서 야생으로 자생하는 차가 최상품이 되는 것이다. 이와 같이 좋은 차를 내는 토양과 생육환경을 부賦가 가지는 넉넉한 표현형식을 빌어 한재는 그의 기개 넘치는 생각을 토하고 있는 것이다.

차노래 글로는 가장 오래된 B.C. 4세기경 진晉나라 두육杜毓의 「천부荈賦」가 있다. 「천부」에서 "오직 큰 산악은 신령스런 산이라, 기이한 것들이 모여 산다네. 거기서 찻잎이 자라나 산골짜기마다 가득하다네. 풍성한 대지의 자양분을 먹고, 하늘에서 내리는 감로를 마신다네.[靈山惟嶽, 奇産所鍾. 厥生荈草彌谷, 被岡承豊. 壤之滋潤, 受甘靈之霄降]"라고 하였다. 차가 자라는 곳은 신령스러운 큰 산에서 땅의 자양분을 끌어올리고 하늘의 기운을 감로로 받아먹고 자랄 수 있는 곳이라 노래한 것이다.

이 차의 생육환경에 대해 최영성은 "차가 험준한 산지에서 구름과 안개 속에 싸여 생장한다는 것을 부각시켰다. 여기서 우리는 차의 생육환경을 자신의 험난한 인생역정과 고고한 절개를 연결시키려 한 한재의 내면의도를 엿볼 수 있다."[30]라고 논하고 있다. 염숙은 "한재는 차나무의 생육환경을 묘사하면서 당시 사림파와 훈구파의 갈등으로 인한 시대적 환경을 차나무가 자라는 험악한 자연환경과 대조됨을 은유적으로 표현하고 있다. 즉, 자신의 험난한 인생역정과 높고 험준하여 인적이 쉽게 닿을 수 없는 곳을 고귀하고 깨끗한 자신의 높은 정신세계로 연계시키며 자신의 내면을 표현하고 있음을 알 수 있다."[31]라고 말하고 있다.

---

30 崔英成,「寒齋 李穆의 茶賦 硏究」,『한국사상과 문화』제19집, 韓國思想文化學會, 2003, p.489.
31 廉淑,「寒齋 李穆의 道學思想과 茶道思想」, 원광대학교 대학원 박사학위논문, 2007, p.75.

어떤 시문이던 그 문학적인 표현에서 글의 생명력을 다하기 위해서는 저술자의 철학과 사상을 담아내는 것은 사실이다. 한재가 자신의 삶의 역정을 차나무의 험난한 생육환경과 연계시켜 볼 수도 있었을 것이다. 그러나 그는 생사를 개의치 않고 옳은 길 편에서 의리를 표본으로 삼았다. 사물을 객관적으로 보는 사려분별력이 정확하다. 차의 험준한 생육환경을 자신의 험난한 삶의 역경에 비추어보려는 지나친 의도보다는 유자儒者로서 품었던 현허玄虛의 세계를 동경하고 차를 통해 이를 표현한 것으로도 볼 수 있다. 차밭이 아무리 험준하다 하여도 자연이 주는 편안한 힘이 있다. 차밭이 '입을 딱 벌린 듯 혹은 넓고, 휑하니 트였다가 혹 끊어지는[呀然或放 豁然或絶]'듯한 걸림 없는 장관이다. '신령스러운 새 노래하며 날고, 신이한 짐승 서로 움켜잡고 노니는[靈禽兮翎颭 異獸兮挐攫]' 정경을 노래했다. 이와 같이 순수함 그 자체로 존재하는 자리에서 험난한 역경은 사라져버리게 하는 것이 자연의 힘이다. 한재는 차밭의 그 무위한 자연을 어떤 사상성의 가감 없이 맞이하였다고 본다. 이러한 한재의 접근은 바로 노장경향의 자연관으로 봐야 함이 더 설득력이 있다.

차의 생육환경을 표현하는데 있어서 산세나 나무모양 등을 보면, 올률岏崒은 『양서梁書·침약전沉約傳』에서, 하연呀然은 한유韓愈의 『연희정기燕喜亭記』에서 인용했다. 공앙갈갈嵃岈嶱崶, 험희險巇, 액줴岋崋, 암얼岩嶪 당망嵣㟏, 할연혹절豁然

或絕, 엄연혹은국연혹착崦然或隱鞠然或窄, 영금혜함하靈禽兮䶄䶄, 준준사사蓴蓴蕡蕡 등의 단어들은 장형張衡(78-139)의 「남도부南都賦」에서 인용했음을 알 수 있다. 이는 다른 차서에서 볼 수 없는 독특한 묘사로 대부분의 인용단어들이 「남도부」에서 끌어낸 점은 그만큼 한재의 부 짓기를 좋아하는 특별한 관심의 증명이기도 하다. 차의 험준한 생육환경을 묘사한 부분은 장형의 「남도부」를 그대로 옮겨 놓다시피 하였다. 한재가 문체의 선택에 있어서 매우 신중한 태도를 보이는 데에 비추어 보면 남의 글을 거의 인용한 대목은 이채롭기까지 하다.

한재의 '부' 작품은 중국의 저명한 작가들로부터 많은 영향을 받았는데 장형의 영향이 상당히 컸던 것 같다. 장형은 중국 후한의 문인이며 과학자로 사부詞賦에 능했다. 장안長安과 낙양洛陽의 풍속을 그린 「서경부西京賦」와 「동경부東京賦」를 합해 「이경부二京賦」를 지었는데, 여기서 사람들의 사치를 풍자했다. 장형과 후한의 초대황제 광무제光武帝의 출신지 낙양을 찬미한 「남도부」와 「사현부思玄賦」, 「귀전부歸田賦」 등과 함께 『문선』에 수록되어 있다. 「사현부」 또한 한재의 「차부」에 여러 측면에 지대한 영향을 끼쳤음을 알 수 있다. 특히 이 두 부에서 보이는 공통점은 노자와 장자의 현허玄虛의 세계에 심취하면서도 유가의 면모를 잃지 않는 내용들은 거의 유사한 기조를 가지고 있다.

'기화서초奇花瑞草'나 '금벽주박金碧珠璞' 등은 도교적 그림에 등장하는 분위기로 문학적이면서도 도교적인 분위기를 조성하고 있다. '준준사사'나 '뇌뢰락락磊磊落落' 같은 글자 사용은 청각적인 자극과 글자를 반복함으로서 음악성을 획득하기도 하고 문학성을 표현하며 강조의 의미도 있다. 이러한 표현양식이나 인용문체의 선택은 한재 특유의 문장구사라 할 수 있다.

❖ 보충 용어풀이

- 공앙갈갈(崆峣嶱碣) : 공앙, 갈갈 모두 산석이 높은 모양. 『문선』 권4, 장형, 「남도부」, "崆峣嶱碣."
- 험희(嶮巇) : 산이 서로 대하고 있어서 위험한 모양. 『문선』 권4, 「남도부」, "嶔巇屹幽谷響岑."
- 올률(屼崒) : 산이 높이 솟아 가파름. 『양서 · 침약전』, "岑崟峍屼, 或坳或平."
- 액죄(峉崔) : 산석이 고르지 않고 아주 높은 모양. 『문선』 권4, 「남도부」, "峛峉嶵嵬."
- 당망(嵣㟎) : 산석이 광대한 모양. 『문선』 권4, 「남도부」, "嵣芒(㟎)剌."
- 즉리(崱屴) : 산줄기가 길게 잇닿아 있는 모양.
- 하연(呀然) : 깊고 넓은 모양. 당 한유, 『연희정기』, "出者突然

成邱, 陷者呀然成穀."

- 활연혹절(豁然或絶) : 앞이 툭 트여 시원스럽다가 끊어지기도 함. 『문선』권사, 장형, 「남도부」, "或崐嶙而纏連, 或豁爾而中絶."
- 엄연혹은(崦然或隱) : 엄崦은 엄자산崦嵫山으로 해가 지는 산으로 산이 깊어 그늘이 져 있음을 나타냄.
- 국연혹착(鞠然或窄) : 국鞠은 높은 모양. 산이 높기도 하고 좁기도 한 모양. 『문선』권사, 장형, 「남도부」, "鞠然或窄鞠巍巍其隱天."
- 함하(翎㕧) : 함翎은 작은 새가 나는 모양. 하㕧는 기운을 토해내는 모양.
- 준준(蕁蕁) : 무성하여 드리운 모양. 『문선』권4, 「남도부」, "杳藹蓊鬱於穀底, 森蕁蕁而刺天."
- 사사(蓑蓑) : 꽃술이 늘어진 모양. 『문선』권4, 「남도부」, "敷華蕊之蓑蓑." 『이평사집李評事集』에는 준준사사蕁蕁蓑蓑의 사사蓑蓑가 양양蘘蘘으로 되어있다.
- 뇌뢰락락(磊磊落落) : 중국어로 낙락은 많고 착잡한 모양, 웅장 장대한 모양, 외모가 준수한 모양을 나타낸다. 또 뚜렷하다, 명백하다, 도량이 넓다, 공명정대하다는 의미가 있다.[32]

---

32 http://baike.baidu.com/view/855807.htm 참조. 2011. 10. 1 검색.

- 도로(徒盧) : 사냥개 무리. 최영성은 "도로都盧를 잘못 쓴 것으로 '도로'나라 사람들은 몸이 가벼워 높은 장대를 잘 탔다고 했다."하여 '산을 잘 타는 사람'으로 번역하였다.
- 자저(越趄) : 머뭇거리고 뒤뚝거림.
- 이소(魖魖) : 도깨비를 말함.
- 성두(星斗) : 별, 북두北斗와 남두南斗.
- 강해후돌(江海吼㶄) : 『이평사집』원문, 한국고전번역원, 석용운, 유건집의 원문표기는 '돌㶄'이지만, 최영성은 돌㵂로, 윤경혁, 김길자는 '폄㗏'자로 되어 있다. 사실 이 '㶄'자와 '㗏'자는 자서에는 없고 벽자僻字로 유니코드한자 검색에서 찾아낸 그림으로 표시되는 그림글자이다.

차림풍광茶林風光

❖ 국역

이에 동풍이 잠시 불고
북두칠성이 벽수를 도네.
얼음이 황하에서 풀리고,
해는 위유胃維를 돌고 달은 청륙靑陸을 돈다네.
풀은 고갱이(심)는 있으나 아직 움트지 않았고,
나뭇잎은 뿌리로 돌아갔다가 다시 가지로 옮기려 하네.
오직 저 아름다운 나무만이
만물에 앞서서,
이른 봄에 홀로 피어 저 하늘을 차지했네.
자색·녹색·청색·황색이며,
이른 것, 늦은 것, 짧은 것, 긴 것들이
뿌리를 맺고 줄기를 뻗더니

잎을 펼쳐 그늘을 드리우네.
황금빛 떡잎을 토해 내는가 싶더니
벽옥처럼 드리워 숲을 이루었네.
햇빛이 침침할 정도로 무성하고 무성하여
부드럽고 여린 나뭇가지가 서로 잇닿아 있네.
그 무성하고 무성한 것은
구름이 일고 안개가 피어나는 듯
참으로 천하의 장관이네.
퉁소 불고 돌아오면서
잠깐 찻잎 따는데
옷자락 걷어 올려 딴 뒤에
짊어지고 수레에 실어 나르네.

❖ 원문

於是谷風乍起
어 시 곡 풍 사 기
北斗轉璧
북 두 전 벽
氷解黃河
빙 해 황 하
日躔靑陸
일 전 청 륙
草有心而未萌
초 유 심 이 미 맹

木歸根而欲遷
목귀근이욕천

惟彼佳樹
유피가수

百物之先
백물지선

獨步早春
독보조춘

自專其天
자전기천

紫者綠者
자자녹자

靑者黃者
청자황자

早者晩者
조자만자

短者長者
단자장자

結根竦幹
결근송간

布葉垂陰
포엽수음

黃金芽兮已吐
황금아혜이토

碧玉蕤兮成林
벽옥유혜성림

晻曖蓊蔚
엄애옹울

阿那嬋媛
아나선원

翼翼焉與與焉
익익언여여언

若雲之作霧之興
약운지작무지흥

而信天下之壯觀也
이신천하지장관야

洞嘯歸來
통 소 귀 래

薄言采采
박 언 채 채

擷之捋之
힐 지 랄 지

負且載之
부 차 재 지

❖ 강설

　이 단락은 차 숲의 정경을 그린 것이다. 계절의 변화를 표현하는 방법은 전형적인 어휘를 사용하고 있다. 계절의 변화를 알리는 첫 구절로 곡풍谷風을 사용하고 있다. 이는 『시경』 「곡풍」의 "곡풍사기 북두전벽谷風乍起 北斗轉璧"으로 계절이 바뀌는 자연의 순환 이치를 일러주고 있다. 곡풍의 사전적인 의미는 동풍으로 만물의 성장을 돕는 바람이다. 곡谷은 곡물의 곡穀으로 만물을 기르는 일로 춘풍 혹은 곡풍이라 한다. 『이아』 「석천」에도 "동풍위지곡풍東風爲之谷風"이라 하여 동풍을 뜻한다. 『시경』 「소아·곡풍지십谷風之什」 「곡풍」의 삼장 첫머리가 모두 "습습곡풍習習谷風"으로 시작한다. 「국풍·패」의 「곡풍」에도 "습습곡풍習習谷風, 이음이우以陰以雨"라 하여 곡풍이 나오는데 모두 동풍을 의미한다. 곡풍이 잠시 분다는 것은 바로 봄이 옴을 뜻하며 차의 움틀 준비를 예시하고 있다. 계절의 변화와 찻잎의 새순이 돋고 성장하여 숲을 이루고 차를 따기까지의 과정을 시간적 변화에 따라 묘사하고 있다. 그 사생적인 표현이 초서체草書體의 막힘없는 일필휘지의 기운이다. 차가 움을 틔우고 자라나서 무성한 차 숲을 이루기까지의 차의 일생을 그리듯 마치 한 폭의 수묵화 그림이 펼쳐지는 듯하다. 그러면서도 차의 생장 기운이 천뢰天籟의 노래로 울려 퍼지는 느낌을 준다. 그야말로 시·서·화 삼절의 오케스트라와 같다. '북두전벽'은 일반으로 이해하기 힘든 말로 곡풍과 더불어 같은 지경으로 봄이 다시 시작되었다는 말이다.

또 "해는 위유胃維를 돌고 달은 청륙을 돈다.[日躔青陸]"라는 구절도 새겨볼 필요가 있다. 『문선』 권46 「안연년顔延年」 「삼월삼일곡수시서三月三日曲水詩序」에 "일전위유日躔胃維, 월궤청륙月軌青陸"이라는 글귀가 있다. '일전청륙'은 '일전위유'와 '월궤청륙'을 줄여 말한 것이다. 일전이란 태양의 운동을 뜻하고, 위유는 28수宿 별이름의 하나이다. 『한서』 권26 「천문지天文志 제6」에 "해에는 중도가 있고 달에는 구행이 있는데, 중도는 황도이다. ……달이 황도의 동쪽으로 움직이는 것을 일러 청도라 한다. 입춘에서 춘분까지는 달이 동으로 청도를 따른다.[日有中道, 月有九行. 中道者, 黃道…… 出黃道東. 立春, 春分. 月東從青道]"라고 되어있다. 한재의 「입춘부立春賦」에도 '일전위유 월궤청륙'으로 첫머리를 열고 있다. 참고로 한국문집총간에 등재된 『이평사집』에는 '일전주유日躔胄維'라 되어있으나 '주유'는 '위유'의 잘못된 표기라고 본다.

'곡풍사기'로 시작하여 '부차재지負且載之'로 끝나는 차 숲의 정경은 『시경』 「주남」, 『문선』 「남도부」, 『노자』 16장을 인용하였다. 그 표현 방식에 있어서 서두의 '곡풍사기 북두전벽', '빙해황하 일전청류' 등과 같이 옛 고사를 확인하지 않으면 쉽게 이해하기 힘든 구절도 있다. 형식에 있어서는 4언과 6언이 주 운율을 구성하고 있다. 특히 4·4조의 한시 풍은 시경에 근거를 둔 시경시체로 고아한 문학성을 아주 강조한 것이다. 뒷부분에서 오월 녹음이 무성해지는 부분을 묘사하는 것과는 달리 『시경』 「곡풍」장을 연상시키는 시구로서, 차를 설명하는 이러한 경지는 자신의 글을 시경의 수준으로 높이는 구실을 하고 있다.

❖ 용어설명

- 사기(乍起) : 최영성은 '사乍'를 '작作'과 통용된다고 하여 작기乍起로 음을 붙이고 '일어난다'로 해석함.
- 북두전벽(北斗轉璧) : 최영성은 「한재 이목의 차부 연구」[33]에서 다음과 같이 설명하고 있다. "'두수'는 이십팔수二十八宿

---

[33] 『한국사상과 문화』 제19집, 한국사상문화학회, 2003.

의 하나로 북쪽 하늘에 있는 현무칠성玄武七星의 첫째 별자리이다. 북두北斗 또는 남두南斗라고도 한다. '벽성'은 이십팔수의 열넷째별이다. 이십팔수의 별은 각각 일곱 개씩 동, 서, 남, 북의 사륙에 배치되는데 일곱 개씩 나누어진 별을 '칠성수七星宿'라 한다. 두斗 · 우牛 · 여女 · 허虛 · 위危 · 실室 · 벽壁의 칠성수는 북륙에 해당되며, 시기로는 추운 계절이다. 북두성이 앞의 칠성수 가운데 '벽'을 회전하게 되면 봄이 온다."

- 목귀근이욕천(木歸根而欲遷): '나뭇잎은 뿌리로 돌아갔다가 다시 가지로 옮기려 한다'는 것은 가을에 나뭇잎이 졌다가 봄에 움이 트려는 것을 말함. 『노자』16장, "夫物芸芸 各復歸其根 歸根曰靜 是謂復命."

- 엄애(晻曖): 햇빛이 침침하여 무성한 모양.

- 옹울(蓊蔚): 초목이 우거진 모양.

- 아나(阿那): 부드럽고 어린 모양. 『문선』권4, 「남도부」, "阿那蓊茸. 注 善曰 阿那 柔弱之貌."

- 선원(嬋媛): 나뭇가지가 서로 잇달아 있는 모양. 『문선』권4, 「남도부」, "阿那蓊茸. 注 善曰 嬋媛 枝相連引也."

- 익익(翼翼) · 여여(與與): 둘 다 무성한 모양. 『문선』권4, 「남도부」, "百穀蕃廡 翼翼與與."

- 박언채채(薄言采采): 잠깐 찻잎 딴다는 뜻. 『시경』 「주남 · 부이芣苢」, "采采芣苢, 薄言采之."

- 힐지랄지(擷之捋之) : 옷자락 걷어 올려 딴다는 뜻.『시경』「주남·부이芣苢」,"采采芣苢, 薄言掇之; 采采芣苢, 薄言捋之. 采采芣苢, 薄言袺之; 采采芣苢, 薄言襭之." 부이芣苢는 질경이 종류의 풀. 철掇은 줍다, 랄捋은 집어서 따다, 결袺은 옷섶을 잡다, 힐襭은 옷자락을 꼽다로 묘사되는데, 힐擷은 따다의 뜻으로 힐襭과도 상통한다.

절로 웃음 띠며 스스로 마시는 차[煎茶]

❖ 국역

옥 사발 꺼내 몸소 닦고
돌 샘물 끓이며 곁에서 바라보네.
흰 김 부리에 이는 것은
하운夏雲이 시냇가 산봉우리에 피어나는 듯하네.
흰 물결은 비늘과 같이 일어나
춘강에서 물결이 세차게 이는 듯하네.
물 끓는 소리 수수하니
서릿바람이 황백 숲에 휘파람을 치는 듯하네.
향기가 둥둥 떠도니
전함이 적벽강을 나는 듯하네.
문득 절로 웃음을 띠며 자작하니
어지러운 두 눈동자 명멸하네.

아! 능히 몸을 가볍게 하는 것은
상품이 아니겠는가?
능히 묵은 병을 씻게 하는 것은
중품이 아니겠는가?
능히 시름을 달랠 수 있는 것은
그 다음 품이 아니겠는가?
이에 표주박 하나 잡고
두 다리 걷어붙인 채
백석 삶음을 비루하게 여기고
금단 익힘에 견주어 보네.

❖ 원문

搴玉甌而自濯
건 옥 구 이 자 탁
煎石泉而旁觀
전 석 천 이 방 관
白氣漲口
백 기 창 구
夏雲之生溪巒也
하 운 지 생 계 만 야
素濤鱗生
소 도 린 생
春江之壯沒瀾也
춘 강 지 장 몰 란 야
煎聲颼颼
전 성 수 수

霜風之嘯篁柏也
상풍지소황백야
香子泛泛
향자범범
戰艦之飛赤壁也
전함지비적벽야
俄自笑而自酌
아자소이자작
亂雙眸之明滅
난쌍모지명멸
於以能輕身者
어이능경신자
非上品耶
비상품야
能掃痾者
능소아자
非中品耶
비중품야
能慰悶者
능위민자
非次品耶
비차품야
乃把一瓢
내파일표
露雙脚
노쌍각
陋白石之煮
누백석지자
擬金丹之熟
의금단지숙

절로 웃음 띠며 스스로 마시는 차

❖ 강설

　이 단락은 차를 달이는 광경과 차마심을 다루고, 그 후 차의 삼품三品을 읊은 것이다. 한재가 옥 사발을 꺼내었다는 것은 그릇이란 천지의 빼어난 기운이 배어 있는 돌을 쪼아서 만든 것이므로 천지의 기운과 상통한다는 것이다. 이어서 이렇게 우린 차의 효능에 삼품이 있음을 놓치지 않는다. 몸을 가볍게 하는 차의 경신輕身효능은 상품, 능히 묵은 병을 씻게 하는 차의 소아掃痾효능은 중품, 능히 시름을 달랠 수 있는 차의 위민慰悶효능은 하품이라 하여 차를 삼품으로 나누고 있다. 특히 차를 우리기 위한 물을 끓이는 탕변의 과정을 아주 세세하게 묘사하고 있다. 반면에 음차의 과정은 두 구로 짧게 표현하고 있으나 그 의미는 크다. 이어 음차 후의 몸의 변화에 따른 효능을 삼품으로 나누어 설명하고 있다. 먼저 탕변 부분을 살펴보자.
　차 사발을 꺼내어서 손수 씻고 돌 샘물을 길어 직접 끓이면서 가만히 지켜보며 사물이 끊임없이 변화하는 모양을 통하여, 일상의 도를 일깨우고 있다. 그야말로 찻물 끓는 모양과 소리를 들으며 차를 마시고 밥을 먹듯이, 사물을 있는 그대로 직시하는 항다반사恒茶飯事의 도를 노래하고 있다.
　한재의 차 달임에서 탕변의 묘사를 보면 장원의 『차록』, 소이의 『십육탕품』, 두육의 「천부」 등을 직접, 간접으로 인용하고 있다. 이는 탕품에 관한 문헌을 두루 섭렵하여 확인하였음을 알 수 있다.

명나라 장원이 쓴 『차록』의 「탕변湯辨」을 보면 탕을 크게 세 가지로 나누고 있다. 다시 세분해서는 열다섯 가지로 나누어 설명하고 있다. 삼대변三大辨으로는 첫째는 형변形辨이다. 물의 끓는 모양으로 판별한다. 두 번째는 성변聲辨이다. 물의 끓는 소리로써 구분한다. 세 번째는 기변氣辨이다. 김이 오르는 모양을 두고 판별하는 것이다. 또 물이 끓는 모양을 내변內辨이라 하고, 물 끓는 소리를 외변外辨이라 하며, 김이 오르는 빠르기에 따른 구분을 첩변捷辨으로 나눈다.[湯有三大辨 十五小辨 一曰形辨 二曰聲辨 三曰氣辨 形爲內辨 聲爲外辨 氣爲捷辨] 이 전차煎茶단락에서 한재가 말하는 '흰 김 부리에 이는 것'은 기변과 첩변을 표현한 것이고, '흰 물결은 비늘과 같이 일어난다'라고 하는 것은 형변과 내변을 나타낸 것이다. '서릿바람이 황백 숲에 휘파람을 치는 듯하다'라는 것은 성변과 외변을 표현한 것이다. 한재는 이와 같이 탕의 변화를 여름의 흰 구름이 산봉우리로 피어오르는 듯하다고 했다. 또 전함이 적벽강赤壁江을 나는 듯이 차의 향기가 둥둥 떠다니는 모양을 적벽대전의 치열함으로 표현하였다. 그러면서도 '문득 절로 웃음을 띠며 자작'한다고 하여 차 마심을 관조하는 모습을 보여준다. 적벽강은 중국 삼국시대의 적벽대전이 있었던 곳으로 손권과 유비의 소수 연합군이 조조의 대군을 격파하였다. 차 우림을 통하여 색과 향과 맛의 세 가지 기이함의 조화를 찾아내고 있다. 귀로는 춘강의 물결소리를 들려오는 대로 듣고, 눈으로는 탕관의 부리에서 피어나는 하얀 김을 보이는 대로 본다.

탕은 차를 살리고 죽이는 관건이다. 당나라의 소이가 지은 『십육탕품』 여덟 번째에 수벽탕秀碧湯이 있다. "돌에는 천지의 빼어난 기운이 응기어서 모양을 만드는 것이니 쪼아서 그릇을 만들면 그 안에 빼어남이 있어 그 탕이 좋지 않을 수가 없다.[石凝天地秀氣而賦形者也 琢而爲器 秀猶在焉, 其湯不良未之有也]"라고 하고 있다.

진晉나라 두육은「천부」에서 "물은 민강의 것, 그 맑게 흐르는 물을 퍼고, 차기는 잘 가려서 월주 도기로 해야 한다네. 바야흐로 첫 탕을 달이니, 차 가루는 가라앉고, 차정은 떠올라 빛나기가 흰 눈 같고, 환하기가 봄 햇살 같다네.[水則岷方之注, 挹彼淸流, 器澤陶揀, 出瓷東隅 惟玆初成, 沫沈華浮. 煥如積雪, 曄若春敷]"라고 했다.

두육은 찻물의 선택을 중요하게 여겼다. 중국 도자업의 발원지라 할 수 있는 남방의 절강성 소흥시 부근 월주요의 청자를 찻사발로 가려쓸 것을 강조했다. 도자기는 흙, 물과 불의 결정체이다. 월주 청자에 민강의 물로 차의 몸을 받은 차신의 기운이 성하여서 차의 정령을 피워내는 것이다. 즉 자연과 차인이 하나 되는 합일의 경지를 말한다.

"이에 표주박 하나 잡고 두 다리 걷어붙인 채, 백석 삶음을 비루하게 여기고 금단 익힘에 견주어 보네."라고 한 마지막 구절에서 '두 다리 걷어붙인 체'의 의미가 선명하지는 않다. 여기서 백석을 삶는다는 것은 갈홍葛洪이 지은 『신선전神仙傳』권2의 「백석선생白石先生」에 나오는 고사이다. 중국 상고시대의 신선 백석선생이 흰 돌을 달여 고질병을 고치고 양식으로 삼았다는 고사에서 나왔다. 한재는 하얀 돌을 삶아 양식으로 삼기보다는 차라리 금단 익히기를 차와 겨루어 보겠다는 것이다. 금단이란 역시 갈홍의 『포박자내편抱朴子內篇』「금단金丹」에 나오는 도교사상으로 "대개 금단이란 태울수록 오래 가게 되는 물건으로 변화시킬수록 점점 묘해지는 것이다. 황금이란 불에 넣어 백번을 불에 달구어도 없어지지 않는다.[夫金丹之爲物, 燒之愈久, 變化愈妙. 黃金入火, 百煉不消]"라고 하여 죽어도 썩지 않고, 늙지도 않고 죽지도 않는다는 것이다. 차의 양생수양의 측면에서 갈홍의 『신선전』과 『포박자내편』 등을 인용하였다. 한재가 '경신', '백석', '금단' 등의 단어를 구사하고 차 달이는 것을 금단 익힘에 비유한 것은 그만큼 차가 육체적 양생이나 정신적인 수양면에서 중요한 덕목이라는 것을 강조한 것이라 볼 수 있다. 이 또한 노장의 세계나 도교적인 경지를 나타내는 것이다.

❖ 한재의 탕변의 원전 근거

◆ 장원張源의 「차록茶錄」

　명나라 장원의 『차록』은 1868자로 되어 있다. 찻잎 따기의 채차采茶, 차 만들기의 조차造茶, 차 분별하기의 변차辨茶, 차 보관하기의 장차藏茶, 불 다루기의 화후火候, 물 끓이기의 탕변湯辨, 탕의 새물 사용법의 탕용노눈湯用老嫩, 차 우리기의 포법泡法, 찻잎 넣기의 투차投茶, 차 마시기의 음차飮茶, 우린 차의 향香, 색色, 미味, 차가 물들면 그 진성을 잃는다는 점염실진點染失眞, 차가 변하면 사용할 수가 없다는 차변불가용茶變不可用, 샘물을 논한 품천品泉, 우물물은 차에 마땅치 않다는 정수불의차井水不宜茶, 찻물을 저장하는 방법의 저수貯水, 차에 쓰이는 차구茶具, 차에 쓰이는 찻잔茶盞, 차행주의 식잔포拭盞布, 차를 담는 그릇의 분차합分茶盒, 차를 정성들여 만들고 잘 건조해서 보관하고 우릴 때는 청결해야 차도를 다한다는 차도茶道의 절목을 이르고 있다.

　조선후기 근대의 차도를 중흥시킨 초의선사의 「차신전茶神傳」은 중국의 백과사전격인 『만보전서』에서 추출하였다. 장원의 『차록』을 거의 그대로 옮겨왔다. 다만 차의 향香과 분차합分茶盒은 생략하고, 차도茶道는 차위茶衛로 제목을 바꾸어 놓았다. 본문소개는 생략한다.

◆ 당나라 소이蘇廙의 『십육탕품十六湯品』

소이의 『십육탕품』은 그가 저술한 만당晩唐시기에 복건성과 광동성의 점차법點茶法의 대표작인 『선아전仙芽傳』의 제9권에 들어있었으나 현재는 유실되었다. 송나라 도곡陶穀이 지은 『청이록淸異錄』「명천부茗荈部」에 수록되어 있다. 소이의 생애와 저작 연대에 대해서는 구체적으로 전하는 바가 없다. 『십육탕품』의 본문은 생략하고 개요만 싣는다.

◆ 「십육탕품」 개요 역문

탕은 차를 살리고 죽이는 관건이다.
어떤 명차 일지라도 탕을 잘하지 못하면
평범한 말차末茶와 같은 것이 된다.
탕이 끓는 정도에 따라 언급한 것은 삼품三品으로
1탕에서 3탕까지,
따르기의 완급緩急에 따라 언급한 것은 삼품으로
4탕에서 육탕까지,
차기茶器 등을 표준으로 하는 것이 오품으로
7탕에서 11탕까지,
땔감을 논함에 오품五品으로
12탕에서 16탕까지이다.

◆「십육탕품」개요 원문

湯者 茶之司命
_{탕 자 차 지 사 명}
若名茶而濫湯
_{약 명 차 이 람 탕}
則與凡末同調矣
_{즉 여 범 말 동 조 의}
煎以老嫩言者凡三品
_{전 이 로 눈 언 자 범 삼 품}
自第一至第三
_{자 제 일 지 제 삼}
注以緩急言者凡三品
_{주 이 완 급 언 자 범 삼 품}
自第四至第六
_{자 제 사 지 제 육}
以器類標者共五品
_{이 기 류 표 자 공 오 품}
自第七至第十一
_{자 제 칠 지 제 십 일}
以薪火論者共五品
_{이 신 화 론 자 공 오 품}
自十二至十六
_{십 이 지 십 육}

◆두육杜毓의「천부荈賦」- 두육의 차노래

두육(?-311)의 자는 방숙方叔, 서진西晉 양성군襄城郡사람으로 여남汝南태수를 지내고 국자감의 좨주祭酒가 되었다. 두육의「천부」는 현존하는 중국고대 차 문학 작품 중에서 가장 오래된 차 노래 작품이다. 이 천부의 문장은 특출한 위치를 가지고 있으며, 차를 음미함에 심원한 경지의 우수한 작품이다. 「천부」는 부형식의 해학성과는 달리 규범에 맞게 우아하고, 청신하며 거침없이 매끈한 언어로 버무림을 이루고 있다. 친구

들이 무리지어 차산茶產의 농부들과 차를 따고, 차를 만들어서
차를 음미하는 뛰어난 미학의 심원한 경지를 담고 있다.

◆「천부」역문

오직 큰 산악은 신령스런 산이라
기이한 것들이 모여 산다네.
거기서 찻잎이 자라나
산골짜기마다 가득하다네.
풍성한 대지의 자양분을 먹고
하늘에서 내리는 감로를 마신다네.
때는 초가을
농사일 한가로움 틈타
무리 지어 먼 길 떠나
차를 따러 간다네.
물은 민강의 것
그 맑게 흐르는 물을 푸고
차기는 잘 가려서
월주 도기로 해야 한다네.
표주박으로 찻잔을 삼는 건
옛 조상들이 하던 그대로라네.
바야흐로 첫 탕을 달이니
차 가루는 가라앉고 차의 정령은 떠오르네.

빛나기가 흰 눈 같고

환하기가 봄 햇살 같다네.

◆「천부」원문

靈山惟嶽
영 산 유 악

奇産所鍾
기 산 소 종

厥生荈草
궐 생 천 초

彌谷被崗
미 곡 피 강

承豊壤之滋潤
승 풍 양 지 자 윤

受甘靈之霄降
수 감 영 지 소 강

月惟初秋
월 유 초 추

農功少休
농 공 소 휴

結偶同旅
결 우 동 려

是采是求
시 채 시 구

水則岷方之注
수 즉 민 방 지 주

挹彼淸流
읍 피 청 류

器澤陶簡
기 택 도 간

出自東隅
출 자 동 우

酌之以匏
작 지 이 포

取式公劉
취 식 공 류

惟玆初成
유 자 초 성

沫沉華浮
말 침 화 부
煥如積雪
환 여 적 설
曄若春敷
엽 약 춘 부

차의 일곱 가지 효능[茶七效]

❖ 국역

첫잔을 다 마시니
마른 창자 깨끗이 씻어지네.
둘째 잔 다 마시니
맑은 혼, 신선이 되려 하네.
그 셋째 잔에
병든 몸이 깨어나고 두풍이 나은 듯하네.
마음!
공자가 부귀를 뜬 구름으로 여긴 것 같이 높은 뜻 세우니,
맹자가 호연지기를 길렀던 것 같구나.
그 넷째 잔에
웅건하고 호방한 기개 피어나고
근심과 울분 사라지네.

기운!
태산에 올라 천하를 작게 여긴 것과 같다네.[34]
아마도 이 기운 천지로도 용납할 수 없을 듯하네.[35]
그 다섯째 잔에
색마가 놀라 달아나고
시동[36]도 눈멀고 귀먹으니,
몸!
구름 치마에 깃털저고리 입고
흰 난새를 채찍 하여 월궁으로 가는 것 같네.
그 여섯째 잔에
방촌이 일월이라
만물이 대자리만 하게 보이네.
영혼!
소보와 허유를 앞세우고,
백이와 숙제를 따르듯 하게하여
현허에서 상제께 읍하는 것 같구나.

---

34 「孟子」「盡心章上」, "孔子登東山而小魯, 登太山而小天下"
35 「孟子」「盡心章上」, "孟子曰君子有三樂而王天下不與存焉 父母俱存兄弟無故 一樂也 仰不愧於天俯不怍於人 二樂也 得天下英才而敎育之 三樂也" 군자의 三樂中에서 "위로 하늘에 부끄러움이 없고, 아래로 사람들에게 거리낌이 없는 것이 두 번째 즐거움이다" 두 번째의 즐거움을 말한다.
36 시동(尸童)은 옛날에 제사를 지낼 때 신위(神位) 대신 그 자리에 앉히던 어린 아이.

어쩌된 일인가! 일곱째 잔 미처 반도 마시지 않았건만
울연히 맑은 바람이 흉금에 일어나네.
하늘을 바라보니
울창한 봉래산이 무척 가까운 듯하구나.

❖ 원문

啜盡一椀
철 진 일 완
枯腸沃雪
고 장 옥 설
啜盡二椀
철 진 이 완
爽魂欲仙
상 혼 욕 선
其三椀也
기 삼 완 야
病骨醒 頭風痊
병 골 성 두 풍 전
心兮!
심 혜
若魯叟抗志於浮雲
약 노 수 항 지 어 부 운
鄒老養氣於浩然
추 노 양 기 어 호 연
其四椀也
기 사 완 야
雄豪發 憂忿空
웅 호 발 우 분 공

氣兮!
기 혜

若登太山而小天下
약 등 태 산 이 소 천 하

疑此俯仰之不能容
의 차 부 앙 지 불 능 용

其五椀也
기 오 완 야

色魔驚遁
색 마 경 둔

餐尸盲聾
찬 시 맹 롱

身兮!
신 혜

若雲裳而羽衣
약 운 상 이 우 의

鞭白鸞於蟾宮
편 백 란 어 섬 궁

其六椀也
기 육 완 야

方寸日月
방 촌 일 월

萬類籧篨
만 류 거 저

神兮!
신 혜

若驅巢許
약 구 소 허

而僕夷齊
이 복 이 제

揖上帝於玄虛
읍 상 제 어 현 허

何七椀之未半
하 칠 완 지 미 반

鬱清風之生襟
울 청 풍 지 생 금

望聞闔兮孔邇
망창합혜공이
隔蓬萊之蕭森
격봉래지소삼

❖ 강설

이 부분부터는 일곱 차사발의 차 노래를 부르며 차의 효능을 읊고 있다. 한재는 차의 효능을 노동盧仝의 칠완가七碗歌를 차운해서 한재 특유의 감각으로 전개하고 있다.

첫잔에서 넷째 잔까지의 효능은 신체의 정돈과 치유를 얻은 마음의 경지를 말하고 있다. 이러한 마음의 경지를 유학에 있어서 공맹孔孟의 정신으로 연결시키고 있다. 한재는 차를 한 잔, 두 잔 마시면서 공자의 '부귀여부운富貴如浮雲'이나 맹자의 '호연지기浩然之氣'와 상통시키고 있다. 맹자는 지언知言·양기養氣를 잘 구사하여 진리를 알고 심신을 수행하여 '호연지기'를 잘 기른다고 하였다. 호연지기란 말하기 어렵지만 "그 기氣됨이 지극히 크고 강하니, 정직함으로써 기르고, 해침이 없으면 하늘과 땅 사이에 꽉 차게 된다. 그 기됨이 의義와 도道에 배합되니, 이것(의와 도)이 없으면 (호연지기가) 굶주리게 된다."[37]라고 하였다. 기란 몸에 가득하여 본래 스스로 호연한 것

---

37 「孟子」「公孫丑上」, "其爲氣也, 至大至剛, 以直養而無害, 則塞於天地之間. 其爲

이다. 이와 같이 한재는 차 한 잔의 마심 속에서 해침이 없고 삿됨이 없는 순수경지를 노래하고 있다. 드디어 넷째 잔에는 웅건, 호방한 기개로 태산에 올라 천하를 작게 여긴 것과 같은 기운을 느낀다. 이것은 석 잔까지의 마음 다스림을 거치고 넷째 잔의 웅건, 호방한 신체의 실천적 양태를 바탕에 둔 유자儒者의 태도를 볼 수 있다. 이것은 공자의 '항지어부운抗志於浮雲'과 맹자의 '양기어호연養氣於浩然'으로 '항지'와 '양기'의 문제를 정면으로 거론하고 있다. 이는 심신의 수양과, 양성養性의 문제에 있어서 한재가 기본적으로 유자임을 증명하는 것이기도 하다. 유학에서 도를 밝히는 방법의 양 날개는 존덕성尊德性과 도문학道問學[38]이다. 주자는 "존덕성은 마음을 보존하여 도체의 큼을 다하는 것이요, 도문학은 지식을 지극히 하여 도체의 세세함을 다하는 것이니, 이 두 가지는 덕을 닦고 도를 모으는 큰 단서이다."[39]라고 하였다. 하늘의 정리正理인 덕성을 바로 내가 공경하고 받들어 잡는 것이 존덕성이다. 한재는 첫 잔 차의 효능에서 현실적인 육신의 변화를 보고 둘째 잔에서 벌써 신선이 될 정도의 상쾌함을 언급한다. 셋째 잔에서는 육

氣也, 配義與道, 無是, 餒也."
[38] 『中庸』 28장, "故君子尊德性而道問學, 致廣大而盡精微, 極高明而中庸."
[39] 『中庸』 28장, 朱子 注, "尊德性 所以存心而極乎道體之大也, 道問學 所以致知而盡乎道體之細也, 二者 修德凝道之大端也."

체와 마음의 변화로 집약되어있다. 넷째 잔에서는 근심과 울분이 사라져서 마치 태산에 오르니 천하가 아주 작아진 것 같은 현상을 느낀다. 그러한 마음을 보존, 양성하여 하늘을 섬기는[40] 지경으로 연결시키고 있다. 이는 곧 유학이 현실학문이라는 것과 차를 통한 수양이 존양성찰存養省察의 한 방법임을 증명하고 있다.

다섯째 잔에는 색마도 숨을 죽여 몸은 완전히 용해되어 색욕도 식욕도 모두 내리는 더 이상 맺힘이 없는 몸이 되어 마치 깃털을 달고 월궁선계月宮仙界로 가는 것 같은 도선道仙의 경지를 엿볼 수 있다.

여섯째 잔에는 마음자리가 환히 트여서 만물이 대자리만 하게 보인다니 현허의 영혼으로 상제께 읍하는 신선의 경지 바로 그것을 말함일 것이다. 이에 중국 상고대 요임금이 천하를 맡기려 하였으나 사양하고 숨어버렸다는 은자 선인들인 소보巢父, 허유許由와 백이, 숙제를 앞뒤로 하여 현허지도玄虛之道의 세계로 다다라 신령으로 통하게 하고 있다.

일곱째 잔은 "미처 반도 마시지 않았건만 울연히 맑은 바람 흉금에 일고, 하늘 바라보니 울창한 봉래산이 무척 가까운 듯하구나."라고 하는 구절이 있다. 둘째 잔에서도 잠시 신선을 언급해놓고 있지만 이미 현실에서 발을 뗀 육신은 신선의 몸

---

[40] 「孟子」「盡心上」1장, "存其心, 養其性, 所以事天也."

이 되어 신선세계로 간 그 영성은 우화등선羽化登仙[41]의 경지이다. 이 구절은 "일곱째 잔은 마실 것도 없이, 겨드랑이에 날개가 돋아 습습히 청풍이 읾을 느끼네. 봉래산은 어느 곳에 있는가? 옥천자는 이 청풍을 타고 돌아가고 싶다오."[42]라고 하는 노동의 「차가」의 칠완七碗과 궤를 같이 한다. 노동의 「차가」는 범중엄范仲淹의 「투차가鬪茶歌」와 더불어 우열을 가리기 어려울 정도로 빛나는 차 노래다. 두 차 노래의 공통점은 좋은 차는 천자에게 먼저 바쳐서 맛보게 함이다. 옥천자 개인은 이미 청풍을 타고 봉래산으로 오른 듯 찻잔을 거듭해 갈수록 몸이 가벼워지는 상쾌함을 노래하고 있다. 한재 또한 울연히 맑은 바람이 흉금에 일어 이미 봉래산을 만나 신선이 된듯함을 노래하고 있음이 노동과 상통한다.

이와 같이 일곱 사발 차의 효능을 노래하며 공맹의 유가사상과 노장의 현허사상이 차례로 전개되고 있다. 즉 첫째 잔과 둘째 잔에서 마른 창자를 정화시켜, 맑은 혼으로 신선이 된 듯 병든 몸을 바로잡는다. 이러한 양생의 효능을 바탕으로 셋째 잔과 넷째 잔에서 공맹의 항지·양기와 만나는 것으로 시작한다. 이어 차의 다섯째, 여섯째, 일곱째 잔에서는 노장老莊의 면

---

[41] 蘇軾, 「前赤壁賦」, "浩浩乎如馮虛禦風, 而不知其所止;飄飄乎如遺世獨立, 羽化而登仙."

[42] 『古文眞寶』前集卷8, 「茶歌」, "七碗喫不得, 惟覺兩腋習習淸風生. 蓬萊山在河處, 玉川子乘此淸風慾歸去."

모를 더욱 확실하게 보인다. '부귀여부운'이나 '호연지기'의 공맹의 경지도 사실은 유교의 틀을 열고 그 바닥에는 현허사상이 내재함을 엿볼 수 있다. 봉래산은 선인들이 사는 산의 대표적인 이름으로 선계의 상징성을 띈다. 일곱 사발의 차 경지를 통해 마음, 기운, 몸을 단련하여 자유로운 영혼으로 초탈해 가는 모습을 볼 수 있다. 심신의 단련을 통해 청허한 자기완성과 더불어 심, 기, 신, 신령의 합일 경지로 다가감을 볼 수 있다. 한재는 선인이 산다는 '봉래산'을 그의 다른 시문에서도 종종 등장시키고 있다. 용문산의 부담암에 놀면서 부른 노래인 「유용문부담암가遊龍門釜潭巖歌」에서 '셋째 번 꼭대기는 봉래산 같다'거나, 눈이 갬에 함흥에 있는 낙민정에 오른다는 시, 「설제雪霽, 등함흥낙민정登咸興樂民亭」에서는 "만일 온 세계가 모두 옥빛으로 변한 것을 볼 것 같으면, 모두 이것이 봉래산 꼭대기의 신선세계가 아닌가 하네."[43] 등이다.

   이와 같이 한재는 공식적으로 유자이면서 도가사상이 내재하는 면모를 보이고 있다. 일곱 사발의 차를 마심에 넷째 사발까지는 공맹의 항지·양기의 마음과 웅건 호방한 기운으로 비유하여 유가사상으로 차의 효능을 노래하였다. 이어 나머지 세 사발 차를 마심에 월궁선계로 들어가듯 하고, 상제에

---

43 한재종중관리위원회, 柳錫永역, 『寒齋文集』, 1981, p.102. 「雪霽. 登咸興樂民亭」, "若看世界皆爲玉. 摠是蓬萊頂上仙."

읍하는 것 같은 영혼으로 봉래산을 떠올리는 노장의 현허사상을 전개하고 있다. 이와 같이 일곱 사발의 차를 통해 심, 기, 신, 신령의 합일경지로 다가감에 심신의 단련과 청허한 자기완성을 유가사상과 노장사상을 융합시켜 나가고 있음을 볼 수 있다.

한재가 유자로서 본령의 울타리를 재껴 열고 다른 경지를 폭넓게 수용하는 모습에서 진정한 유자로서 분수를 잘 지킴을 느끼게 된다. 「차부」의 저술 태도에서 유자로서의 절도가 분명하다. 그러면서도 막히지 않고, 직, 간접으로 다종한 구체적인 문헌 인용을 통해 논리적이고 명쾌하게 내용을 전개하고 있다.

❖ 노동盧소의 「차가茶歌」 - 노동이 차를 읊은 노래

◆역문

해가 한 발이나 높도록 잠이 바로 깊었는데
군장軍將이 문을 두드려 주공周公의 꿈에서 놀라게 하네
입으로 전하기를 간의諫議가 서신을 보내었다 하니
흰 비단에 비스듬히 봉하고 세 개의 도장 찍었구나.
봉함封緘을 열자 완연히 간의諫議의 얼굴을 보는 듯하니
첫 번째로 월단月團 삼백 편을 보았노라.
들으니 새해의 기운 산 속에 들어와

땅속에 숨어 있던 벌레 놀라 움직이고 봄바람 일으킨다네.
천자天子는 모름지기 양선陽羨의 차를 맛보셨을 것이니
온갖 풀들 감히 차보다 먼저 꽃 피우지 못했으리라.
온화한 바람에 살며시 진주 같은 꽃봉오리 맺히니
봄에 앞서 황금 같은 싹은 돋아났으리라.
신선한 싹 따서 향기롭게 덖어 곧바로 싸서 봉함封緘하니
지극히 정精하고 지극히 좋으면서도 사치하지 않다오.
지존至尊께서 드신 나머지는 왕공王公에게나 적합한 데
어인 일로 곧 산인山人의 집에 이르렀나.
사립문 다시 닫아 세속의 손님 없으니
사모紗帽로 머리 감싸고는 스스로 차 끓여 마신다오.
푸른 구름 같은 차 연기는 바람을 끌어 끊임없이 불어대고
흰 꽃 같은 차의 거품은 빛이 떠 찻잔 표면에 엉겨 있네.
첫째 잔은 목과 입술 적시고
둘째 잔은 외로운 고민을 달래고
셋째 잔은 마른 창자를 헤쳐주니
오직 뱃속에는 문자 오천 권이 있을 뿐이라오.
넷째 잔은 가벼운 땀을 내니
평생에 불평스러운 일을 모두 땀구멍을 향해 흩어지게 하네.
다섯째 잔은 기골肌骨을 깨끗하게 하고
여섯째 잔은 신령神靈을 통하게 하며
일곱째 잔은 마실 것도 없이

오직 양 겨드랑이에 날개가 나서 습습히 청풍이 이는 것을 느낀다오.

봉래산蓬萊山은 어느 곳에 있는가.

옥천자玉川子는 이 청풍淸風을 타고 돌아가고 싶다오.

산 위의 여러 신선들 하토下土를 맡았으나

지위가 청고淸高하여 풍진風塵 세상과는 막혔다네.

어찌 알겠는가 백만 억조의 창생蒼生들

운명이 높은 벼랑에 떨어져 신고辛苦를 받음을

곧 간의諫議에게 창생蒼生을 묻노니

필경에는 마땅히 소생蘇生함을 얻겠는가.

◆ 원문

日高丈五睡正濃
일 고 장 오 수 정 농
軍將扣門驚周公
군 장 구 문 경 주 공
口傳諫議送書信
구 전 간 의 송 서 신
白絹斜封三道印
백 견 사 봉 삼 도 인
開緘宛見諫議面
개 함 완 견 간 의 면
首閱月團三百片
수 열 월 단 삼 백 편
聞說新年入山裏
문 설 신 년 입 산 리
蟄蟲驚動春風起
칩 충 경 동 춘 풍 기
天子須嘗陽羨茶
천 자 수 상 양 선 차

百草不敢先開花
백초불감선개화

仁風暗結珠蓓蕾
인풍암결주배뢰

先春抽出黃金芽
선춘추출황금아

摘鮮焙芳旋封裹
적선배방선봉과

至精至好且不奢
지정지호차불사

至尊之餘合王公
지존지여합왕공

何事便到山人家
하사변도산인가

柴門反關無俗客
시문반관무속객

紗帽籠頭自煎喫
사모농두자전끽

碧雲引風吹不斷
벽운인풍취부단

白花浮光凝碗面
백화부광응완면

一碗喉吻潤
일완후문윤

二碗破孤悶
이완파고민

三碗搜枯腸
삼완수고장

惟有文字五千卷
유유문자오천권

四碗發輕汗
사완발경한

平生不平事盡向毛孔散
평생불평사진향모공산

五碗肌骨清
오완기골청

六碗通仙靈
육완통선령

七碗喫不得也
칠완끽부득야

唯覺兩腋習習清風生
유각양액습습청풍생

蓬萊山在何處
봉래산재하처

玉川子乘此風欲歸去
옥천자승차풍욕귀거

山上群仙司下土
산상군선사하토

地位淸高隔風雨
지위청고격풍우

安得知百萬億蒼生
안득지백만억창생

命墮顚崖受辛苦
명타전애수신고

便從諫議問蒼生
변종간의문창생

到頭合得蘇息否
도두합득소식부

◆ 보충

이 시는 『시림광기詩林廣記』 전집 8권에 실려 있다. 제목이 '붓을 놀려 맹간의孟諫議가 새 차를 보내준 것에 사례하다.[走筆謝孟諫議寄新茶]'로 되어 있다. 맹간의孟諫議는 『만성통보萬姓統譜』에 "맹간은 자가 기도幾道이니 평창平昌 사람이다. 시를 잘하였고 절의를 숭상하였다. 굉사과宏辭科에 합격하였고 연이어 승진하여 간의대부에 이르렀다. 『신당서』「열전」 85권에 전傳이 있다."고 기술하고 있다. 이 노동의 「차가」와 범중엄范仲淹의 「투차가鬪茶歌」는 모두 훌륭한 작품으로 거의 우열을 가리기 어렵다. 다만 노동은 "지존께서 드신 나머지는 왕공에게나 적합한데, 어인 일로 곧 산인의 집에 이르렀나.[至尊之餘 合王公 何事便到山人家]"라고 하였고, 범중엄은 "북원의 천자에게 장차 바치려 하는데 숲 속의 영웅호걸들 먼저 아름다움을 다투네.[北苑將期獻天子 林下雄豪先鬪美]"라고 하여 대조를 이루고 있다.

차의 다섯 가지 공[茶五功]

❖ 국역

이 맛이 극히 뛰어나고 묘하여,
그 공의 논함을 빠뜨릴 수 없노라.
그 서늘함이 이는 옥당에서
밤늦도록 서탑書榻에 앉아,
만권의 책을 독파하려
잠시도 쉬지 않아
동생董生의 입술이 썩고,
한유韓愈의 이가 빠질 때,[44]
네가 아니면

---

[44] 치활(齒豁)은 한유(韓愈)의 「진학해(進學解)」에서 "冬暖而兒號寒, 年登而妻啼飢. 頭童齒豁, 竟死何裨."에서 유래.

뉘라서 그 갈증을 풀어주었겠는가.
그 공이 첫째요.
다음은 한궁漢宮에서 부를 읽고
옥에서 상서자명上書自明할 제,
그 모습이 깡마르고
그 안색이 초췌하며,
창자가 하루에도 아홉 번씩 돌아
답답한 가슴 불타오르듯 할 때,
네가 아니면
뉘라서 그 울분을 풀어주겠는가.
그 공이 둘째요.
다음은 한 통의 서찰을 천자가 반포하면,
만국의 제후가 한 마음 되어
칙사가 명을 전할 때에,
여러 제후들이 받들고자 임석하여
읍양揖讓의 예를 이미 베풀고,
계절의 안부로 위문함을 마치려 할 때,
네가 아니면
빈주賓主의 정을 뉘라서 조화롭게 하겠는가.
그 공이 셋째요.
다음은 천태산의 유인幽人과
청성산의 우객이

바위 끝 모서리에서 기식을 내뿜고
솔뿌리로 정련하여,
낭중지법囊中之法을 시험할 제,
뱃속에서 우레가 갑자기 진동하니,
네가 아니면
삼팽三彭의 고蠱를 누가 정복하겠는가.
그 공이 넷째요.
다음은 금곡원[45]에서 잔치를 파하고,
토원[46]에서 수레를 돌렸으나
숙취가 아직 깨지 않아,
간폐가 찢어질 듯 아플 적에
네가 아니면
오야의 숙취를 뉘라서 물리게 하랴.
(자주自註: 당나라 사람들이 차는 숙취를 그치게 하는 사신이라 했다.)
그 공이 다섯째로다.

---

[45] 중국 진(晉)나라 때 석숭(石崇)이 만든 원(園)의 이름.
[46] 중국 한(漢)나라 때 양효왕이 만든 원의 이름.

❖ 원문

若斯之味 極長且妙
약 사 지 미　극 장 차 묘
而論功之不可闕也
이 론 공 지 불 가 궐 야
當其涼生玉堂
당 기 량 생 옥 당
夜闌書榻
야 란 서 탑
欲破萬卷
욕 파 만 권
頃刻不輟
경 각 불 철
董生脣腐
동 생 순 부
韓子齒豁
한 자 치 활
靡爾也
미 이 야
誰解其渴
수 해 기 갈
其功一也
기 공 일 야
次則讀賦漢宮
차 즉 독 부 한 궁
上書梁獄
상 서 양 옥
枯槁其形 憔悴其色
고 고 기 형　초 췌 기 색
腸一日而九回
장 일 일 이 구 회
若火燎乎膈臆
약 화 료 호 픽 억

靡爾也
미이야

誰敍其鬱
수서기울

其功二也
기공이야

次則一札天頒
차칙일찰천반

萬國同心
만국동심

星使傳命
성사전명

列侯承臨.
열후승림

揖讓之禮旣陳
읍양지례기진

寒暄之慰將訖
한훤지위장흘

靡爾也
미이야

賓主之情誰協
빈주지정수협

其功三也
기공삼야

次則天台幽人
차즉천태유인

靑城羽客
청성우객

石角噓氣
석각허기

松根鍊精
송근연정

囊中之法欲試
낭중지법욕시

腹內之雷乍鳴
복내지뢰사명

靡爾也
미이야

三彭之蠱誰征
삼팽지고수정

其功四也
기공사야

次則金谷罷宴
차즉금곡파연

兎園回轍
토원회철

宿醉未醒
숙취미성

肝肺若裂
간폐약열

靡爾也
미이야

五夜之酲誰輟
오야지정수철

(自註 唐人以茶爲輟酲使君)
자주 당인이차위철정사군

其功五也
기공오야

❖ 강설

「차부」의 이 부분은 해갈, 울분해소, 빈주의 정, 욕구제어, 숙취해소 등 차의 다섯 가지 차의 공에 대해 논의하고 있다. 대부분의 내용에서는 『문선』의 「옥중상서자명獄中上書自明」, 「동방삭東方朔」, 『양생론養生論』과 갈홍의 『포박자抱朴子』 등의 여러 고사를 인용하여 글의 권위를 확보하고 있다. 각 공덕별로 고사를 인용하여 노래하고 있다.

　차의 첫 번째 공으로 동생과 한유를 들어 독서에 열중할 때의 갈증의 해소를 말하고 있다. 동생은 중국 당나라 때 은사인 동소남董邵南을 가리키는 데 그는 호학근독好學勤讀하여 책을 많이 읽다가 입술이 터져 썩었다고 한다.[47] 당의 한유[48]가 '송동소남서送董邵南序'와 '동생행董生行'이라는 글을 지어 그를 칭송했다. 그만큼 학자의 서탑에서 학문을 구함에 정신적인 갈증을 해소하고 더불어 마음의 목마름을 해소하는 데는 차의 공이 첫 번째 일 것이다. 노동도 또한 「차가」에서 셋째 잔을 두고 "마른 창자를 헤쳐주니 오직 뱃속에는 문자 오천 권이 있을 뿐이다."라고 하여 진리의 근원을 찾아가는 서실에서의 독서와 차는 뗄 수 없는 친구임을 말하고 있다.

　차의 두 번째의 공으로 옥중상서자명을 들어 가슴 답답한 일의 울분을 해소함을 말하고 있다. '옥중상서자명'이란 중국 전한前漢의 추양鄒陽이 "오나라 왕이 반란을 획책함에 글을 올려 간하려 하였으나 오왕이 말을 듣지 않자 양나라로 가서 효왕을 종유하였다. 그러다가 양승羊勝·공손궤公孫詭 등의 모함을 받아 양나라 옥에 갇혔는데 옥중에서 글을 올려 억울함을

---

[47] 韓愈, 『昌黎先生集』 「嗟哉董生行」 참조. 『文選』 卷四十五, 「東方朔」, 答客難 "今子大夫 修先生之術, 慕聖人之義, 諷誦詩書百家之言, 不可勝記, 著於竹帛, 脣腐齒落, 服膺而不可釋."
[48] 韓愈(768-824)는 당의 문인으로 자는 퇴지(退之), 당송팔대가의 제일인자.

호소함으로써 마침내 풀려날 수 있었다."[49]는 고사를 담고 있는 말이다. 의리를 숭상하는 학자들에게는 죽음을 앞에 둔 것보다, 억울함을 바로잡지 못할 때의 정신적인 고통이 더 절실했다. 이때 울분을 차로써 풀어줄 수 있기에 '옥중상서자명'의 고사를 통해 차의 공을 기술하고 있는 것이다.

차의 세 번째의 공으로 천자의 칙서가 반포되고 만국의 제후가 모여드는 상황을 전제하고, 그 삼엄함과 긴장감을 풀어주는 데는 차의 공이 큼을 말하고 있다. 차생활의 실제에서는 차를 매개로 손님과 주인이 마주하는 데는 그 마음의 쓰임에 가장 중요한 덕목은 자연스러움과 검박함이다. 손님과 주인의 정을 맺어주고 넘치지도 모자라지도 않는 차의 중도한 성품대로 예를 갖추게 하는 것이 바로 차임을 높은 공으로 평가하고 있다. 당의 배문裵汶은 「차술茶述」에서 차의 "그 기능은 번뇌를 씻어주고, 그 공효는 중화를 이루게 해준다."[50]라고 하여 차의 공효에서 '중화中和'의 기능을 강조하였다.

차의 네 번째 공으로 천태산 유인과 청성산 우객을 들어 수양에 있어서의 욕구제어를 말하고 있다. 이 부분은 한재의 도선풍의 대표적인 표현이다. 유인은 세상을 피해 깊은 곳에 숨어 사는 도인이고, 우객은 우화등선하는 선인이다. 천태산은

---

49 「文選」 卷39, 「獄中上書自明」 참조.
50 裵汶, 「茶述」, "其用滌煩 其功致和."

중국 명산의 하나로 절강성 천태현 북쪽에 있는 산으로, 불교 천태종의 근본 도량으로 유명하다. 이곳의 적성산동赤城山洞은 도교의 16동천 가운데 하나로 상청옥평동천上清玉平洞天이라 부른다. 청성산은 중국 사천성 관현灌縣 서남쪽에 있는 명산으로 도교의 16동천 가운데 하나로 보선구실동천寶仙九室洞天이라 부른다. 이 유인과 우객이 토고납신吐故納新의 호흡법으로 내공을 수련하여, 몸 안에 기생하면서 수행에 방해가 되는 삼팽의 벌레를 제거하고자 할 때에 차가 그 공을 세우기에 최상이라는 것이다. 여기서 삼팽이란 도교에서 말하는 삼시三尸를 가리키는데 삼시의 성이 팽이므로 '삼팽'이라고도 한다. 헨리 마스페로는 삼시에 대해 다음과 같이 요약하였다.

인체의 삼단전三丹田에는 각각 신이 주재하여 악령이나 악기에서 이를 지킨다. 그런데 불길한 것은 수호신 등 바로 옆에 있다. 무엇보다도 해로운 것은 삼충三蟲, 즉 삼시로서 사람이 태어날 때부터 신체의 내부에 있다. 이 삼시는 인체의 세 단전에 하나씩 머물고 있다. 머리의 니환궁泥丸宮에는 푸른 노인[青古]이, 가슴의 강궁絳宮에는 흰 희군姬君, 즉 백고白姑가, 하단전下丹田에는 핏빛의 시屍, 즉 혈시血尸가 있다. 이들은 단전을 공격함으로써 직접 노쇠와 죽음의 원인이 된다. 또한 인간의 죄를 하늘에 보고하여 인간의 수명

을 단축시키려 하고 있다.[51]

갈홍은 연단을 통하여 체험하고 깨달은 지식과 업적을 모두『포박자』에 기록해 놓았다. 그중 내편은 신선토납神仙吐納의 방법을 수록한 지침서이다. 신선토납이란 도가의 수련술의 일종이다. 입으로 더러운 기를 토하고 코로 신선한 기를 마시는 법을 말한다.『장자』「각의」에도 "깊은 호흡을 하면서 낡은 기운은 토해 내고 신선한 기운을 빨아들이며, 곰이 나무에 매달리고 새가 날면서 발을 뻗치는 것 같은 체조를 하는 것은 오래 살려는 것이다."[52]라고 언급하고 있다. 도가에서는 삼팽의 고를 제거하고 몸을 순수하게 하여 불로장생하기 위하여 여러 가지 다양한 방법들을 모색하고 있지만 한재는 차를 통해서 가능하다고 보고 있다.

차의 다섯 번째 공으로 과음후의 숙취해소를 들고 있다.『이아爾雅』에 "가檟는 쓴 차이며 광아의 형주와 파주사이에서 잎을 따서 그것을 마시니 술을 깨게 하고 사람으로 하여금 잠을 적게 한다."[53]라고 적고 있다. 차와 술은 인간의 대표적인

---

51 Henri, Maspero, 川勝義雄譯,『Le Taoisme』, 東海大學出版部, 1966. p.15. 金洛必,「海東傳道錄」에 나타난 道敎思想」,『도교문화연구』제1집, 한국도교문화학회, 1987. pp.164‑165. 재인용.

52 『莊子』「刻意」, "吹呴呼吸, 吐故納新, 熊經鳥申, 爲壽而已矣."

53 『爾雅』, "檟 苦荼, 廣雅荊巴間 採葉其飮 醒酒令人少眠."

기호식품이다. 차와 술이 인간에게는 같은 기호품이라 할지라도 그 작용은 판이하게 나타난다. 이백李白의 '달 아래서 홀로 술을 마심[月下獨酌]'의 술자리를 살펴보자.

꽃 아래에서 한 병 술 홀로 마시며 서로 친한 이 없다오. 잔을 들어 밝은 달을 맞이하니 그림자를 대하여 세 사람 이루네. …… 깨었을 때에는 함께 사귀고 즐기나, 취한 뒤에는 각기 나뉘어 흩어진다오. 무정한 놀이 길이 맺어 멀리 은하수 두고 서로 기약하노라.[54]

이태백의 '월하독작'의 풍류는 기호로서는 그 즐김의 맥락이 차와 같으면서도 미묘하게 다른 풍류를 느끼게 한다. 서로 친한 이 없이 홀로 술을 마심에 밝은 달과 그림자를 벗으로 맞이하고서도 사뭇 쓸쓸함이 깔려있다. 이러한 감정은 깨어 있을 때에는 함께 즐기나 취한 뒤에는 흩어진다는 이중성이 내재하고 있다. 기호식품의 즐김에는 다름이 없으나 술은 깬 뒤의 허전함이 기다리고 있는 반면에, 차는 사람을 각성시킴으로써 차와 술의 공이 다르다는 것이다. 또한 술로 인한 숙취를 차가

---

[54] 李太白,『李太白集』23권,「月下獨酌」, "花下一壺酒 獨酌無相親. 擧盃邀明月 對影成三人. …… 醒時同交歡 醉後各分散. 永結無情遊 相期邈雲漢." 수록 : 成百曉 譯註,『古文眞寶』, 전통문화연구회, 2001, p.98.

풀어준다는 것은 술로 인해 잃었던 덕을 차가 회복시키는 심신의 치유 공효가 술과 차원이 다름을 명백히 하고 있다.

차의 오공부분은 동생, 한유를 등장시켜 『문선』의 「옥중상서자명」과 '동방삭'의 고사를 인용하는 유가차원과 천태산 유인과 청성산 우객을 등장시켜 『양생론』과 『포박자』의 고사를 인용하는 도선道仙의 차원을 대비해서 차의 공을 드러내고자 하고 있다. 차의 공을 이렇게 배치한 것은 평소 한재의 유자로서의 태도에 노장사상이 계속 심취되어가는 풍경이라 할 수 있다.

❖ 배문裵汶의 「차술茶述」

배문은 만당晩唐(836-907) 시기의 재상으로 글짓기에 능했다. 당 덕종 때 학자로서 풍주澧州자사, 상주常州자사, 호주湖洲자사를 역임했다. 차의 성품과 맛은 정청호결精淸浩潔하고, 차의 정신은 화합하게 하는 '치화致和'를 강조한다. 「차술」의 내용은 고저차顧渚茶에 관한 것이다.

◆역문
차는 동진東晉시대에 흥기하여
당나라 때 성대하게 되었다.

차는 그 본성이 매우 맑고

맛이 매우 좋다.

그 효용은 번뇌를 씻어내며,

그 공은 화합을 이루어 내는 데 있다.

백 가지 물건을 함께 섞어 두어도 혼동되지 않는다.

차는 여러 마실 거리 중에서 홀로 빼어나다.

우물물을 길어서 끓이면

호형虎形으로 화합하고,

많은 사람이 복용하여

오래도록 싫어하지 않는다.

차를 마시면 편안하고

마시지 않으면 병이 난다.

저 지술芝術과 황정黃精을

한갓 좋은 약이라 하나

효과는 수십 년 후에 나타난다.

또 금기가 많아

차와 같은 종류에 들 수 없다.

어떤 이가 말하기를

차를 많이 마시면 사람으로 하여금

몸을 허약하게 하고

풍병風病이 오게 한다고 하지만

나는 그렇지 않다고 말하겠다.

차는 사특함을 물리치고

반드시 정기正氣를 도와주는데

어찌 병이 오겠는가.

오히려 모든 병을 제거하고 크게 화합함을 돕지 않겠는가?

지금 국내에 토산물의 공납土貢이 실로 많은데

그중 고저顧渚, 기양蘄陽, 몽산蒙山의 것이 상품

그 다음은 수양壽陽, 의홍義興, 벽간碧澗, 옹호灉湖, 형산衡山의 것이다.

가장 못한 것은 파양鄱陽, 부양浮梁의 것이다.

지금 얻을 수 있는 상품의 차는 말할 필요가 없다.

비교적 조잡한 것을 얻으면

시골에서는 주발[甌碗]을 모두 사용한다.

잠시라도 차를 마시지 않으면

오장육부에 병이 생긴다.

사람들이 좋아하지만

서진西晉 이전 시대에서는 들어보지 못했다.

지극히 정묘精妙한 맛을 잃을까 두려워해서

그 때문에「차술」을 짓는다.

◆ 원문

茶起於東晉
차 기 어 동 진

盛於今朝
성 어 금 조

其性精淸
기 성 정 청
其味浩潔
기 미 호 결
其用滌煩
기 용 척 번
其功致和
기 공 치 화
參百品而不混
삼 백 품 이 불 혼
越衆飮而獨高
월 중 음 이 독 고
烹之鼎水
팽 지 정 수
和以虎形
화 이 호 형
人人服之
인 인 복 지
永永不厭
영 영 불 염
得之則安
득 지 즉 안
不得則病
부 득 즉 병
彼芝術黃精
피 지 술 황 정
徒雲上藥
도 운 상 약
致效在數十年後
치 효 재 수 십 년 후
且多禁忌
차 다 금 기
非此倫也
비 차 륜 야
或曰 多飮令人
혹 왈 다 음 령 인
體虛病風
체 허 병 풍
余曰不然
여 왈 불 연
夫物能祛邪
부 물 능 거 사

必能輔正
필능보정

安有鬬逐聚病
안유견축취병

而靡裨太和哉
이미비태화재

今宇內爲土貢實眾
금우내위토공실중

而顧渚蘄陽蒙山爲
이고저기양몽산위

其次則壽陽義興碧澗湖衡山
기차즉수양의흥벽간호호형산

最下有鄱陽浮梁
최하유파양부양

今者其精無以尚焉
금자기정무이상언

得其粗者
득기조자

則下裏兆庶
즉하리조서

甌碗粉糅
구완분유

頃刻未得
경각미득

則胃腑病生矣
즉위부병생의

人嗜之若此者
인기지약차자

西晉以前無聞焉
서진이전무문언

至精之味或遺也
지정지미혹유야

因作「茶述」
인작 차술

차의 여섯 가지 덕[茶六德]

❖ 국역

나는 그런 뒤에 알았네.
차에 또 여섯 가지 덕이 있음을.
사람으로 하여금 장수케 하니
제요와 대순의 덕을 갖춘 것이오.
사람으로 하여금 병을 그치게 하니
유부와 편작의 덕이 있는 것이오.
사람으로 하여금 기를 맑게 함에
백이와 양진의 덕을 갖춤이오.
사람으로 하여금 마음을 편안케 하니
이로나 사호의 덕을 갖춤이오.
사람으로 하여금 신선이 되게 하니
황제나 노자의 덕을 갖춤이오.

사람으로 하여금 예를 표할 수 있게 하니
희공과 중니의 덕을 갖춤이라.
이는 옥천자가 일찍이 찬한 바요,
육자陸子가 일찍이 즐긴 바이며,
성유聖兪는 이로써 인생을 깨달았고,
조업曹鄴은 이로써 돌아감도 잊었다네.
한 시골의 봄빛처럼
낙천樂天의 심기를 고요하게 하고,
십년동안 가을 달 밝듯이
동파東坡는 수마를 물리쳤다네.
오해五害를 소제하고,
팔진八眞으로 힘차게 나아가니,
이는 조물주의 요행을 입어
나와 옛 사람이 함께 즐김이라.
어찌 가히 의적儀狄의 광약狂藥이
장부를 찢고 창자를 문드러지게 하여
천하 사람들로 하여금
덕을 잃고 명을 재촉하는 것과
한 날에 말할 수 있겠는가.

❖ 원문

吾然後知
오 연 후 지

茶之又有六德也
차 지 우 유 육 덕 야

使人壽脩
사 인 수 수

有帝堯大舜之德焉
유 제 요 대 순 지 덕 언

使人病已
사 인 병 이

有兪附扁鵲之德焉
유 유 부 편 작 지 덕 언

使人氣淸
사 인 기 청

有伯夷楊震之德焉
유 백 이 양 진 지 덕 언

使人心逸
사 인 심 일

有二老四皓之德焉
유 이 로 사 호 지 덕 언

使人仙
사 인 선

有黃帝老子之德焉
유 황 제 노 자 지 덕 언

使人禮
사 인 례

有姬公仲尼之德焉
유 희 공 중 니 지 덕 언

斯乃玉川之所嘗贊
사 내 옥 천 지 소 상 찬

陸子之所嘗樂
육 자 지 소 상 낙

聖兪以之了生
성유이지료생

曺鄴以之忘歸
조업이지망귀

一村春光
일촌춘광

靜樂天之心機
정낙천지심기

十年秋月
십년추월

却東坡之睡神
각동파지수신

掃除五害
소제오해

凌厲八眞
능려팔진

此造物者之蓋有幸
차조물자지개유행

而吾與古人之所共適者也
이오여고인지소공적자야

豈可與儀狄之狂藥
기가여의적지광약

裂腑爛腸
열부란장

使天下之人
사천하지인

德損而命促者
덕손이명촉자

同日語哉
동일어재

❖ 강설

이 부분에서 차에는 여섯 가지 덕이 있음을 노래하고 있다. 차의 육덕六德에 대해 하나하나 살펴보기로 한다.

차의 첫 번째 덕으로 요임금과 순임금을 들어 인수덕仁壽德을 말하고 있다. 요순시대는 덕으로 천하를 다스리던 태평성대였다. 그래서 집집마다 작위를 내려줄 만하다는 비옥가봉比屋可封의 시대라 하였다. 한재는 덕치로 장수하였던 요순처럼 차는 인간에게 수덕壽德을 준다고 하여 차의 첫 번째 덕을 말하고 있다. 『중용』 17장에 "큰 덕은 반드시 그 지위를 얻으며 반드시 그 봉록을 얻으며 반드시 그 이름을 얻으며 반드시 그 오랜 삶을 얻는다.[大德 必得其位 必得其祿 必得其名 必得其壽]"라고 하였다.

차의 두 번째 덕으로 유부俞附와 편작扁鵲처럼 치병덕治病德을 인간에게 주어 차의 약리적 효능의 뛰어남을 노래했다. 유부와 편작은 고대의 대표적인 명의이다. 유부는 고대 중국에서 전설상의 제왕인 황제 때 명의이며, 편작은 중국의 춘추시대 양의로 모두 측은한 마음을 바탕으로 인술을 폈다.

차의 세 번째 덕으로 백이伯夷와 양진楊震을 들어 말하고 있다. 백이와 양진은 청렴의 대표적인 인물이다. 백이는 숙제叔齊와 더불어 고죽군孤竹君의 두 아들로 주나라 무왕이 은나라를 정벌하러 가는 말머리를 잡고 간하기를 "아비가 죽고 아직 장례도 끝나지 않았는데, 군사를 일으킴을 가히 효라 하겠습니까? 신하가 임금을 죽이는 것을 인仁이라 말할 수 있습니까?"라고 하니 좌우 사람들이 그 둘을 죽이려 했다. 그러나 태공은 "이들은 의인이다."라고 말하며 부축해 떠나게 하였다. 무왕이 은나라를 평정하여 천하가 주나라를 종주국으로 삼았으나, 백이, 숙제는 그것을 부끄럽게 여겨, 주나라 곡식을 먹지 않으려 수양산에 은거하여, 고사리를 캐 먹었다. 『사기열전史記列傳』「백이전伯夷傳」에 기술되어 있다.

양진楊震(54-124) 또한 동한東漢시대의 청렴을 대표하는 선비였다. 양진으로부터 양병楊秉, 양사楊賜, 양표楊彪까지 증조에서 손자까지 4대에 걸쳐서 태위太尉로 임직하며 덕업을 상계해 갔던 집안이다. '천지天知, 신지神知, 아지我知, 자지子知'의 '사지四知'의 글귀로 천고의 명언을 남긴 청관이었다. 즉 그가 동래東萊태수로 있었을 때 왕밀王密이 황금 열 근을 가져와서 일을 부탁하며 아무도 모르는 일이라고 설득을 했을 때 "하늘이 알고, 신이 알고, 내가 알고 그대가 안다."는 명언을 남기고 도모하기를 거절한 위인이다. 『후한서後漢書』「양진전楊震傳」에 기술되어 있다. 이와 같이 한재는 백이와 양진이 가진 청렴강정의 성품을 차가 품부하고 있어서 청담의 기청덕氣淸德을 구가하고 있다고 노래한다. 이는 곧 한재 자신의 강고하고 절의한 성품과 바로 상통하고 있다.

차의 네 번째 덕을 사람으로 하여금 마음을 편안케 하니 이로二老나 사호四皓의 덕을 갖추었음을 한재는 심일덕心逸德이라 말하고 한다. 이로에 관한 이야기는 『맹자』「이루상」편에 나온다. "맹자가 말하기를 백이伯夷가 주왕紂王을 피하여 북해에 가 살더니, 문왕이 일어났다는 말을 듣고 흥기하여 말씀하시기를 '내 어찌 그에게 돌아가지 않겠는가. 내 들으니 서백西伯(문왕)은 늙은 자를 잘 봉양한다고 했다.'고 하였다. 또 태공太公이 주왕을 피하여 동해에 가 살더니, 문왕이 일어났다는 말을 듣고 흥기하여 말씀하기를 '내 어찌 그에게 돌아가지 않겠는가. 내들으니 서백은 늙은 자를 잘 봉양한다 했다.'라고 하였다. 두 노인은 천하의 대로大老인데 문왕에게 돌아갔으니 이는 천하의 아버지가 문왕에게 돌아간 것이다. 천하의 아버지가 문왕에게 돌아갔으니, 어찌 그 자제들이 (문왕에게 돌아가지 않고) 어디로 가겠는가?"라고 쓰여 있다.

즉 이로二老는 위의 백이와 태공을 이른다. 대로大老라고 하는 것은 연치와 덕이 높아서 여러 사람들의 아버지와 같아 천하의 마음을 두 노인이 보여 준 것이다. 여기서도 문왕이 정사를 폄에 홀아비, 과부, 고아, 무의탁자를 우선으로 펴서 노인들도 얼고 굶주림이 없게 한 덕을 이로가 찬양한 것과, 한재의 차의 심일덕을 상통시키고 있다.

사호四皓는 진秦말에 전란을 피하여 섬서성陝西省 상산商山에 은거한 네 노인을 말한다. 동원공東園公, 하황공夏黃公, 기리계綺里季, 녹리선생甪里先生이다. 모두 나이 팔십 세로 수염과

눈썹이 희어서, 세칭 상산사호商山四皓라 한다. 진시황이 분서갱유를 하고 포학무도한 정치를 하자 백성들은 도탄에 빠졌다. 뜻있는 선비들은 세상을 등지고 심산유곡에 들어가 은둔생활을 했다. 사호는 덕이 높아 사람들이 숭앙하고, 품행이 아주 고결한 은일한 인자仁者들이다.『사기』55권에 실려 있다.

차의 다섯 번째 덕으로, 사람으로 하여금 신선이 되게 하니 황제黃帝나 노자의 덕을 갖춘 선경덕仙境德을 말하고 있다. 황제는 삼황三皇에 이어 오제五帝의 첫 번째 제왕으로 세상의 문명을 발전시켰으며 도교의 시조로 추앙받고 있다. 죽어서는 신선이 되었다는 전설속의 제왕인 그는 그의 통치 기간이 황금시대로 불릴 정도로 지혜의 화신으로 알려져 있다. 백성들이 자연의 법칙에 따라 조화롭고 미덕을 갖춘 생활을 하는 이상적인 왕국을 실현하여 성인천자로 받들어지는 인물이다. 또한 노자는 무위자연의 도를 노래하였다. "노자는 '도'라는 새로운 삶의 길을 제시했다. '도'란 바로 길이다. 만물이 다님으로서 저절로 생겨난 길이다. 그래서 인위적으로 하지 않는 무위와 타고난 본성대로 따르는 자연스러운 길이 도다. 도를 따라서 무위자연의 삶을 살 때 인간도 가장 행복한 삶을 살 수 있다."라고 임채우의『왕필의 노자주』란 책에서 말하고 있다. 만물은 타고난 본성을 따르는 자발적이고 자연스러운 삶속에서라야 비로소 유가나 묵가가 추구하는 인과 의도 실현될 수 있다. 그래서 노장은 유가나 묵가를 비판하면서도 궁극적으로

서로 만나게 된다고 한다. 이와 같이 한재는 인과 의가 바탕이 된 이상국을 실현했던 황제와 무위자연의 삶으로 물욕에 의해 상실된 인간의 본성을 회복하고자 했던 노자가 노닐만한 선경의 경지를 차가 가지는 덕으로 비견해서 노래하고 있다. 노동盧소도 "다섯 째 잔은 기골을 깨끗하게 하고, 여섯 째 잔은 신령을 통하게 한다.[五碗肌骨淸, 六碗通仙靈]"라고 그의 일곱 잔의 차노래에서 차의 선경을 읊고 있다.

여섯 번째 차의 덕으로는 사람으로 하여금 예를 표할 수 있게 하니 희공姬公과 중니仲尼의 덕을 갖추는 예덕禮德을 마지막으로 내보이고 있다. 인간에게 대표적인 기호품인 차와 술의 큰 차이점은 바로 차가 가지는 예의 덕일 것이다. 희공은 주공단周公旦으로 BC 12세기에 활동한 중국의 정치가이다. 성은 희, 이름은 단이며, 주나라를 창건한 무왕의 동생으로 무왕의 권력 강화를 도와 초기에 국가의 기반을 다졌다. 무왕이 죽자 직접 왕권을 장악하라는 주변의 유혹을 뿌리친다. 대신 무왕의 어린 아들 성왕成王을 보좌하는 길을 택하였다. 공자는 이미 오래 전에 죽은 주공을 대단히 숭배하여 젊었을 때에는 주공의 도를 행하고자 하였다. "심하도다. 나의 노쇠함이여! 오래되었다. 내 다시는 꿈속에서 주공을 뵙지 못하였다.[甚矣 吾衰也 久矣 吾不復夢見周公]"라고 자탄하였다. 『논어』「술이」편에 기술되어 있다. 이를 두고 정자程子는 도를 보존하는 것은 마음이니 마음은 노소의 차이가 없거니와 도를 행하는 것은 몸이니 몸은 늙으면 쇠하는 것이라 주석하였다. 이처럼 공자는 희공을 후세의 중국 황제들과 대신들이 모범으로 삼아야 할 인물로 격찬했다. 공자는 인을 구현하기 위한 행동양식을 예에서 찾았다. 『논어』「이인」편에 공자는 "예에 따라 양보하는 마음으로 하면 나라를 다스리는데 무슨 어려움이 있겠는가?[子曰, 能而禮讓爲國乎 何有]"라고 하며 나라를 다스리는데 예양을 실천하는 마음으로 해야 한다고 하였다. 또한 공자는 아들 백어伯魚에게도 예를 배우지 않으면 설 수 없다고 가르쳤다. 맹자도 사단四端을 논하며 "사양하는 마음은 예의 단서이다.[辭讓之心, 礼之端也]"라고 하며 사양하는 마음이 없으면 사람이 아니라고 하여 예를 중요하게 여겼다. 또한 주자朱子의 『맹자집주』에서 "측은, 수오, 사양, 시비는 정情이요 인, 의, 예, 지는 성性이요, 마음은 성과 정을 통합한 것이다."라고 하였다. 어린조카 성왕을 섭정했던 희공이 삼대에 걸쳐 재상으로 머문다는 것은 인의를 달통하지 않으면 쉽지 않기에 공자가 마음에 품고 꿈속에서도 그리는 성인이었다. 이처럼 희공과 공자가 인의를 바탕으로 만들기 위해서 예덕을 실천덕목으로 삼듯이 차 또한 마찬가지라고 노래하고 있다. 우리나라에의 미풍양속으로 차례茶禮라는 것이 있다. 이 차례를 행함에는 공경하는 마음이 필수이다. 맹자는 "공경하는 마음은 사람마다 다 가지고 있으며 그것은 바로 예이다.[恭敬之心 人皆有之 … 恭敬之心 禮也]"라고 「고자상告子上」에서 말하였다.

이상에서 한재가 노래한 차의 여섯 가지 덕인 인수덕, 치병덕, 기청덕, 심일덕, 선경덕, 예양덕에 대해 짚어 보았다. 차의 육덕에 등장한 제요, 대순, 유부, 편작, 백이, 양진, 이로(백이와 태공), 사호(동원공, 기리계, 하황공, 녹리선생), 황제, 노자, 희공, 중니의 열여섯 인물들은 모두 성인이었으며 은일의 삶을 살았던 청렴고사들이다. 한재는 「차부」에서 차의 육덕을 논한 뒤에 차인, 문인아사들이 찬한 바를 옳고 있다. 즉 노동이 일찍이 찬한 것은 「차가茶歌」요, 육우가 일찍이 즐긴 바는 『차경』으로 나타났으며, 매성유는 차로써 인생을 깨달아 대시인의 삶을 누렸고, 조업이 돌아감도 잊었다 함은 차로써 청백리의 삶을 열어가도록 힘을 주고 있음을 말한다. 백낙천에게는 심기를 고요하게 하고, 소동파는 수마를 물리쳐서 대가의 삶을 보장함을 말하고 있다.

이와 같이 차의 육덕을 논한 뒤에 송頌으로 정리한 자리에 등장한 인물들은 모두 차를 사랑하여 차를 찬양했던 차인들로 당송시대를 주름잡았던 문인들이다. 그들은 무위자연의 자유로운 노장경향을 즐겼던 아사들이다. '한 시골의 봄빛처럼 심기를 고요하게 하는 차', '가을 달 밝듯이 수마를 물리치는 차' 이 모두는 시인묵객들이 마음을 다스리고 학문을 연마함에 꼭 필요한 물건임을 증명하는 말이다. 한재는 이들이 차와 어떤 관계인지를 문헌을 통해 모두 파악했다고 볼 수 있다. 이로서도 한재의 「차부」를 저술하고자 했던 배경이 충분히 나타난다고 볼 수 있다.

　또한 차 육덕의 말미에 차와 술을 비교하여 차는 수행을 방해하는 다섯 가지 장애인 오해五害를 소제하고, 마음을 다스리는 수행의 도구로써 팔진八眞으로 힘차게 나아가게 하여 모두 즐기는 물건이었다. 또 하우夏禹시대의 사람인 의적儀狄이 처음 만들었던 술은 장부를 찢고 창자를 문드러지게 하는 광약狂藥으로, 덕을 잃고 명을 재촉하는 물건이므로 나란히 놓고 말할 수 없다고 결론을 맺었다.

　육덕 부분에서 차를 통해 요순 성인의 도로 태평성대의 인수덕을 얻고, 유부, 편작의 측은한 마음의 인술로 치병덕을 얻고, 백이, 양진의 효, 인과 절의로 기청덕을 얻고, 희공, 중니의 인의의 도로 예양덕을 얻는 것과 같다는 것은, 유가의 측면에서 수덕, 치병덕, 기청덕, 예덕으로 차의 덕을 칭송한 것이다. 또한 차를 통해 백이와 태공의 이로와 동원공, 기리계, 하황공, 녹리선생의 사호의 은일한 인자의 심일덕을 얻었으며, 황제, 노자의 인의와 무위의 도로서 선경덕을 얻었다. 이는 노장의 측면에서 차의 심일덕과 선경덕으로 나란히 견주고 있다.

❖ 차육덕의 등장인물

－옥천자(약 795－835)는 당대의 시인인 노동盧仝의 호다.

그의 개결한 성품을 숭상하여 당송팔대가의 한사람으로 꼽히는 한유韓愈가 「노동에게 부치다[寄盧仝]」의 시를 지어 바칠 정도로 교분이 두텁고 노동의 사람됨을 인정하였다. 노동의 「차가茶歌」는 육우(733-804)의 『차경茶經』과 함께 당나라 중엽 이후에 차를 인식시키는 데에 크게 영향을 주었다.

- 성유(1002-1060)는 매요신梅堯臣으로 중국 북송대의 시인이다. 구양수歐陽脩와 함께 시가의 혁신운동을 벌여 송시宋詩의 새로운 형식을 개척하였다. 두보杜甫이후의 최대 시인으로 꼽힌다.
- 조업(816-875)은 자가 업지鄴之로 당의 태상박사太常博士로 양주자사洋州刺史를 역임하였던 인물이다.
- 낙천(772-846)은 백거이白居易의 자이다. 중당시대(762-835)의 대시인으로 호는 향산거사香山居士이며, 하남성 사람이다.
- 소동파(1036-1101)의 본명은 소식이다. 중국 북송시대의 시인·산문작가·예술가·정치가로 유명하다. 그의 아버지 소순蘇洵, 동생 소철蘇轍과 함께 '삼소'라고 일컬어지며, 이들은 모두 당송팔대가[55]에 속한다.

---

55 당송팔대가: 중국 당나라의 한유(韓愈)·유종원(柳宗元), 송나라의 구양수(歐陽脩)·소순(蘇洵)·소식(蘇軾)·소철(蘇轍)·증공(曾鞏)·왕안석(王安石) 등 8명의 산문작가의 총칭.

「차부」에 나타난 차의 정신경계

❖ 국역

기뻐서 노래하노라.
내가 세상에 태어남이여, 풍파가 모질구나.
양생에 뜻을 두었으니
너[茶]를 버리고 무엇을 구하겠는가.
나는 너를 지녀 마시고
너는 나를 좇아 놀아,
화조월석에
즐겨 싫어함이 없구나.
곁에 천군[心]이 있어
두려워 경계하여 이르되,
삶은 죽음의 근본이요,
죽음은 삶의 뿌리라 하네.

안[精神, 氣]만 다스리면 밖[身]이 시든다고
혜강이 『양생론』[56]을 저술하여
어려운 것을 실천하였다지만,
어찌 빈 배를 지수智水에 띄우고
좋은 곡식을 인산仁山에 심는 것만 하겠는가.
정신이 기운을 움직여 묘경에 이르면,
즐거움은 꾀하지 않아도 저절로 이르게 되리.
이 또한 내 마음의 차이니
어찌 꼭 저것에서만 구하겠는가.

❖ 원문

喜而歌曰
희 이 가 왈
我生世兮風波惡
아 생 세 혜 풍 파 악
如志乎養生
여 지 호 양 생
捨汝而何求
사 여 이 하 구
我携爾飮
아 휴 이 음

---

56 혜저론(嵇著論)은 혜강이 지은 『양생론(養生論)』을 말함. 혜강은 삼국 위(魏)나라 사람으로 죽림칠현 중 1인이다.

爾從我遊
이 종 아 유
花朝月暮
화 조 월 모
樂且無斁
낙 차 무 역
傍有天君
방 유 천 군
懼然戒曰
구 연 계 왈
生者死之本
생 자 사 지 본
死者生之根
사 자 생 지 근
單治內而外彫
단 치 내 이 외 조
嵇著論而蹈艱
혜 저 론 이 도 간
曷若泛虛舟於智水
갈 약 범 허 주 어 지 수
樹嘉穀於仁山
수 가 곡 어 인 산
神動氣而入妙
신 동 기 이 입 묘
樂不圖而自至
낙 부 도 이 자 지
是亦吾心之茶
시 역 오 심 지 차
又何必求乎彼也
우 하 필 구 호 피 야

❖ 강설

'기뻐서 노래하노라[喜而歌曰]'로 시작하여 '내 마음의 차[吾心之茶]'로 맺는 「차부」의 결론이다. '기뻐서 노래한다'라고 마무리를 펴면서 '내가 세상에 태어남에 풍파가 모질다'라고 하는 대구對句는 한재의 짧은 생과 비추어볼 때 애잔한 아픔을 자아낸다. 한재 자신의 험난했던 삶의 역정을 앞서서 설파한 차의 오공, 육덕으로 지켜냈다는 말일 것이다. 밤낮으로 차와 더불어 함께하며 양생을 도모하기도 하고 즐거움을 나누기도 한다. 차는 도무지 싫어할 수 없는 물건인 것이다. 곧 차가 가지는 양생의 수단을 뛰어 넘어 내 마음의 차[吾心之茶]를 구하고자 하는 승화된 차도사상의 경지이다. 여기서 '화조월모'란 "꽃핀 아침과 달 밝은 저녁이면 손님과 어울려 시를 읊었다.[每花朝月夕 與賓佐賦詠]"라고 하는 『구당서舊唐書』「나위전羅威傳」을 인용하였다.

차생활은 일상을 온전하게 하기 때문에 늘 마음이 각성되어 있다. 일부러 깨어있고자 하지 않아도 이미 절로 성성하게 마음이 살아있다. 이러한 마음[心]을 사유기관思維器官으로 일컬어 천군이라 칭하고 있다. 그러한 천군天君을 곁에 두고 있어 두려워하며 경계하여 이르기를 "삶은 죽음의 근본이요, 죽음은 삶의 뿌리이다.[生者死之本 死者生之根]"라고 하는 것은 한재 자신이 생사초탈의 자세임을 확인하는 듯하다. 이 '생자

사지본 사자생지근'은 황제의 『음부경陰符經』의 하편에 나온다. 한재 사상의 본령이 유학임에도 『음부경』을 인용하는 것은 상당히 도선사상에 마음이 열려 있음을 말해준다. 이 『음부경』은 그 내용이 천기天機를 담은 것이어서 강태공, 귀곡자, 제갈량 등을 거쳐 위나라의 구겸지에 이르러 전할 사람을 찾지 못하여 숭산崇山에 감추어 두었다가 당나라 때에 이르러 이전李筌이 주석을 닮으로써 세상에 알려지게 된 것이라 한다. 많은 성인들이 도道의 그 참된 이치를 구가하고자 함에 그만한 이유가 있는 것이다. 『음부경』 중편에는 또 "하늘이 내서 하늘이 죽이는 것은 도의 이치이다.[天生天殺 道之理也]"라고 하니 하늘이 정한 것을 사람이 바꿀 수 없다는 도리를 말한다. "안만 다스리면 밖이 시든다."라고 하는 '단치내이외조單治內而外凋'는 반고班固의 「유통부幽通賦」에서 보인다. 또 이 구절은 『장자』 외편, 「달생」편의 단표單豹고사에도 있다. 이 단표고사를 통해 안과 밖이 잘 조화를 아울러야 훌륭한 양생을 이룰 수 있음을 경계한 것이다. 한재는 혜강嵇康의 바깥을 강조한 양생을 경계하고 차를 통하여 안과 밖이 조화로운 양생이 이루어짐을 강조한 것이라 본다. 공자가 말한 요수요산樂水樂山에서 지혜로운 사람의 성품과 어진 사람의 성품이 조화를 이룬다는 것에 근거하여, 허령한 마음은 지수智水에 띄워주고 좋은 곡식은 인산仁山에 심어 안팎이 조화로움을 이루어 줄만한 것이 바로 차라고 말했다.

"정신이 기운을 움직여 묘경에 들면, 즐거움은 꾀하지 않아도 저절로 이르게 되리.[神動氣而入妙 樂不圖而自至]"라는 「차부」의 결론의 이 구절은 불가에서 말하는 차선삼매茶禪三昧와 같이 차심일여茶心一如의 지극한 경지를 말한다. '신동기이입묘神動氣而入妙'는 「허실생백부」에서도 그대로 차용하고 있다. 이와 같은 차심일여茶心一如의 경지는 자연히 "이 또한 내 마음의 차이니 어찌 꼭 저것에서만 구하겠는가.[是亦吾心之茶. 又何必求乎彼也]"라는 결구를 맺게 한다. 한재 차정신의 지고한 경지인 '내 마음의 차'를 노래하고 있는 것이다. 여기서 '저것[彼]'이란 차를 지칭한 말로 그의 차도사상은 양생의 실제 차에서 내 마음의 차로 승화시킨 오심지차吾心之茶는 바로 신묘자락神妙自樂의 경지라 할 수 있다. 즉 한재의 차생활은 '즐거움은 꾀하지 않아도 저절로 이르게 되리'라는 '오심지차'의 경지로 체달되어 있는 일상이라 할 수 있다. 그렇다면 부賦 짓기에 능하고 사물을 있는 그대로 직시하는 고결한 성품의 한재가 「차부」를 저술한 것은 필연이라 할 수 있을 것이다.

❖ 보충

◆ 단표單豹고사

노나라에 단표라는 사람이 있었는데 바위굴 속에서 살면서 골짜기 물을 마시며 지냈다. 백성들과 이익을 다투지 않고 나이가 칠십이 되었어도 어린아이 같은 얼굴빛이었다. 그러나 불행히도 나이가 칠십이 되어서 굶주린 호랑이를 만나 잡아먹혀 죽게 되었다. 또 장의張毅라는 사람이 있었는데 부잣집이고 가난한 집이고 가리지 않고 사귀지 않는 사람이 없었다. 그러나 나이 사십에 열병에 걸려 죽어버렸다. 단표는 속마음을 길렀으나 그의 밖을 호랑이가 잡아먹어버렸고, 장의는 그의 외부 교제는 잘 하였으나 그의 안에서 병이 그를 공격하였다.(『장자』 외편,「달생」편)

◆ 요수요산樂水樂山

지혜로운 사람은 물을 좋아하고 어진 사람은 산을 좋아한다. 지혜로운 사람은 움직임이며 어진 사람은 고요함이다. 지혜로운 사람은 즐거워하고 어진 사람은 오래 산다.[知者樂水 仁者樂山 知者動 仁者靜 知者樂 仁者壽](『논어』「옹야」)

◆ 신동기이입묘神動氣而入妙

「차부」에 나오는 신동기이입묘神動氣而入妙는 "마음이 신령한 데 통하면 만물을 감동시키고, 정신이 기운을 움직이면 미묘한 경지에 드느니라.[精通靈而感物兮, 神動氣而入微]"라는 『한서漢書』「서전상敍傳上」구절을 인용했다. 다만 '미微'자를 '묘妙'자로 대체했으나 미와 묘는 같은 속성이다.

제 2 장

「차부」의 특성

한재 이목의 심차사상

저술배경과 동기[57]

본 연구는 한재 이목(1471-1498)의 「차부」를 중심으로 심차사상을 규명하기 위한 것이다. 이목은 무오사화(연산군4)의 참화를 입어 28세의 짧은 나이로 생을 마감했다. 그는 영남학파의 영수인 김종직의 문하에서 수학하였으며, 그의 학통은 고려 말 정몽주에서 길재, 김숙자로 이어지는 영남학파로서 성리학의 도맥 위에 있다. 그는 조선조의 유학자 중에서 '부오도벽이단扶吾道闢異端'을 몸소 실천함으로써 유생들의 귀감이 되었던 인물이다. 「차부」는 조선 초기 차에 대한 본격적인 논의를 펼친 글로서 조선 전기 사대부의 차에 대한 인식을 밝히는 데 중요한 자료가 된다.

「차부」에 나타난 한재 차도사상의 핵심은 '오심지차吾心之

---

[57] 본장은 『한국차학회지』 제19권 제2호에 게재된 논문으로 「차부」의 차도사상의 특색을 정리한 것이다.

茶', 즉 심차사상心茶思想이다. 심차는 도덕인의를 중시하는 유가의 특성과 도선道仙의 특성이 잘 융합되어 정신적 초월의 경계를 표현하는 차도사상이라 하겠다. 우리나라 차도사상의 연원에서 화랑정신으로 모아지는 신라의 풍류차도나 고려의 수양차도에는 '심' 수양의 요소가 관통하고 있다. 이것이 조선에 이르러서 한재의 오심지차인 심차사상으로 꽃을 피우고 있다.

한재는 우리나라 차론을 전개함에 있어서 중요한 지표가 되는 인물이다. 그의 차론은 차의 효능이나 기호뿐 아니라, 차도를 심신수양의 수단으로 삼았기 때문에 단순히 차를 즐기는 행위를 넘어서 그의 삶의 태도와 사상을 담고 있다. 한재의 심차는 심신수양의 요소와 더불어 공자가 태산에 올라 천하를 적다고 여긴 호쾌함과 맹자의 호연지기浩然之氣를 담고 있다. 또한 청허한 도의 노장사상을 담고 있어서 유가의 도의와 도가의 이상적 인격을 자연스럽게 넘나드는 초월성이 내재하고 있다. 춘추의리의 실천으로 대표되는 한재가 유학자로서의 엄격함 속에서도 낙도정신의 여유를 보여주는 것은 심차가 가지는 특성이라 볼 수 있다. 한재는 시나 단편적인 짧은 글로 차도사상을 언급한 것이 아니라 부賦라는 형식의 완결된 작품으로 그의 차론茶論을 치밀하게 개진하고 있다. 그러므로「차부」는 그의 심차사상을 드러내기 위한 분명한 의도를 가진 저술임을 알 수 있다.

한재는 내면의 성찰을 매우 중요하게 여겨서 심수양에 대한 관심이 컸다. 심의 바탕이 본래 밝음을 형용함에 가장 적절한 것이 '허실생백虛室生白'[58]임을 명제로 내세우고, 인간의 우매함을 걷어내고 '오지허실吾之虛室'을 이루고자 하는 '심'의 본질에 대한 추구가 간절하였다.「차부」에 나타나는 한재의 차도사상이 도학사상과 노장사상이 융합하여 신묘자락神妙自樂의 오심지차로 승화된 심차사상을 창출하는 성격에 유의하였다. 또한 한국에서 가장 오래된 사대부의 대표적인 차론인「차부」를 집중 연구함으로써 조선시대 차도정신의 연원을 조명하고, 이를 통해 한국차도문화의 정체성을 확고히 하고자 한다.

본 연구는「차부」를 주 자료로 삼아 한재의 도학사상 경향과 노장사상이「차부」에서 어떻게 융합되어 있는가를 규명할 것이다.「차부」의 분석을 통하여 도학사상과 도선사상의 융합을 밝혀 항지양기抗志養氣와 현허낙도玄虛樂道의 융합, 천인합일의 차심일여, 신묘자락한 오심지차의 심차사상을 논한다.「차부」의 저술동기인 병서幷序, 한재가 명명命名한 고유 차명인 '한薲'과 '파菠', 차의 생육환경과 차림풍광茶林風光에서 나타나는 도선풍道仙風, 차의 칠효七效・오공五功・육덕六德에서 밝혀지는 도학사상과 도선사상의 융합을 분석하고, 이를 통해 한재 고유의 심차사상을 정립하고자 한다. 한재의「허실생백부虛室生白賦」는「차부」와 더불어 한재의 철학적 역량을 엿볼

---

58 이목(1631),「虛室生白賦」,『李評事集』卷一. http://db.itkc.or.kr

수 있는 빼어난 작품으로 쌍벽을 이루고 있다. 「차부」를 연구함에 있어 「허실생백부」의 연구가 전제되어야 한재 차도사상 연구가 완성될 수 있다.

❖ 「차부」의 저술배경

류승국柳承國[59]은 1980년대 중반 한재의 「차부」를 차계에 처음 소개하며 「차부」에는 육우의 『차경』보다도 더 심오한 철학이 담겨 있으며, 한재가 실제의 차에서 '내 마음의 차[吾心之茶]'로 승화한 경지는 한국인의 사고양식[60]이라고 하였다. 그는 한재의 「차부」를 육우의 『차경』에 비견하여 「차부」의 사상적 위상을 천명하며 중국의 차 사상에 대한 우월적 차별화를 선언하였다.

「차부」 한 편으로 한재의 차살림 전체의 면모를 파악하기는 어렵다. 그러나 전주이씨 한재공파寒齋公派에서 부조묘기제홀기不祧廟忌祭笏記 중 '철갱진수撤羹進水' 순서에서 차를 올리는

---

[59] 류승국(1923 - 2011): 성균관대학교교수, 성균관대학교명예교수, 대한민국학술원회원(1977), 한국정신문화연구원원장(1983 - 1986) 역임.
[60] 柳承國 (2003) 인터뷰 기사. 『차의 세계』 12.

'철갱봉차撤羹奉茶'라는 기록이 발견[61]된 것으로 미루어보아 한재 집안 역시 차와 깊은 관계가 있음을 알 수 있다. 한재가 어떻게 하여 「차부」를 저술하게 되었는지 밝힐 수 있는 자료는 「차부」 외의 시문詩文에서는 거의 찾아볼 수 없다. 그러나 「차부」의 서론격인 병서에서 "내가 차에 대해서 아주 모르지는 않았는데 육우의 『차경』을 읽은 뒤부터 차츰 차의 성품을 터득하여 마음속으로 몹시 진중하게 여겼다.[余於茶越乎 其莫之知 自讀陸氏經 稍得其性心甚珍之]"라고 한 것으로 보아 「차부」 저술에 육우의 『차경』을 비중 있게 참고하고 심도 있게 분석하였음을 알 수 있다. 또한 「차부」의 본론에서 차의 오공·육덕을 노래하면서 당송唐宋의 문인들을 들어 차의 공덕을 논하고 있다. 이것으로 보아 한재가 정조사 일행을 따라 북경에서 머무는 5개월여 동안("同知中樞府事 金首孫과 李秉正을 北京에 보내 정조를 하례하다", "정조사正朝使 김수손金首孫 등이 북경에서 돌아오다.")[62] 차에 관한 상당한 자료를 수집하고 고찰하였음을 짐작할 수 있다.

서론격인 「차부」의 병서 첫머리에서 "무릇 사람이 사물에 대하여 혹은 완언玩焉하고 미언昧焉하면서 그것을 즐겨서 몸

---

[61] 이현(2003) 「한재선생 고조제사홀기에서 撤羹奉茶의 발견」, 『차의 세계』 11.
[62] 成宗實錄(1493) 成宗 24年 10月 12日. http://db.itkc.or.kr; 成宗實錄(1494) 成宗 25年 3月 10日. http://db.itkc.or.kr

을 마치되 싫증이 없는 것은 그 성품인가 하노라.[凡人之於物. 或玩焉或味焉. 樂之終身而無厭者. 其性矣乎]"라고 하여 차가 기호생활에서 출발함을 말하고 있다. 한재의 차살림의 형태를 가늠할 만한 근거는 「차부」외의 그의 시문에서는 거의 찾아볼 수 없다. 오로지 「차부」의 저술에서 유추하고, 스승 김종직이 함양군수로 있을 때 차밭을 조성한 경위[63]와 한재와 함께 수학했던 동문들의 취미생활을 엿봄으로써 짐작할 수 있을 뿐이다. 한재의 동생 미지微之가 송경에 가서 독서하도록 보낸다는 내용의 시가 있다. 이 시에 "차 달이는 연기는 골짜기 달빛 아래 흐르도다.[茶煙洞月陰]"[64]라는 말이 있는데, 이 시구가 유일하게 「차부」외에 그의 차생활을 직접 보여주는 표현이다.

병서의 말미부분에 "혹자가 말하기를 '차는 스스로 세금을 들여오지만 도리어 사람에게 병폐가 되거늘, 그대는 (차에 대해) 운운하는가?'[或曰 茶自入稅 反爲人病 子欲云云乎]"[65]라고 하는 언급 또한 스승 김종직의 차원시茶園詩 2수와 무관하지 않을 것이다. 이에 그는 "그렇다, 그러나 이것이 어찌 하늘이 만물을 낳은 본뜻이겠는가? 사람 탓이요, 차 탓이 아니다.[對曰

---

63   金宗直(1520)「茶園二首」.『佔畢齋集』卷之十. http://db.itkc.or.kr
64   이목(1631)「送舍弟微之之松京讀書」.『李評事集』卷一. http://db.itkc.or.kr
65   이목(1631)「차부」.『李評事集』卷一. http://db.itkc.or.kr

然 然是豈天生物之 本意乎 人也 非茶也]"⁶⁶라고 대답하며 더더욱「차부」저술의 필연성을 제기하고 있다. 점필재 문하의 많은 동문들도 스승과 더불어 차를 즐겨 마시고 학문을 연마하며 차시를 남긴 차풍茶風으로 짐작하건데 한재의「차부」저술의 배경이 될 만한 근거가 충분하다.

❖「차부」의 저술동기

「차부」는 차의 여러 가지 종류와 생산지, 차의 효능과 공덕을 논하고, 차를 통한 즐거움을 유학사상과 도가사상의 융합으로 보여주고 있으며, 이들 사상을 융합하여 한재 고유의 심차사상으로 승화시켜 노래한 차서茶書이다. 한재는 유학자로서의 정신수양을 차의 일상과 연계하여 높은 정신적 경지를 추구함으로 결론을 맺고 있다. 이에서 그의 심학의 기초를 엿볼 수가 있다. 한재의「차부」는 분량 면에서 1,332자에 달하고, 부에 능했던 그의 저술형식에 있어서의 짜임새 또한 '범인지어물凡人之於物'로 시작되는 병서의 서론, '기사왈其辭曰'로 시작되는 본론, '희이가왈喜而歌曰'로 시작되는 결론을 합쳐 모두 열 단락으로 이루어져 완벽함을 갖추고 있다.「차부」는 병서의

---

66 이목(1631)「차부」.『李評事集』卷一. http://db.itkc.or.kr

다음 세 구절[67]에서 저술 동기를 가진다.

차의 공덕이 으뜸인데도 칭송한 글이 없음은 어진 이를 버려둠과 같다.[茶之功最高 未有頌之者 若廢賢焉]

내가 차에 대해서 아주 모르지는 않았는데 육우의『차경』을 읽은 뒤부터 차츰 차의 성품을 터득하여 마음속으로 몹시 진중하게 여겼다.[余於茶越乎其莫之知 自讀陸氏經 稍得其性 心甚珍之]

나는 차를 좋아하는 병이 있어서 이를 언급할 겨를이 없다.[余有疾 不暇及此云]

위에서 보는 것처럼 한재는 차의 성품을 현인의 성품과 동격화하고 있으며 그러한 차의 성품을 터득하여 진중하게 여긴 점이다. '월호기막지지'의 '차를 조금 안다'는 말은 유자로서의 일반적인 겸사이므로 액면 그대로 받아들이면 「차부」 저술 동기를 이해하기 어렵다. 이 말은 바꾸어 말해 차에 대해 대단히 잘 알고 있다는 반증이다. "무릇 사람이 사물에 대하여 완미하면서 그것을 즐겨서 몸을 마치되 싫증이 없는 것은 그 성

---

67 이목(1631)「차부」,『李評事集』卷一. http://db.itkc.or.kr

품인가 하노라."라고 하여 차가 기호의 작용임을 확실히 하였다. 이는 병서에 거론되는 달을 좋아하는 이백이나 술을 노래한 유백륜劉伯倫과 같은 반열에서 차의 즐거움을 논하겠다는 선언이다. 또한 중산中散의 금부琴賦나 팽택彭澤의 애국가愛菊歌를 같은 수준으로 놓고 차를 노래하고자 했던 열망이 엿보인다.

한재 당시 유가의 엄격했던 선비로서 '부오도벽이단扶吾道闢異端'의 춘추의리사상을 자신의 책무로 삼았던 시기에 차에 대한 단순한 호기심에서 차를 논하고자 한 것은 아닐 것이다. 그의 차에 대한 관심의 정도가 매우 깊었음을 알 수 있는 것은 병서의 마지막 대목인 '여유질, 불가급차운'이라는 구절의 '질疾'이 뜻하는 바가 매우 크다. 유자는 어휘를 선택할 때 하나하나를 소홀히 하지 않는데, '여유질余有疾'은 차를 좋아하는 열광적인 취향을 말한다. 차를 좋아하는 고질병이 있어서 다른 생각을 할 겨를이 없다고 한다는 것은 당시 유자의 입장에서 상당한 부담을 감수하겠다는 뜻이지만 노장사상이 저변에 깔려있는 차의 정신수양 방법과 유가의 존양수양 방법이 다르지 않음을 전제하는 것이다. 차세茶稅가 주는 병폐를 감수하고서도 차의 성품이 주는 본 뜻, 즉 자연의 본뜻을 따르겠다는 선언이다. 차와 같이 기호의 극치와 취미의 특수한 여건을 가지는 차생활의 특성에 매우 중요한 의미를 부여하고 있다. 또한 『차경』을 읽고 「차부」를 저술하려 했다는 것은 자신이 차를 지극히 좋아함의 실제를 이론으로 확립해서, 육우의 『차경』 경지 이상으로 끌어 올리려는 강한 욕구를 표명한 것이다.

❖ 선비차도정신을 자리매김한 '한荈'과 '파蔱'

'기사왈其辭曰'로 시작되는 「차부」의 본론 첫머리인 이 부분에서는 차의 별칭 명茗, 천荈, 한荈, 파蔱 4가지 다른 이름을 거론하며, 선장仙掌에서 생황生黃까지 32가지의 차명, 산차와 편차의 모양분류와 차산지의 음, 양을 언급하고 있다. 여기서 차의 이름이나 산지에 관한 논의는 생략하고 한재가 고유하게 명명한 '한荈'과 '파蔱'를 중심으로 검토하려 한다. 한재는 차의 별칭으로 명, 천, 한, 파 4종을 들고 있다. 이중 명과 천은 육우의 『차경』일지원에서 거론되는 차의 별칭, '차茶, 가檟, 설蔎, 명茗, 천荈' 중에 나오는 이름이다. 문헌상에 나타난 차의 이칭은 타詫, 가檟, 도荼, 설蔎, 명茗, 천荈, 고로皐盧, 과로瓜蘆, 과라過羅, 선選, 유동遊冬, 수액水厄[68] 등이 사용되었다. 한과 파는 차문헌의 어디에서고 차이름의 분류로서는 찾아볼 수 없고, 다만 『이아爾雅』의 석초釋草편, 『이아주소』 권팔고증卷八考證

---

[68] http://www.lincha.com/Chinese-Tea/cha-china-tea-culture-815.shtml. 2011. 4. 30. 검색

에 "침한장寒漿 육본한작한陸本寒作薨"[69]이라 하여 '薨'이 보일뿐이다. 여기서의 한장寒漿은 곽박郭璞의 주에 따르면 오늘날의 산장초酸漿草로 꽈리를 말하고 있어[70] 한재가 차를 한과 파로 명명한 이유가 무엇인지 명백하지 않다. 이 한과 파를 두고 최영성은 한재의 개결한 삶에 비추어 보고 '한재'라는 이목의 호와 관련이 있을 것이라고 해석하고 있다.[71] '한재'라는 호가 『집현전학사동료록集賢殿學士同僚錄』[72]에 처음으로 그 호칭의 기록이 보인다. '한薨'과 '파菠'의 차명이 '한재'라는 이목의 호와 연결될 것이라는 최영성의 언급에 대해 류건집은 명茗과 천荈이 찻잎의 채취시기에 의해 분류한 차의 이름이라면 '한薨'과 '파菠'는 색향미에 의해서 분류한 차의 이름[73]이라고 이견을 보여주고 있다. '한薨'과 '파菠'는 여느 차 문헌의 차명으로 분류되지 않는 글자로, 한재가 고유하게 사용한 것이 틀림없는 사실이다. 한재가 새롭게 명명한 '한薨'과 '파菠'를 색향미에 의한 분류로 보는 시각에도 한장寒漿과 파채菠菜가 꽈리와 시금치라는 명백한 서지를 가지고 있어 차와 연결시키려는 충

---

69 爾雅注疏五第77頁 卷八考證 http://ctext.org/library.pl?if=gb&file=80275&page=77
70 爾雅注疏五第19頁 http://ctext.org/library.pl?if=gb&file=80275&page=19
71 崔英成 (2003)「한재 이목의 차부 硏究」.『한국사상과 문화』 19 : 487
72 한재종중관리위원회 (1981)『한재문집』. 서울, p. 280
73 류건집 (2009)『다부주해』. 이른아침. 서울, pp. 80 - 100

분한 근거가 나타나 있지 않고 심정적인 추론인 것이 아쉽다. 『이아주소』 권팔고증의 "蔎寒漿 陸本寒作蔆"에 대한 이후의 연구가 더 필요하다.

마단림馬端臨(1254 - 1323)의 『문헌통고文獻通考』 「각차고」에는 없고 「차부」에만 보이는 선장仙掌, 뇌명雷鳴, 조취鳥嘴, 작설雀舌은 『전당시全唐詩』 「천명록荈茗錄」, 『차보茶譜』 「천명록」, 『신당서 · 예문지』의 『유우석집劉禹錫集』 등의 다양한 문헌에서 보이는 차명이다. 이것은 한재가 저술을 함에 면밀한 고증을 거쳐서 확정하는 한재의 학문태도를 보여주는 것이며, 그가 차에 대해서 얼마나 해박한가를 말해준다. 더구나 고유하게 명기하여 사용한 '한蔆'과 '파波'의 경우는 한재자신의 독창적인 견해를 밝힐 정도로 차이론가로서의 면모를 드러내고 있다.

「차부」 병서에서 밝혔듯이 육우의 『차경』을 읽은 뒤부터 차츰 차의 성품을 터득하였다는 것을 볼 때 『차경』에 명기된 차, 가, 설, 명, 천을 인용할 법도 한데, '한蔆'과 '파波'와 같은 벽자僻字를 명기함에는 한재만의 특별한 함의를 가지는 것으로 여겨진다. 『차경』 「일지원一之源」에서 "차라는 글자는 초두⺾를 쓰기도 하고 나무목木변을 쓰기도 하고, 혹은 초두와 나무목변을 합하여 쓰기도 한다.[其字, 或從草, 或從木, 或草木竝]"[74]라고 되어 있다. 한재가 이름붙인 한蔆과 파波의 글자에도 초두⺾를

---

74 짱유화, 『煮茶學』. 도서출판 국차미디어, 2011, p. 52.

사용한 것은 분명 위와 같은 맥락으로 차를 나타내고자 했을 것이다. 한재의 학문태도로 보아 이 '한蘹'과 '파菠'의 명기는 매우 신중한 선택이었을 것이다. 이것은 『차경』을 참고한 중국의 차를 우리나라 차로서의 새로운 자리매김과 선비의 차정신을 담아내려는 의미가 컸을 것으로 보인다.

'한'과 '파'의 의미를 「각차고」나 『송사』 「식화지食貨誌」에서는 언급되지 않은 차명인 선장, 뢰명, 조취, 작설과의 연관성을 검토하였으나 타당한 논의를 이끌어 낼 근거를 발견하지 못하였다. 이는 최영성이 논의한 바와 같이 한재의 호와 연관지어 생각할 수 있으나, 더 자세한 논증이 필요하므로 새로운 연구를 기대한다.

❖ 「차부」에 나타난 차의 정신경계

「차부」의 결론은 '기뻐 노래한다.[喜而歌曰]'로 시작하여 '오심지차吾心之茶'로 맺는다. '내가 세상에 태어남에 풍파가 모질다.[我生世兮風波惡]'라고 하는 대구는 한재의 짧은 생에 비추어볼 때 묘한 아픔을 자아낸다. 한재 자신의 험난했던 삶의 역정을 차의 오공, 육덕으로 다스렸다는 말일 것이다. 밤낮으로 차와 더불어 함께하며[花朝月暮] 양생을 도모하기도 하고 즐거움을 나누기도 하며, 차는 도무지 싫어할 수 없는 물건인 것이다. 화조월모花朝月暮[75]는 『구당서』「나위전羅威傳」의 "매화조월석每花朝月夕 여빈좌부영與賓佐賦詠"과 『제요록提要錄』의 "이월십오일위화조二月十五日爲花朝 팔월십오일위월석八月十五日爲月夕"에서 연유하고 있다. 이는 곧 차가 가지는 양생의 수단을 뛰어 넘어 '내 마음의 차'로 승화된 차도사상을 창출하고 있다. 차생활은 일상을 온전하게 하기 때문에 늘 마음이 각성되어 일부러 노력하지 않아도 이미 절로 성성하게 깨어있게 한다. 그러한 "천군이 곁에 있어 두려워 경계하여 이르되, 삶은 죽음의 근본이요, 죽음은 삶의 뿌리이다.[傍有天君 懼然戒曰 生者死之本 死者生之根]"[76]라는 한재 자신의 생사초탈의 자세를 확인하는 듯하다. 여기서 천군이란 오관을 다스리는 마음을 뜻하는 것으로 『순자』의 천론天論[心居中虛, 以治五官, 夫是之謂天君][77]에 근거하고 있다. 또 '생자사지본生者死之本 사자생지근死者生之根'은 황제의 『음부경陰符經』의 하편에 나온다. 한재 사상의 본령이 유학임에도 『음부경』을 인용하는 것은 상당히 도선사상에 마음이 열려 있음을 말해준다. "안만 다스리면 밖이 시든다.[單治內而外凋]"[78]라고 하는 것은 반

---

75 劉昫等編, 『舊唐書』 卷181 - 列傳第131. http://www.guoxue123.com
76 이목(1631), 「차부」. 『李穆事集』 卷一. http://db.itkc.or.kr
77 『荀子』. http://ctext.org/xunzi/zh
78 班固. 「幽通賦」. 『文選』 卷14. http://www.guoxue123.com/jijijibu/0201/00zmwx/014.htm

고 班固의「유통부幽通賦」에서 보이며, 『장자』의「달생」편 단표單豹 고사에서도 보인다. 단표와 장의張毅의 고사를 통해 안과 밖이 잘 조화를 아울러야 훌륭한 양생을 이룰 수 있음[豹養其內而虎食其外 毅養其外而病攻其內][79]을 경계한 고사이다. 한재는 혜강嵆康의 바깥을 강조한 양생을 경계하고 차를 통하여 안과 밖이 조화로운 양생이 이루어짐을 강조한 것이라 본다. 한재는 『논어』「옹야」에 나오는 '지자요수인자요산知者樂水仁者樂山'의 요수요산에서 지혜로운 사람의 성품과 어진 사람의 성품이 조화를 이룬다는 것에 근거하여, 허령한 마음은 지수智水에 띄워주고 좋은 곡식은 인산仁山에 심어 안팎이 조화로움을 이루어 줄만한 것이 바로 차라고 말했다. 또 "정신이 기운을 움직여 묘경에 들면, 즐거움은 꾀하지 않아도 저절로 이르게 되리.[神動氣而入妙 樂不圖而自至]"[80]라는「차부」의 결론의 마지막 이 구절은 불가에서 말하는 차선삼매와 같이 차심일여의 지극한 경지를 말한다. '신동기이입묘神動氣而入妙'는『한서』「서전상敍傳上」에 "정통령이감물혜精通靈而感物兮, 신동기이입미神動氣而入微"라는 구절이 나온다.「허실생백부」에서도 그대로 차용하고 있다. 이러한 신동기이입묘神動氣而入妙 낙부도이자지樂不圖而自至의 차심일여 결과는 자연히 "이 또한 내

---

[79] 「莊子」. http://ctext.org/zhuangzi/zh
[80] 이목(1631),「차부」.『李評事集』卷一. http://db.itkc.or.kr

마음의 차이니 어찌 꼭 저것에서만 구하겠는가.[是亦吾心之茶
又何必求乎彼也]"[81]의 결구를 맺으며 한재의 차정신에 있어서
'오심지차'의 지고한 경지를 노래하고 있다. 여기서 '저것'이란
차를 지칭한 말로 그의 차도사상은 양생의 실제 차에서 내 마
음의 차로 승화시킨 오심지차로 바로 신묘자락한 심차의 경지
라 할 수 있다. 한재의 차생활이 '낙부도이자지樂不圖而自至'인
'오심지차'의 경지로 체달되어 있는 일상이라면, 부賦 짓기에
능하고 사물을 있는 그대로 직시하는 고결한 성품의 한재가
「차부」를 저술함은 필연이라 할 수 있을 것이다.

---

[81] 이목(1631), 「차부」, 『李評事集』 卷一. http://db.itkc.or.kr

도학사상과 노장사상이 융합된 심차사상

한재의 「차부」에 나타난 차도사상의 성격은 인의예지를 중시하는 유교적인 특성, 양생론, 신선사상을 강조하는 도교적인 특성이 잘 어우러진 심차정신이라 할 수 있다. 최일범은 한재의 이러한 심차정신을 두고, 죽음마저 초월한 신선의 경계로 표현되지만 동시에 태산을 올라 천하가 작다고 했던 공자의 호방함과 맹자의 호연지기를 가리키기도 한다고 했다. 심차는 세속과 초월, 신선과 선비의 경계를 허물어버리는 도구로써 마치 대승불교의 공이 "공 또한 공하다.[空亦復空]"라고 하여 초월마저 초월하는 제3의 논리인 것과 같다고 하여 그 속에는 유교적 의리를 지키기 위해 죽음을 불사하는 도덕주의와 도교적 망아를 추구하는 초월주의가 공존함을 밝히고 있다[82]고

---

[82] 崔一凡(2007), 「한국다도문화의 哲學的 해석」, 동양미학과 문화사업의 발전. 산동대학교 문예미학연구소 · 성균관대학교 동양철학과 BK21사업단. 산동, p. 3.

하였다.

한재는 단순한 음차의 기호만을 강조한 차생활이 아니고 차도가 가지는 정신수양을 강조하였다. 「차부」 이전의 전문 차서가 전무한 우리나라에서 육우의 『차경』과 노동의 「칠완차가 七碗茶歌」 등을 두루 섭렵하고 『문선』에 실린 대표 부의 사상이나 문체방식을 인용하면서 많은 성현, 은일, 청렴 아사들을 등장시켜 「차부」를 저술했다. 특히 차의 칠효, 오공, 육덕과 결론부분에서 보여준 그의 차도사상은 공맹의 유학사상과 도가사상을 융합시켜 혼융무애한 차도정신을 구사하여 독창적인 차서를 저술하였음을 볼 수 있다. 또한 차의 정신적 즐거움을 정신수양으로 끌어올려 차심일여의 사상에 '오심지차'라는 한국고유의 차도정신을 드러내고, 차의 이명으로 '한蹇'과 '파波'를 명명하여 우리나라 고유의 차정신을 강조하고자 했던 부분도 함께 높이 평가되어야 할 부분이다. 「차부」에서 도학사상과 노장사상이 어떻게 융합되어 심차사상으로 나타나는가를 살펴보자.

❖ 「차부」의 노장적 요소

한재의 사상전반을 이해하기에 중요한 단서가 되는 「허실생백부」에서 노장사상을 강조하고, 「차부」에서는 도가적 표현을 광범위하게 수용하였다. 언어와 문자는 사고와 직접적인 관련이 있으므로 그가 도가문자를 즐겨 사용한 것은 도가사상에 심취했음을 증명하는 근거이기도 하다. 「허실생백부」를 지으면서까지 노장사상을 펴려는 학문적 태도를 보였으므로 그가 사용한 도가적 언어를 살펴볼 필요가 있다.

'공앙갈갈崆峨嶱嶱, 험희險巇, 액죄呃啴, 암얼嵒嶭 당망嵣㟅, 할연혹절豁然或絶, 엄연혹은崦然或隱 국연혹착鞠然或窄, 영수혜 함아靈禽兮翎鵐, 준준사사蓴蓴蓑蓑'[83] 등 차의 생육환경에서 사용한 용어들은 장형張衡의 「남도부南都賦」를 옮겨놓다시피 하였다. 장형의 「사현부思玄賦」 또한 한재의 「차부」에 여러 측면에서 영향을 많이 미쳤는데, 이 또한 장자의 현허한 도의 사상이 깔려 있는 작품이다. 「차부」의 저술 내용이나 기조 면에서 「사현부」와 유사한 공통점이 많이 보인다. 「차부」의 '희이가왈'로 마무리 짓는 부분과 「사현부」의 '계왈系曰'로 시작하는 결론부분은 도가의 현허세계에 심취하면서도 유가의 면모를 잃지 않는 것으로, 그 형식 기조가 매우 유사하다. 한재가

---

83 이목(1631), 「차부」. 『李評事集』 卷一. http://db.itkc.or.kr

즐겨 참고한 『문선』의 부를 대표하는 작품들은 대부분 현풍玄風을 띠고 있다. 또 '기화서초奇花瑞草', '금벽주박金碧珠璞' 등은 도교적 그림에 등장하는 표현양식이나 인용문체의 선택은 다른 차서에서 볼 수 없는 한재 특유의 독특한 묘사라 할 수 있다. 한재는 차를 끓이는 전차煎茶 부분에서 '경신輕身', '백석白石', '금단金丹' 등의 단어를 구사하며 도교적인 경지를 나타내고 있다. 여기서 "백석 삶음을 비루하게 여기고 금단 익힘에 견주어 보네.[陋白石之煮 擬金丹之熟]"[84]라고 한 것은 차살림이 단순히 육체적 양생만이 아니고 정신적인 수양면과 관계됨을 강조한 것이라 볼 수 있다.

차 일곱 잔의 효능에서는 신선, 색마경둔色魔驚遁, 찬시맹롱餐屍盲聾, 운상雲裳, 우의羽衣, 백란白鸞, 섬궁蟾宮, 상제上帝, 현허玄虛, 봉래산蓬萊山 등의 용어를 빌어서 노장의 현허한 도나 신선사상을 구사하고 있다.[85] 특히 여기서는 공맹의 항지·양기 정신을 들고 소보巢父·허유許由와 백이伯夷·숙제叔齊의 은일을 앞세운 유교사상과 신선사상을 번갈아 융합시켜 차의 효능을 말하고 있다. 여기서도 역시 공자의 '부귀여부운富貴如浮雲'이나 맹자의 '호연지기'를 상통시키고 있다. 이로써 자유로운 영혼으로 초탈해서 차를 통해 심신을 단련하여 청허

---

84 이목(1631), 「차부」, 『李評事集』 卷一. http://db.itkc.or.kr
85 이목(1631), 「차부」, 『李評事集』 卷一. http://db.itkc.or.kr

한 자기완성과 더불어 심心, 기氣, 신身, 신령神靈의 합일의 경지로 다가가는 궁극적인 수양의 면모를 볼 수 있다.

차의 다섯 가지 공을 말하는 부분에서 보이는 '천태산유인天台山幽人'과 '청성산우객靑城山羽客'은 한재의 도선풍의 대표적인 표현이다. '석각허기石角噓氣', '송근연정松根鍊精', '낭중지법囊中之法', '삼팽지고三彭之蠱'[86] 등 또한 혜강의 『양생론養生論』과 갈홍葛弘의 『포박자抱朴子』 등에서 등장하는 용어들이다. 구도, 수양의 방해물을 없애고 욕구제어를 하는 데는 차가 최상이라는 것이다. 이와 같이 한재는 차를 단순한 목마름의 해소나 즐거움을 나누는 꺼리로만 생각하지 않고 끊임없이 육체적인 단련과 정신적인 수양의 의미로 끌어올리고 있음을 볼 수 있다.

차의 여섯 가지 덕을 논하는 부분에서 "사람으로 하여금 신선이 되게 하니 황제나 노자의 덕을 갖춤이요.[使人仙 有黃帝 老子之德焉]"라고 하여 인의를 실현했던 황제의 선경덕仙境德과 노자의 무위자연의 경지를 말하고 있다. 차에는 노자의 덕을 갖추고 있다고 한재가 직설한 그 덕은 무엇인가? 아마도 차가 가지는 성품의 자연성을 노자의 자연관과 일차적으로 연계시켜 보는 것이 매우 적절하지 않을까 여긴다. 노자는 무위자연의 도를 노래하며 물욕이나 인위적인 작위에 의해 상실

86　이목(1631), 「차부」. 『李穆事集』 卷一. http://db.itkc.or.kr

된 인간의 본성을 회복하고자 했던 것이다. 노자나 장자는 모두 '도'에 대한 관조를 말하고 있는데 도는 우주 본체의 생명이고 시원이며 그 도는 바로 자연을 말한다. 차 또한 내면을 성찰하며 자신을 돌아보며 고요히 본성을 찾아가는 관조로 구도의 길을 제시한다.『노자』 25장에서 자연이란 '저절로 그렇게 되는 것[道法自然]'[87]을 말하고 있다. 한재가 차에는 요순의 인수덕仁壽德, 유부편작兪附扁鵲의 치병덕治病德, 백이양진伯夷楊震의 기청덕氣淸德, 이로상산사호二老商山四皓의 심일덕心逸德, 희공중니姬公仲尼의 예양덕禮讓德과 더불어 황제 · 노자의 선경덕仙境德의 여섯 가지 덕이 있음을 노래하고 있다. 이는 단순히 노자의 덕만 높이려 한 것이 아니고 인간생활에 필요한 모든 분야의 본이 되는 성현과 은일의 청렴고사들과 아울러 공맹사상과 노장, 신선사상을 융합시켜 특히 차가 가지는 중화(中和)의 덕을 언급하려 했음이다.

「차부」의 결론에서는 차의 양생의 의미를 새기고 차가 화조월모에 즐길만한 물건임을 언급하고 있다. 그러면서도 차를 두고 늘 곁에 천군[心]이 있음을 두려워 경계하며 "삶은 죽음의 근본이요, 죽음은 삶의 뿌리라 하네.[生者死之本 死者生之根]"[88]라고 하여『황제음부경黃帝陰符經』하편을 그대로 인용하고

---

87 『老子』. http://ctext.org/dao-de-jing/zh
88 『黃帝陰符經』. http://ctext.org/yinfujing/zh

있다. 이것은 생과 사를 하나로 보며 세상에 태어나서 풍파가 모진 한재 자신이 생사를 초탈한 삶에서 구도 자세가 드러나 있는 대목으로 모두 신선, 도가관련 내용들이다. 그러면서도 한재는 '빈 배를 지수智水에 띄우고 좋은 곡식을 인산仁山에 심는 것'[89]으로 그의 학문의 본령인 유학으로 돌아와 차를 두고 치심수양을 강조하고 있다. 또한 "정신이 기운을 움직여 묘경에 이르면, 즐거움은 꾀하지 않아도 저절로 이르게 되리. 이 또한 내 마음의 차이니 어찌 꼭 저것에서만 구하겠는가."라고 하며 '오심지차'로 맺은 결론은 한재의 차도사상이 심차사상으로 승화된 정점이라 할 수 있다. 또한 '신동기이입묘神動氣而入妙, 낙부도이자지樂不圖而自至'라 한 것도 차도의 높은 정신수양의 경지를 이르며, 그 결과 차심일여의 심성수양과 오심지차의 한재 차도가 궁극의 목표점에서 만나게 하고 있는 것이다.

「차부」에서 보이는 도가관련 문체를 통해 한재의 도가사상의 심취 내용을 살펴보았다. 한재는 단순한 학문적 기호만으로 도가사상에 심취했다기보다는 차도가 가지는 정신수양의 측면을 도가사상의 수용으로 강조하였고, 그 학문의 기본인 도학에 융합시켜 무애한 차도정신을 구사하였음을 볼 수 있다. 이러한 차의 정신적 즐거움을 정신수양으로 끌어 올려 '오심지차'라는 한국고유의 차도정신인 심차사상을 드러내었다.

---

[89] 이목(1631), 「차부」, 『李評事集』 卷一. http://db.itkc.or.kr

❖ 차의 칠효七效·오공五功·육덕六德에 나타난
  항지양기抗志養氣와 현허낙도玄虛樂道의 융합

한재는 도가에서 사용하는 용어들을 「차부」에 자주 사용한다. 이는 노장의 현허지도와 신선사상이 「차부」의 바탕에 깊이 깔려 있음을 말한다. 「차부」의 기술 문체를 부로 선택한 것도 부가 가지는 노래와 산문이 얽혀 직설을 피하고 흥의 수법으로 노장경향의 자유로운 사상을 흔쾌하게 펼칠 수 있도록 뒷받침한다고 볼 수 있다. 이 도가사상과 신선사상은 대부분의 다른 차서에서도 그 바탕에 깔려 있다. 「차부」가 오랫동안 문집에만 묻혀있었던 이유가 유가에서 볼 때, 「차부」가 가지는 도가경향이 강한 수양방법 때문에 유가가 문제 삼는 성리학과의 이단성 노출에 대한 우려일 수 있다고 본다. 「차부」에서 공맹의 항지양기抗志養氣와 도가의 현허낙도玄虛樂道의 정신을 당당하게 융합하고 있음이 한재의 독특한 차도사상이라 할 수 있다.

차의 칠효와 오공, 육덕에서 유교사상과 신선도가사상을 번갈아가며 구사하여 서로를 결합시키고 있다. 일곱 사발의 차의 효능에서 공맹과 노장이 어떻게 만나는지를 살펴보기로 한다.

먼저 세 잔의 차를 마시고는 마른 창자를 깨끗이 하고 병든 몸이 깨어남과 맑은 혼은 신선이 되려 함을 대비시키더니 그 마음이 마치 "공자가 부귀를 뜬 구름으로 여긴 것 같이 높은 뜻 세우니 맹자가 호연지기를 길렀던 것 같구나.[心兮若魯叟抗志於浮雲 鄒老養氣於浩然]"라고 결론을 맺는다. 넷째 잔과 다섯째 잔에서는 웅건하고 호방한 기개가 피어나서 태산에 올라 천하를 작게 여긴 '등태산이소천하登太山而小天下'의 기운과 구름 치마에 깃털저고리 입고 흰 난새를 채찍질하여 월궁으로 가는[雲裳而羽衣 鞭白鸞於蟾宮] 몸으로 대비시켜 융합하고 있다. 이어 마지막 두 잔에서는 소보·허유와 백이·숙제를 앞뒤로 세우고 현허에서 상제께 읍하는 것 같은[神兮若驅巢許而僕夷齊. 揖上帝於玄] 영혼에 울연히 맑은 바람이 흉금에 일어 봉래산을 마주하고 있다. 이와 같이 공맹과 노장이 융합되어서야 차정신의 의경을 온전하게 노래할 수 있음을 볼 수 있다.

　차의 오공에서는 유가의 현인들을 등장시켜 차의 해갈解渴, 서울紓鬱, 조화調和, 해정解醒의 공과 도가의 유인우객을 들어 삼팽의 고를 정화하는 공으로 대비하여 차의 공을 논하고 있다. 차의 육덕에서도 요순의 인수덕, 유부·편작의 치병덕, 희공·중니의 예양덕으로 유학사상을 내보이고, 백이·양진의 기청덕, 이로·사호의 심일덕과 황제·노자의 선경덕으로 도가사상을 만나게 하여 차의 덕을 구사하고 있다. 또한 「차부」 결론에서도 황제와 혜강의 신선사상을 드러내고는 지수인산의 유교사상에 입각한 치심구도治心求道로 귀결시켜 강조한다. 그리고는 정신이 기운을 움직여 묘경에 이르면, 즐거움은 꾀하지 않아도 저절로 이르게 된다는 신묘자락의 '오심지차'로 차 정신 묘수의 절정을 보이고 있다. 이와 같이 「차부」는 전체적으로 유학사상의 치심수양 바탕위에 노장사상의 심재心齋·좌망坐忘이 합치되어 자유로운 정신경지를 추구하고 있다. 한재의 학문적인 본령은 누가 보아도 유학이다. 유자로서 의리정신의 도학사상에 투철하여 김종직의 문인이라는 이유로 무오사화의 참화를 입었던 것으로 그의 사상의 대표성이 드러난다. 그러나 그의 저술을 통해서는 유자 입장과 도가경향의 두 사상으로 드러남을 볼 수 있다. 그의 과거시험답안이었던 「천도책天道策」, 「인재득실책人才得失策」, 「치란흥망책治亂興亡策」의 삼책三策과 「삼도부三都賦」와 「홍문관부弘文館賦」의 이부二賦를 통하여 유자로서의 사상을 공식적으로 드러냈다면, 나머지 부 작품을 통해서는 한재가 특별히 나타내고자 했던 사상을 자유롭게 드러냈다고 볼 수 있다. 한재가 유자이면서도 노장사상에 심취했던 것을 특별히 강하게 드러냈다고 볼 수 있는 것이 바로 「허실생백부」와 「차부」다. 「허실생백부」에서 읊었던 노장사상이 그대로 「차부」에 확실하게 녹아나서 차를 통한 정신수양의 심학을 드러냈다. 그러므로 「차부」는 과거답안의 저술에서 보는 그의 본령적인 도학사상과 「허실생백부」에서의 자유로운 노장심취의 사상이 함께 혼융해서 만나는 한재 특유의 차도사상을 담고 있다.

한재는 차의 칠효·오공·육덕을 노래하면서 도가사상을

유교사상과 융합하여 「차부」를 저술하였다. 한재는 학문의 본령이 유자로서 도학에 근원을 두고 '부오도 벽이단'의 의리를 실천함을 생명으로 삼았다. 그러한 그가 신선사상이나 도가의 철학에 비중을 두고 심취하여 언급한 것은 그의 학문적인 태도가 자유롭게 열려있고 생사를 뛰어넘을 수 있는 사상의 여유로운 품성 때문이다. 이러한 품성함양은 「차부」의 결론에서 보이는 심차수양의 깊이로 가능함을 알 수 있다.

「차부」의 결론의 마지막 구절인 "정신이 기운을 움직여 묘경에 들면, 즐거움은 꾀하지 않아도 저절로 이르게 되리. 이 또한 내 마음의 차이니 어찌 꼭 저것에서만 구하겠는가."라는 '오심지차'는 장자의 '심재心齋'와 상통하고 있다. 「허실생백부」에서도 "마음이 신령한데 통하면 사물을 감화시킬 수 있고, 정신이 기를 움직이게 하면 묘경에 들 수 있다.[精通靈而感物兮, 神動氣而入妙]"라고 말하고 있다. 이 '신동기이입묘. 낙부도이자지'의 경지는 장자의 '좌망坐忘' 경지와 상통하는 것이다. 또한 '낙부도이자지'의 경지는 『논어』「술이」편에서 공자가 순임금의 음악인 소악韶樂을 듣고 배우는 동안 고기맛을 잊고 마음이 전일해서 "음악을 만든 것이 이 경지에 이를 줄은 생각하지 못했다.[子在齊聞韶, 三月不知肉味, 曰:不圖爲樂之至於斯也]"[90]라고 한 경지와 진배없을 것이다. 이러한 무위자연

---

90 『論語』. http://ctext.org/analects/zh

의 노장경향은 신라시대부터 고유한 풍류사상으로 이미 자리 잡고 있었다. 즉 최치원의 「난랑비서」에서 볼 수 있는 삼교회통의 사상과 신라 화랑도들의 풍류사상을 바탕으로 한 것이다. 또한 유불이 융합된 차선일미의 고려 수양차도도 기반하고 있다고 본다.

❖ 신묘자락神妙自樂의 오심지차

「차부」의 '희이가왈'로 시작하는 결론의 핵심은 '오심지차'이다. '시역오심지차是亦吾心之茶'의 '이것[是]'은 앞문장의 '정신이 기운을 움직여 묘경에 이르면, 즐거움은 꾀하지 않아도 저절로 이르게 되리.'라는 '신동기이입묘 낙부도이자지'를 두고 '내 마음의 차[吾心之茶]'로 받았다. 따라서 이 오심지차는 신묘자락의 경지로 승화시킨 심차 임을 알 수 있다. 다음의 「차부」에서 차를 달이는 전차 장면을 보면 신묘자락의 심차 경지가 여실히 드러난다. 선비로서 손수 차를 달이면서 찻물이 끓어오르는[91] 구체적인 사실을 매우 문학적으로 묘사하고 있고,

---

91 이목(1631), 「차부」. "搴玉甌而自濯 煎石泉而旁觀白氣漲口 夏雲之生溪巒也. 素濤鱗生 春江之壯波瀾也. 煎聲颼颼 霜風之嘯篁柏也. 香子泛泛 戰艦之飛赤壁也.", 『李評事集』卷一. http://db.itkc.or.kr

호방한 기운이 도는 문장력을 구사하고 있다. 또한 잔잔하면서도 장자의 소요유逍遙遊의 기상을 곁들이고 있다. 이는 마치 집중하면서 그것에 얽매이지 않고 그대로 두는 것 같으면서도 방일하지 않는 자연 그대로의 현상을 있는 그대로 바라보며 무심히 차 우리는 행위를 알아차림 속에서 즐기고 있는 신묘한 즐거움이다. 그렇게 우린 차 한 잔을 두고 "문득 절로 웃음을 띠며 자작하니 어지러운 두 눈동자 명멸하네."[92]라고 읊고 있다. 이 대목은 마치 장자의 「인간세」편에서 좌망의 '동어대통同於大通' 경지와 같다. 문득 절로 웃음을 띠며 스스로 마시는 차라면 무거운 몸을 가볍게 하고, 묵은 병을 씻게 하며, 시름을 달랠 수 있는 것도 능히 절로 이루어지는 것이다. 이와 같이 신묘자락한 심차의 경지는 혜강의 『양생론』에서 보이는 청허정清虛靜의 경지와도 흡사하다. 양생을 잘 하는 사람은 "맑고 텅 비고 고요하고 편안한 마음으로 사사로운 욕망을 줄인다.[清虛靜泰 少私寡欲]"라고 하며, 또 "무위자연의 도를 터득하니 신체는 오묘해지고 마음은 신비해져, 기쁨을 잊은 후에 즐거움이 넘쳐나고, 생명을 버린 후에 불사不死의 몸이 남게 된다."[93]라는 것과 통하고 있다. 또 『노자』 16장의 "완전히

---

92 이목(1631), 「차부」. "俄自笑而自酌 亂雙眸之明滅" 『李評事集』 卷一. http://db.itkc.or.kr

93 嵇叔夜 「養生論」. "無爲自然 體妙心玄 忘歡而後樂足 遺生而後身存", 『文選』 卷 53. http://www.guoxue123.com

비우고 아주 조용함을 지키라. 만물이 다함께 자라나고 있지만, 나는 오히려 그 되돌아감을 보나니, 저 만물은 무성하지만 각기 그 뿌리로 되돌아간 것을 고요함이라 하고 이를 일러 명命을 회복한다고 한다.[致虛極 守靜篤 萬物並作 吾以觀復 夫物芸芸 各復歸其根 歸根曰靜 是謂復命]"라고 하는 것과 상통하는데 여기서 말하는 관복觀復은 바로 관조를 뜻하고 '아자소이자작俄自笑而自酌'과 연결시킬 수 있다.

「차부」의 차림풍광 단락에서 "풀은 고갱이 있으나 아직 움트지 않았고, 나뭇잎은 뿌리로 돌아갔다가 다시 가지로 옮기려 한다.[草有心而未萌 木歸根而欲遷]"라는 것의 '목귀근이욕천'도 바로 노자의 '복귀기근復歸其根'으로 연결된다. 한재가 차를 마심에 일곱 차사발의 효능을 심心, 기氣, 신身, 신神으로 축약하고, 웅건하고도 호방한 필치로 노래함으로써 공맹과 노장사상을 어떻게 융합시키는지 다음 문장[94]을 통하여 살펴보자.

나의 마음! 공자가 부귀를 뜬 구름으로 여긴 것 같이 높은 뜻 세우니 맹자가 호연지기를 길렀던 것 같구나.
[心兮 若魯叟 抗志於浮雲 鄒老養氣於浩然]

---

94 이목(1631), 「차부」. 『李評事集』卷一. http://db.itkc.or.kr

나의 기운! 태산에 올라 천하를 작게 여긴 것과 같으니, 아마도 이 기운 천지로도 용납할 수 없을 듯하네.
[氣兮 若登太山而小天下 疑此府仰之不能容]

나의 몸! 구름 치마에 깃털저고리 입고 흰난새를 채찍질하여 월궁으로 가는 것 같구나.
[身兮 若雲裳而羽衣 鞭白鸞於蟾宮]

나의 영혼! 소보와 허유 앞세우고, 백이와 숙제 따르듯 하여 현허에서 상제께 읍하는 것 같구나.
[神兮 若驅巢許而僕夷齊 揖上帝於玄虛]

위에 나오는 마음·기운·몸·영혼을 고루 일깨우는 차생활의 효능을 읊으며 차가 심, 기, 신, 신을 각성하는 정신수양의 덕목으로 매우 높은 위치에 있음을 일러주고 있다. 차의 칠효에서 공맹의 항지·양기와 청풍생금淸風生襟·봉래소삼蓬萊蕭森을 대비시켜 바람이 흉금에 일고, 하늘 바라보니 울창한 봉래산이 매우 가까운 듯하구나.[鬱淸風之生襟望閶闔兮孔邇隔蓬萊之蕭森]"라고 하였다. 그리고 소보·허유와 백이·숙제의 은일과 현허상제玄虛上帝의 자적自適을 대비시켜 걸림 없는 영혼으로 공맹과 노장의 사상을 융합하고 있다. 한재는 「허실생백부」에서 허실생백虛室生白으로 심체본명心體本明을 밝히고 「차부」에서 노장의 현허의 도를 말하지만 애초부터 노장 사상에 매몰되어버린 것이 아니고 그 좋은 점을 취하여 유가의 사상과 융합시켜 한층 더 승화된 사상으로 자신감 넘치게 신묘자락의 오심지차의 경지로 끌어 올렸다. 한재의 사상에서 유자로서의 공식적 입장인 유학사상과 「허실생백부」의 노장사상이 혼융하여 한재의 차도사상을 더욱 완성시켜 한국 고유의 차도정신으로 승화시킨 것이라 하겠다. "정신이 기운을 움직여 묘경에 들면, 즐거움은 꾀하지 않아도 저절로 이르게 되리.[神動氣而入妙. 樂不圖而自至]"라는 신묘자락의 경지와 "이 또한 내 마음의 차이니 어찌 꼭 저것에서만 구하겠는가.[是亦吾心之茶. 又何必求乎彼也]"의 '오심지차吾心之茶'의 결구가 만나는 신묘자락의 오심지차는 한재의 차도정신에 있어서의 지고한 경지이다.

 본 연구는 한재 이목의 「차부」를 중심으로 심차사상을 규명하였다. 한재 차도사상의 핵심은 '오심지차', 즉 심차사상이다. 한재의 오심지차는 실제 양생의 차에서 내 마음의 차로 승화시킨 신묘자락한 심차의 경지이다. 그의 차도사상에는 '심'이라는 명제가 내재하고 있어서 철학적 경계를 초월하는 차심일여의 특성이 있다. 심차사상의 특성 또한 유자적 엄격함 속에서 낙도의 여유를 즐기는 정신적 경계의 초월성을 내포하고 있다. 심차사상은 항지양기와 현허낙도의 융합으로 신묘자락의 낙도정신을 잘 나타내고 있다. 이는 인仁을 중심으로 유학사상에 철저했던 공자가 시와 예악을 강조하며 정신적 여유를 즐겼던 낙도정신과 같은 맥락이라 하겠다. 우리나라 차도사상에서 신라 풍류차도와 고려 수양차도의 흐름에는 '심'의 요소가 관통하고 있어서, 그것이 조선에 이어져서 한재의 오심지 차로 꽃을 피우고 있다. 이는 차가 가지고 있는 청신한 기운과 중정의 도로 조화된 맛이 사람 마음에 화락을 주는 요소 때문이다. 「차부」의 저술 동기에서 한재는 차의 성품을 터득하여 차의 품격을 현인과 동격으로 여기는 존현사상을 드러냈으며, 차의 성품이 주는 자연의 본뜻을 따르겠다는 선언을 하고 있다.

「차부」에서 한재가 고유하게 명명한 차의 이명인 '한蹇'과 '파波'는 차명에 관해서 한재 자신의 독창적인 견해를 밝힐 정도로 차의 이론가임을 증명하고, 우리나라 차로서의 새로운 자리매김과 선비의 차도정신을 담아내려는 의지가 실린 것으로 그 의미가 크다고 볼 수 있다.

「차부」는 「허실생백부」와 더불어 한재의 철학적 역량을 엿볼 수 있는 빼어난 작품으로 쌍벽을 이루고 있다. 이 두 부에서 보이는 노장수용은 유자적 입장에서 유학 우위의 관점으로 노장을 수용한 것이라기보다는 유학사상과 도가사상을 나란히 두고 있다. 이러한 점은 그가 개인의 심성수양론적 측면을 중시하여, 본래 타고난 성명性命의 근본을 회복하고자 하는 복성復性·복명復命의 심성수양의 의미를 많이 강조한 것이다. 「차부」는 문학성이 매우 높은 경지를 보여주는 부로, 유학사상과 노장사상이 잘 어우러진 차도사상을 보여준다. 즉 다른 차서에 비해 도가사상이 광범위하게 수용된 차도사상을 통해 심성수양이 강조된 차서로써 심오한 차도철학을 담고 있다. 이러한 심차사상은 실제 양생의 차에서 마음의 차로 승화시킨 한국고유의 차론을 펴려고 했던 것에 큰 의미가 있다. 「차부」에서 융합되는 유학사상과 노장사상을 철학적 시각에서 직접 비교, 분석하는 본격적인 사상연구가 필요함은 향후의 과제로 남는다.

제 3 장

한재 이목의 낙도사상

한재寒齋 이목李穆(1471 - 1498)은 김종직의 문인으로 무오사화(1498, 연산군4)의 참화를 입어 28세의 짧은 나이로 생을 마감했다. 그는 영남학파의 영수인 김종직의 문하에서 수학하였으며, 그의 학통은 고려 말 충신 정몽주에서 길재, 김숙자로 이어지는 영남학파로서 성리학의 분명한 체계 위에 있다. 『춘추좌씨전』 읽기를 좋아하고 범중엄范仲淹을 사모했던 그는 조선조의 유학자 중에서 '부오도벽이단扶吾道闢異端'[95]을 몸소 실천함으로써 유생들의 귀감이 되었던 인물이다. 그의 문집 가운데 「차부」는 조선 초기 차에 대한 본격적인 논의를 펼친 글로서 조선조, 특히 조선 전기 사대부士大夫의 차에 대한 인식

---

* 2014년 정부(교육부)의 재원으로 한국연구재단의 지원을 받아 수행된 연구논문(NRF - 2014S1A5B5A07042056). 『차문화·산업학』 제33집에 게재. 본 연구는 한재 학문의 공적태도인 유학사상을 대표하는 낙도사상을 「차부(茶賦)」를 중심으로 고증한 것이다.

[95] 『寒齋集』「墓誌銘」, p.243. "淸陰公曰. …… 常以扶吾道 闢異端爲己任.)"

을 밝히는 데 중요한 자료가 된다. 본 연구는 이목의 「차부」에 나타난 낙도사상을 규명하기 위한 것이다.

한재는 우리나라 차론을 전개함에 있어서 중요한 지표가 되는 인물이다. 그의 차론은 차의 효능이나 기호를 넘어서, 차도를 심신수양의 수단으로 삼았기 때문에 단순히 차를 즐기는 행위를 넘어 그의 삶의 태도와 사상을 담고 있다. 춘추의리의 실천으로 대표되는 한재가 유학자로서의 엄격함 속에서도 낙도정신의 여유를 보여주는 것은 심차心茶가 가지는 특성이라 볼 수 있다. 한재는 시나 단편적인 짧은 글로 차도사상을 언급한 것이 아니라 부賦라는 형식을 통해 완결된 작품으로 그의 차론을 치밀하게 개진하고 있으므로, 그가 심차사상을 드러내기 위하여 분명한 의도를 가지고 「차부」를 저술했음을 알 수 있다.

한국 고유의 사상으로 승화된 심차사상이 담겨 있는 「차부」는 한재의 도학사상과 노장사상이 잘 융합되어 있어 여느 차서茶書보다 높은 정신수양의 세계를 보여주고 있다. 또한 「차부」는 걸출한 부 작품으로 한재 학문의 본령인 도학사상의 심수양 면모를 잘 드러내고 있다.

한재는 내면의 성찰을 매우 중요하게 여겨서 심수양에 대한 관심이 컸다. 「차부」에 나타나는 한재의 차도사상이 도학사상과 노장사상이 융합하여 신묘자락神妙自樂의 오심지차吾心之茶로 승화된 심차정신을 창출하는 성격에 유의하여 연구를 진행하고자 한다. 논자는 한재의 노장사상에 대한 부분을 이미 연구한바[96] 있으므로 본 연구에서는 한재의 낙도정신에 초점을 맞추어 다음 순서로 진행한다.

첫째, 한재 학문의 본령인 도학에 입각한 선진유가의 낙도정신을 고찰하고 한재의 시문에 내재하는 낙도정신을 연구한다.

둘째, 「차부」에 나타난 한재 차도의 수양정신을 고찰하고, 한재 차도사상의 '오심지차'로 응축되는 낙도정신을 연구한다.

유가의 수양정신과 낙도정신에 기반을 두는 심차사상 연구는 우리나라 차도문화계에서도 관심과 의의가 클 것으로 여긴다. 또한 한국에서 사대부의 가장 오래된 대표적인 차론인 「차부」의 낙도정신을 집중 연구함으로써 조선시대의 차도정신의 연원을 새롭게 조명하고, 이를 통해 한국차도문화의 정체성에 지평을 넓히고자 한다.

---

[96] 朴南植,「寒齋 李穆의『虛室生白賦』硏究」『道敎文化硏究』제39집, 한국도교문화학회, 2013.; 朴南植,「老莊思想 融合의 寒齋 茶精神 考察」,『예절 · 차문화연구』제4호, 성균예절차문화연구소, 2014.

유가의 낙도정신

유학儒學은 중국 춘추시대(BC 770 - 403) 말기에 공자가 체계화한 사상으로 수기치인을 핵심으로 한다. 유학은 자기 자신의 수양에 힘쓰고 천하를 이상적으로 다스리는 것을 목표로 하는 학문이며, 그것을 향한 실천이라고 할 수 있다. 한재는 그의 저술 「홍문관부弘文館賦」에서 도통을 문왕, 공자, 자공子貢, 주자周子로 이어놓고 있으며 그의 시문에서 관락關洛[97]을 그리워하는 기술을 자주 볼 수 있다.

문왕께서 돌아가신 뒤로 천하에서 문文을 상실하였고, 하늘이 오직 한 사람에게만 내려 주셨으니, 그 분이 중니仲尼

---

[97] 關洛이란 濂洛關閩之學을 말하며 宋代에 흥성했던 性理學의 周濂溪와 程顥, 程頤형제, 張橫渠, 朱熹 등의 賢人들을 이른다.

이시다. 그러기에 "문이 여기에 있지 않는가?"라고 탄식한 것이 당연하다. 아! 대들보가 꺾인 뒤로는 우리 도가 문사文詞에 붙어 좀먹은 대쪽(고간蠱簡)에 목숨을 의탁하여 실낱처럼 끊어지지 않았다. 단목端木(자공) 같은 사람도 겨우 한번 들을 정도이니, 염계濂溪(주돈이)는 거슬러 올라가 무엇을 궁구하였을까. 그러나 그 근원이 사람의 마음에 있으니, 만고를 지나 거쳐도 하루와 같다.[98]

그 도의 근원은 사람의 마음에 있고, 이는 만고의 세월을 거쳐도 하루와 같다고 하며 '심'을 강조했다. 한재 또한 그 도맥 속에 자신의 존재위치를 확고히 하고, 도를 실천하는 자신의 모습이 추호의 여지가 없음을 보여주고 있다. 한재의 시문은 이러한 도통의 맥락에 근저하고 있으며 그의 절의정신의 실천에서 유가의 성현들이 즐겼던 도의 함축을 느낄 수 있다.

---

[98] 「弘文館賦」, "自文王之沒, 文喪於天下. 惟天獨付之一人 曰仲尼, 宜其嘆文不在茲乎. 嗟梁木之旣頹, 斯道寓於文詞, 托命蠱簡, 不絶如縷. 端木僅得其一聞, 濂溪泝流而焉究. 然其源在於人心兮, 歷萬古如一日."

❖ 유가에서 지향하는 낙도

유가의 도학은 "아침에 도를 듣는다면 저녁에 죽어도 괜찮다."[99]라고 하는 공자의 말로 그 결연함이 보인다. "군자는 도를 도모하고 밥을 도모하지 않는다. 밭을 갊에 굶주림이 그 가운데 있고 학문을 함에 녹祿이 그 가운데 있으니, 군자는 도를 걱정하고 가난을 걱정하지 않는다."[100]라고 했던 공자의 도에 대한 낙도정신이 바로 도학자로서의 한재가 절의로 목숨을 버릴 수 있었던 낙도정신이다. 춘추의리에 투철했던 한재의 낙도정신에 크게 영향을 미친 공자의 안빈낙도에 대해 살펴보자.

어질다 안회顔回여, 한 대그릇의 밥과 한 표주박의 음료로 누추한 시골에 있는 것을 딴 사람들은 그 근심을 견뎌내지 못하는데, 안회는 그 즐거움을 변치 않으니 어질다, 안회여.[101]

---

[99] 『論語』「里仁」, "朝聞道, 夕死可矣." 본고에서 인용한 『論語』, 『孟子』『朱子語類』 등의 원문은 http://ctext.org/daoism/zh[道家 - 中國哲學書電子化計劃]에 의거하였음을 밝힌다.
[100] 『論語』「衛靈公」, "君子謀道不謀食. 耕也, 餒在其中矣 ; 學也, 祿在其中矣. 君子憂道不憂貧."
[101] 『論語』「雍也」, "子曰 :「賢哉回也! 一簞食, 一瓢飲, 在陋巷. 人不堪其憂, 回也不改其樂. 賢哉 回也!」"

공자는 제자 안회를 높이 평가하고 특별히 아꼈다. 안연의 어짊을 칭송함에는 사람들이 견디기 어려운 누추한 곳에서도 '그 즐김을 고치지 않았다[不改其樂]'라는 말로 표현 되었다. 『주자어류』에서도 '불개기락'에 관하여 주자와 제자사이의 문답논의가 매우 활발하다.[102] 그만큼 안회로 통해 나타나는 공자의 낙도의 진의와 낙도의 어려움에 대하여 질문이 많고 주자는 성실하게 답을 펴야할 필요를 보인 것이다.

공자의 낙의 최고 경지는 "거친 밥을 먹고 물을 마시며 팔을 굽혀 베더라도 낙이 또한 이 가운데 있으니, 의롭지 못하고서 부富하고 또 귀함은 나에게 있어 뜬 구름과 같다."[103]라는 '부귀여부운富貴如浮雲'으로 의로움을 세우는 공자의 안빈낙도로 나타나고 있다.

이러한 낙, 즉 즐김의 경지를 조남욱은 "'도'를 향한 앎의 단계를 넘어 그것과 심·신이 일치되는 합일의 경지를 지적하고 있다. '즐김[樂]'의 상태란, 정신과 육체, 생각과 느낌, 지와 행 등 각각의 양면관계에 있어서 일관적으로 상응하여 그 진리의 세계에 이르는 만족의 흔쾌한 심정을 가리킨다는

---

102 『朱子語類』에서의 "不改其樂"의 검색어가 18차례 나온다.
103 『論語』「述而」, "子曰:「飯疏食飲水, 曲肱而枕之, 樂亦在其中矣.不義而富且貴, 於我如浮雲.」"

점이다."¹⁰⁴라고 말하고 있다.

즉 도는 하늘과 자연과 인간이 소통해야 가능하며 이의 결과로 얻어지는 것을 공자는 덕성을 말하였고 맹자는 인의예지로 나타내고, 정자程子는 화락을 강조하였다.

『맹자』「이루상」에서 "인의 실제는 부모를 섬김이고, 의의 실제는 형을 따름이며, 지의 실제는 이 두 가지를 잘 알아서 없애지 않음이요, 예의 실제는 이 두 가지를 적절히 나타내는 것이며, 낙의 실제는 이 두 가지를 즐기는 것이다. 즐기는 것이 곧 삶이다. 살아 있으니 어찌 그만 둘 수 있으랴."¹⁰⁵라고 하여 맹자는 인의예지의 관계에서 최상을 낙으로 맺고 있다.

정명도 또한 『맹자』「진심상」에서 "만물이 모두 나에게 갖추어져 있으니, 몸에 돌이켜보아 성실하면 즐거움이 이보다 클 수 없다."¹⁰⁶의 '낙막대언樂莫大焉'을 풀이하면서 '자신을 되돌아보아 성실하면 크게 즐거울 것[須反身而誠 乃爲大樂]'이라고 그의 대락大樂을 논했다. 즉 "자신을 되돌아보아 아직 성실하지 못하다면 두 개의 사물이 서로 대를 이루고 있는 것과 같

---

104 조남욱, 「儒家에서 지향하는 '즐김[樂]의 경지'에 관한 연구」,『儒教思想研究』第28輯, 2007, pp.211-212.
105 『孟子』「離婁上」, "孟子曰 :「仁之實, 事親是也 ; 義之實, 從兄是也. 智之實, 知斯二者弗去是也 ; 禮之實, 節文斯二者是也 ; 樂之實, 樂斯二者, 樂則生矣"
106 『孟子』「盡心上」, "孟子曰 :「萬物皆備於我矣. 反身而誠, 樂莫大焉. 強恕而行, 求仁莫近焉.」"

으니 나를 가지고 저에게 합하고자 하여도 결국 그렇게 되지 못할 것이다. 어찌 즐거움을 얻을 수 있겠는가."[107]라고 하였다. 주자는 이를 두고 "이 장章은 만물의 리가 내 몸에 갖추어져 있으니, 이것을 체행하여 성실히 하면 도가 내 몸에 있어 즐거움이 유여有餘하고, 서恕로써 행하면 사私가 용납되지 않아 인을 얻을 수 있음을 말씀한 것이다."[108]라고 『맹자집주』에서 주를 달고 있다. 또 "만약 마음속에서 즐거움이 선하면, 싫어하거나 게으른 생각이 자연적으로 없어져서 날로 나아가는 유익함이 있을 것이요, 만약 마음속에 즐거워함이 없으면, 꼭 무엇을 꾸미거나 멈추게 되어 거짓에서 벗어나지 못한다."[109]라고 구체적인 낙의 유, 무에 따른 설명을 하고 있다. 이러한 '낙막대언'의 낙을 두고 이승연은 "자신을 되돌아보아 성실하면 이보다 더 큰 즐거움이 없다는 말은 인을 체현한 사람만이 느낄 수 있는 정신적 경계이다."[110] 라고 낙의 근본을 인의 체현으로 말한다.

---

[107] 『河南程氏遺書』第二上, "若反身未誠 則猶是二物有對 以已合彼 終未有之 又安得樂."
[108] 『孟子集註』「盡心上」(朱子註), "此章言萬物之理具於吾身, 體之而實, 則道在我而樂有餘 ; 行之以恕, 則私不容而仁可得."
[109] 『朱子語類』「論語六」'爲政篇下' '視其所以章', "若是中心樂爲善, 自無厭倦之意, 而有日進之益. 若是中心所樂不在是, 便或作或輟, 未免於僞."
[110] 이승연, 「유가의 여가관: 배움(學)과 즐거움(樂)」 『동양사상과 탈현대의 여가』, 계명대학교출판부, 2006, p.77.

낙도의 기본은 바로 인이다. 공자는 "사람으로 인하지 못하면 예를 어떻게 하며, 사람으로 인하지 못하면 낙을 어떻게 할 수 있겠는가?"[111]라고 하였다 그 인함의 정도를 "안회는 그 마음이 3개월 동안 인을 떠나지 않고, 그 나머지 사람들은 하루나 한 달에 한번 인에 이를 뿐이다."[112]라고 그 어려움을 이르고 있다. 또한 "인하지 못한 자는 오랫동안 곤궁한데 처할 수 없으며 장구하게 즐거움에 처할 수 없으니, 인자는 인을 편안히 여기고 지자는 인을 이롭게 여긴다."[113]라며 공자 스스로 자신을 '즐거워함으로서 걱정을 잊어 늙어가는 것도 모르는 사람'[114]이라고 하였다. 『시경』「관저」를 두고 "즐거우면서도 지나치지 않고, 슬프면서도 화和를 해치지 않는다."[115]라고 하며 낙도의 정도를 조절하고 있다. 또한 "시에서 흥기시키며, 예에 서며, 악樂에서 완성한다."[116]라고 공자의 낙의 완성도를 높여주고 있다. 악樂은 바로 낙과 상통한다.

위와 같이 선진先秦 공맹孔孟과 송유宋儒의 낙에 대한 견해

---

111 『論語』「八佾」, "人而不仁, 如禮何? 人而不仁, 如樂何?."
112 『論語』「雍也」, "回也 其心 三月不違仁. 其餘則日月至焉而已矣."
113 『論語』「裏仁」, "子曰 : 不仁者不可以久處約, 不可以長處樂.仁者安仁, 知者利仁.."
114 『論語』「述而」, "葉公問孔子於子路, 子路不對. 子曰 : 「女奚不曰, 其爲人也, 發憤忘食, 樂以忘憂, 不知老之將至云爾.」"
115 『論語』「八佾」, "關雎, 樂而不淫, 哀而不傷."
116 『論語』「泰伯」, "子曰 :「興於詩, 立於禮. 成於樂.」"

를 살펴보았다. 유가에서는 '수기치인'의 덕목으로 자기 자신의 삶을 숭고하게 여기고 이웃과의 공존을 즐거움으로 인식하고 있어서 몸과 마음이 도에 합일되는 낙도를 최상으로 간주하고 그 경지로 가는 과정에서 배움과 사색을 즐기고 있다. 공자의 낙에 대한 여유의 대표적인 예를 살펴보자. 공자가 제자들을 향해 사람들이 너희들을 알아준다면 장차 어떻게 쓰이기를 원하느냐고 질문을 하자, 증점曾晳은 "'봄에 봄옷이 이미 이루어지면 관을 쓴 어른 5, 6명과 동자 6, 7명과 함께 기수沂水에서 목욕하고 무우舞雩에서 바람 쐬고서 노래하며 돌아오겠습니다' 부자께서 '아!'하고 감탄하시며 '나는 점을 허여한다'하셨다."117라고 대답하였다.

    공자는 수많은 제자 중에서 치밀하게 목적하는 바가 없이 느슨한 어울림의 즐거움을 취하겠다는 증점의 손을 들어주었다. 공자가 감탄했던 증점의 이 대답은 인욕人欲이 다한 즐거움의 여유를 말한다. 다른 제자들은 모두 나라를 얻어 다스리고자 하는 정사의 지엽적인 것에 급급한 것에 견주어 보면 증점의 기상은 달랐다. 이에 주자朱子는 "증점의 학문은 인욕이 다한 곳에 천리가 유행하여 곳에 따라 충만해서 조금도 부족함과 결함이 없음을 봄이 있었다. 그러므로 동정動靜할 때에

---

117 『論語』「先進」"莫春者, 春服旣成. 冠者五六人, 童子六七人, 浴乎沂, 風乎舞雩, 詠而歸." 夫子喟然歎曰:「吾與點也!」"

차분하고 자연스러움이 이와 같았고, 뜻을 말함은 또 자신이 처한 위치에 나아가서 일상생활의 떳떳함을 즐기는 데에 지나지 않았고, 애당초 자신을 버리고 남을 위하려는 뜻이 없었다."[118]라고 주석했다. 정명도 또한 "공자께서 증점을 허여하셨으니 이는 성인의 뜻과 같은 것이니, 이는 바로 요순의 기상이다."[119]라고 해석했다.

정명도가 주렴계 문하에 있을 때 공자와 안자의 즐거움을 찾아보고 어떤 일을 즐거워했는지를 알아보라고 하자, 명도는 "주무숙周茂叔을 다시 뵙고, 음풍농월하며 돌아와 '나는 증점과 함께 하리라'는 뜻을 지니게 되었다"라고 말했다.[120] 명도가 함께 하려했던 증점의 정취는 무엇인가?

정명도는 또 그의 어록에서 "성인을 본받고자 하면 모름지기 안자를 본받아야 한다."[121]라고 하였다. 또 "안자의 덕을 갖추면 맹자의 공적은 저절로 이루어진다."[122]고 하였으니, 그의

---

[118] 『論語集注』「先進第十一」(朱子註), "曾點之學, 蓋有以見夫人欲盡處, 天理流行, 隨處充滿, 無少欠闕. 故其動靜之際, 從容如此.而其言志, 則又不過即其所居之位, 樂其日用之常, 初無舍己爲人之意."

[119] 『論語集注』「先進第十一」(朱子註), "又曰 孔子與點, 蓋與聖人之志同, 便是堯, 舜氣象也."

[120] 『宋史』「列傳」第一百八十六 道學一, "敦頤每令尋孔·顔樂處, 所樂何事, 二程之學源流乎此矣. 故顥之言曰: 自再見周茂叔後, 吟風弄月以歸, 有'吾與點也'之意."

[121] 『二程遺書』卷2上, "欲學聖人, 且須學顔子."

[122] 『二程遺書』卷11, "人須學顔子, 有顔子之德, 則孟子之事功子有."

안자에 대한 존숭은 실로 주렴계에 못지않다. 청년시절 명도
는 염계가 가르친 바를 따라, 성인의 도에 나아감에 있어서 누
구보다도 안자를 자신의 사표로 세웠음을 알 수 있다. 안자와
명도는 시간적으로는 천년 너머의 간격을 두고 있지만 두 사
람은 성인의 도를 체득하여, 온화한 인품과 혼융한 기상으로
후세인들의 삶의 이정표가 되었다. 이런 까닭으로 성인을 희
구하고 현인을 바라는 후대의 학자들은 안자와 명도를 나란히
말하곤 한다.[123]

❖ 한재 시문詩文에서의 낙도

한재의 시문을 보면 대자연에서 노닐며 유유자적했던 증점의
인생 태도를 따르겠다고 한 정명도와, 어리석은 사람인양 하며
거의 도에 가까운 삶을 살았던 안회를 흠모하였다. 이는 한재
의 낙도정신의 경향성을 말하는 것이다. 한재는 짧은 생을 춘
추의리정신으로 살았다. 시비선악을 분별하여 가리고 도를 지
키며 목숨 버리기를 주저하지 않았다. 즉 '거인유의居仁由義'

---

[123] 許稱, 『程明道의 天理思想 硏究』, 성균관대학교 대학원 유학과, 2010, p. 20. 참
조.

로 대인의 할 일을 다한[124] 한재 삶의 표본에는 낙도정신이 이미 굳게 자리하고 있었음을 알 수 있다. 이는 『논어』의 "시에 흥하고, 예에 서며, 악樂에 완성한다."에 대한 주자주朱子註에서 "배우는 자가 마지막에 의가 정해지고 인이 완숙해져서 저절로 도덕의 화순함에 이르는 것을 반드시 이 악에서 얻게 되니, 이는 학문의 완성이다."[125]라고 함과 같다. 공자는 "도에 뜻을 두며, 덕을 굳게 지키고, 인에 의지하며, 예에 논다."[126]라든지 "(도를) 아는 자가 좋아하는 자만 못하고, 좋아하는 자가 즐거워하는 자만 못하다."[127]라고 하여 '도'를 얻음이 생에서 최상의 즐거움이라 하였다. 이에 따른 주자주에서 "윤순尹淳이 말하기를 안다는 것은 도가 있음을 안다는 것이요, 그것을 좋아한다는 것은 좋아하지만 아직 체득하지 못한 것이요, 그것을 즐거워 한다는 것은 체득함이 있어 그것을 즐거워 한다는 것이다."[128]라고 주석했다.

한재가 사모했던 인물로 범중엄이 있으며, 한재의 절의정

---

124 『孟子』「盡心上」, "居仁由義, 大人之事備矣."
125 『論語』「泰伯」, "學者之終, 小異義精仁熟而自和順於道德者, 必於此得之 是學之成也."
126 『論語』「述而」, "志於道, 據於德, 依於仁, 游於藝."
127 『論語』「雍也」, "知之者不如好之者, 好之者不如樂之者."
128 『論語』「雍也」, (朱子註) "尹氏曰：「知之者, 知有此道也. 好之者, 好而未得也. 樂之者, 有所得而樂之也.」"

신의 대명사로 따라 다니는 '부오도 벽이단'은 정명도의 뜻을 기린 것으로 꼽힌다. 김상헌이 지은 「묘표음기墓表陰記」에 빠진 내용을 한재의 증손曾孫 구징久澄이 찬술하여 덧붙인 「보유補遺」에 "일찍이 진신搢紳[129]간에 들건대, 공은 젊었을 때 『춘추좌씨전』 보기를 좋아하며 손에서 책을 놓은 적이 없었으며, 일찍이 범중엄의 덕업을 사모하여 벽 위에 써놓고는 경앙하는 뜻을 부쳤다고 한다."[130]라고 되어 있다. 범중엄은 중국 북송 때의 명신으로 간혹 정치인들이 국민을 섬기고 나라를 위한 의정활동을 펴겠다는 마음가짐을 표현하는 '선우후락先憂後樂'의 주인공이다. 이 말은 "천하 사람들보다 앞서서 천하의 근심을 근심하고 천하 사람들보다 뒤에 천하의 즐거움을 즐거움으로 삼는다.[先天下之憂而憂 後天下之樂而樂]"라는 범중엄의 「악양루기岳陽樓記」에 근거한 말이다. 한재가 이 말을 쓴 것은 조정의 잘못됨을 걱정하고 바로잡기 위하여 준절고풍한 기질로 맞이하는 의연함이 범중엄과 상통했기 때문일 것이다.[131]

한재를 문묘에 종사할 것을 청하는 소에서 윤정수尹正洙는 도학실천의 상징인 '부오도벽이단' 여섯 글자가 정명도의 묘

---

129 벼슬이 높고 행동이 점잖은 사람.
130 「附錄. 補遺」, "嘗聞諸搢紳間. 公少時. 好觀左傳. 手不釋卷. 嘗慕范仲淹之德業. 書諸壁上. 以寓景仰之意."
131 朴南植, 「한재 이목의 茶道思想 硏究」, 성균관대학교대학원 박사학위논문, 2012, p. 47. 참조.

표에서 일컬은 '변이단辨異端, 벽사설辟邪說, 성인지도聖人之道 부명어세復明於世'에 연원[132]함을 밝히고 있다. 정명도의 '변이 단, 벽사설'로 "성인의 도가 세상에 다시 밝아졌다."라고 함으로 한재와 연결시키고 있다. 이러한 성인의 도로 하여금 세상을 환하게 다시 밝히는 명도의 길이 한재의 도학정신과 이어진다.

한재의 시문 중에 등장하는 인물로 요순堯舜, 이윤伊尹, 주공周公, 공자, 맹자, 안자顔子 등의 선진유가의 인물이 많이 등장한다. 또한 도통이 끊어진 천여 년의 세월을 이은 송의 주자 周子, 주자朱子 등이 등장하며 그들을 기리는 관락關洛, 염락 濂洛, 선철先哲 등의 표현이 돋보인다. 이는 그의 도덕적 이상세계에 대한 지향의식이 선명함을 밝히며 그 도의 실천적 경지가 낙, 덕, 심, 정 등으로 표현됨을 볼 수 있다. 이구의는 "한재의 지향의식 가운데 가장 강하게 나타난 것이 도덕적 이상세계를 갈망하는 것이다. 그의 시를 보면 요순이라는 말이 자주 등장한다. 요순시대는 누구나 이상으로 생각하는 태평성대요 도덕적 이상세계이다."[133]라고 짚고 있다. 실제 한재의 시문 중에 「영덕 현령으로 부임하는 권향지를 전송하며」라는 시

---

[132] 「請從享文廟疏」, "以扶吾道闢異端六字, 大書特書. 此又程明道墓表所稱, 聖人之道, 復明於世."

[133] 李九義, 「한재 이목의 시에 나타난 志向意識」『韓國思想과 文化』第68輯, 2012. pp.19-20.

의 "십년 동안 요순의 백성 만들려 계획했으니, 남녘고을의 백리의 봄 만들고도 남겠구려.",[134] 「을묘년(1495) 과거에 급제한 뒤 옥당의 여러 선생들이 '청운기초려'라는 글귀에 차운하도록 명하기에 바르게 짓다」라는 시의 "계수나무는 항아전에서 꺾었고 용은 제갈량의 초막에서 이루어졌네. 십년동안 요순을 꿈꾸었건만, 오늘은 취했다 깬 나머지일세.",[135] 「봄날의 회포를 써서 불린자 완익의 책상머리에 오언절구 연두체를 바치다」라는 시의 "장란을 캐고 캐 갓에 가득 꽂다가, 강남에 해떨어지니 내 옷이 차갑구나. 요순천하의 훈훈한 때를 못 만났으니, 그저 보통 백성으로 간주될 수밖에."[136]와 「성균관 사성 이문흥과 작별하며 주다」라는 시의 "장차 백발이 새로워지려하자 요순시대와 작별하고, 옛 청산 마주보며 자손이나 훈육하시겠다하네."[137]라고 하는 데서 요순시대를 이상세계로 그리고 있다. 이와 같이 그의 시문에서 주로 등장하는 유가 인물이 가지는 공통의 맥을 통해 유가의 이상세계인 낙도의 경지를 볼 수 있으며 덕, 정, 심 등으로 나타내는 정명의식正名意識을 만

---

[134] 「送權禰之赴任盈德縣令禰之. 權五福也.」, "…十年堯舜君民計. 剩作南州百里春."
[135] 「乙卯登科後. 玉堂諸先生. 命次靑雲起草廬韻. 走筆」, "桂折姮娥殿. 龍成諸葛廬. 十年堯舜夢. 今日醉醒餘."
[136] 「春日書懷. 呈不磷子完翼之案頭. 五絶連頭體」, "… 採採長蘭揷滿冠. 江南日落我衣寒. 未逢堯舜薰天下. 空被尋常百姓看."
[137] 「贈別李司成文興」, "將新白髮辭堯舜. 對舊靑山訓子孫."

날 수 있다. 어떤 자리가 주어졌을 때 자신의 일에 최선을 다하는 것이 정명이다. 한재는 항상 방정하고 직언하는 국량局量이 광대한 인물이다. 「김인로가 장원급제함을 축하하다」의 시에 "몇 줄의 단조는 햇빛 가에 빛나고, 만리 청운은 다리 밑에 길게 뻗었네. 바르고도 곧은 말 그대가 제일이니, 동생董生의 삼책三策[138]이 현량으로 마땅하네."[139]라고 하여 강직한 언론으로 칭송을 받았던 김천령의 인물됨을 칭송하는 지표가 '방정직언方正直言'이다. 한재의 강직한 성품을 엿볼 수 있는 또 다른 시의 「대사헌 최응현이 강릉으로 돌아가는데 전송하다」에서 "우리 동방은 기자이래로 인재가 무성하다. 그러나 근래 백년 사이에 언관 직에 있으면서 권신을 대놓고 공격하면서도, 늠름하기가 추상열일 같아 범할 수 없는 사람으로는 정언을 지낸 이존오李存吾[140]가 있을 뿐이다."[141]라고 하며 대사헌 최응현의 강직함을 이존오에 견주어 칭송하였다. 주자도 "평소 몸가짐에는 마땅한 도리라는 것이 있어서 약간이라도 어긋나 버

---

138 중국 전한 한무제 때의 董仲舒의 三對策.
139 「賀金仁老魁科 仁老. 金千齡也. 丙辰科龍頭.」, "數行丹詔日邊光. 萬里靑雲脚底長. 方正直言君第一. 董生三策應賢良"
140 고려말기 충신으로 호는 석탄(石灘). 공민왕 9년(1360)에 문과 급제하여 1366년 우정언이 되어 신돈의 횡포를 규탄.
141 「送崔大司憲歸江陵」, "吾東方自箕子以來. 人才亦盛矣. 然近百餘年間. 以言爲官. 而能面擊權臣. 凜然若秋霜烈日不可犯者. 獨李正言存吾而已."

리면 그 도리를 해치게 된다."[142]라고 하였듯이 이러한 방정직
언의 강직한 성품이란 유교적 의리를 지키기 위해 죽음을 불
사하는 도덕의 품성으로 연결되며 한재의 낙도정신의 원천이
된다.

　그의 낙도정신을「권안대 석지가에서 계운과 밤에 술 마시
며 회포를 풀다」에서 그의 절친한 벗 김일손에게 "그대에게
말하노니, 공명에 관한 일 이야기 마오. 어디라도 청산이니 못
살기야 하겠는가."[143]라고 말한 데서도 찾을 수 있다.

　공자는 "시에서 흥기시키며, 예에 서며, 악에서 완성했다."
라고 하며 악을 매우 중요하게 여겼다. 예악을 완성하기 위해
서는 착한 것을 좋아하고 나쁜 것을 싫어하는 마음을 일으킬
수 있는 시에서 출발하는 기본을 제시한다. 한재도 스스로 시
광[144]이 있다고 말하며 시 읊기를 좋아하였다. 무오, 갑자 두 사
화의 참화를 통하여 그의 저술이 온전히 남아 있지 못하여서
시는 30여 수에 불과하다. 그러나 그의 시문 속에서 자신의 삶
의 정회를 거침없이 토로하고 있다. 한재는 "해 뜨니 산안개가

---

[142]「朱子語類」「朱子十三」'訓門人四', "事事有箇道理. 一毫不然, 便是欠闕了他道理."

[143]「權安代石池上. 與季雲 金駰孫 夜飮書懷」, "… 憑君莫話功名事. 何處靑山不可家."

[144]「酬五十韻. 呈仁老」, "我有詩狂邀君醫. 一天風雨寒生眵."

뿌연 한데, 유거의 즐거움이 태평스러워 보인다."[145]라는 「입산」의 시를 통한 유거의 즐거움을 읊고, 「가을날 새벽 달빛아래 중정에서 혼자 술 마시며 회포를 적다」의 시에서 "빈궁하거나 현달하는 일은, 분수 밖의 일이니 정신 쏟지 않으려네."[146]라고 그의 시를 통한 낙도정신을 읊고 있다. 다음 시는 「왜 봄인가」의 일부에서 보이는 잔잔함이다.

버드나무 아니지만 꾀꼬리 노래 부르고 아이들은 춤추며 파피리 부는구나. 누가 하나의 원기에 명령하였기에 자연의 만물이 저토록 풍성할까.[147]

봄의 정취를 읊음에 가장 일상적이고 편안한 자연의 이치에 감동하는 한재를 볼 수 있다. 이것은 "대체로 도는 높고 멀어서 행하기가 어려운 것이 아니라, 다만 일상생활 속에 있을 뿐이니, 일상생활에 있어서 마땅히 행해야 할 것은 도가 아닌 것이 없다."[148]라는 율곡의 도학사상으로 대변된다 할 것이다. 이러한 실제적인 낙도의 정신을 맹자도 군자삼락君子三樂으로

---

[145] 「入山」, "… 樵人隨虎跡. 林鳥任櫓聲. 日出山煙白. 幽居似太平."
[146] 「秋曙有月. 中庭獨酌有懷」, "… 貧窮賢達事. 分外且無營."
[147] 「春所以」, "… 罵歌雖欠柳. 兒舞已吹蔥. 誰令一元氣. 自然物物豐.…"
[148] 『栗谷全書』卷九, 「書 答成浩原 渾」, "大凡道非高遠難行之事. 只在日用耳. 日用之所當行者. 無非道也."

제시한다. "부모가 모두 생존해 계시고 형제가 무고한 것이 첫 번째 즐거움이요. 우러러 하늘에 부끄럽지 않고 굽어보아 인간에게 부끄럽지 않는 것이 두 번째 즐거움이요, 천하의 영재를 얻어 교육하는 것이 세 번째 즐거움이다."149라고 하였다. 세 가지 즐거움을 논하는 앞과 뒤에 '천하에 왕 노릇 함'은 여기에 들어 있지 않다고 말했다. 인간 중심에서 가장 가깝고 가장 절실한 즐거움을 최상으로 여김을 말하는데, 이야말로 마음의 수양에서 이미 높은 경지를 터득한 후에 얻는 즐거움이다.

이와 같은 안빈낙도는 한재가 그의 처남인 「문도150 형의 희우시에 차운하다」의 시에서도 발견할 수 있다. "내 집에 아무것도 없고 책 읽는 책상 하나뿐일세……모옥에 퇴연히 누워 지붕위의 달 제멋대로 바라보네."151라든지, "벗을 찾아가니 동이에 술이 가득하고, 집에 돌아오니 책이 책상에 가득하네."152라고 한데서 한재의 안빈낙도를 읽을 수 있다. 그의 몸에 체달된 낙도정신은 한재 당시의 정치적 어려움을 초개와 같이 여길 수 있었던 절의의 화신으로 자신을 대변하는 말이 되었다.

---

149 「孟子」「盡心上」, "父母俱存, 兄弟無故, 一樂也. 仰不愧於天, 俯不怍於人, 二樂也. 得天下英才而教育之, 三樂也."
150 文度公은 金首孫의 아들, 金縣監 泗昌이다.
151 「次文度兄喜雨韻. 四首. 走筆」, "吾家無一物. 只有讀書床. …… 茅屋頹然醉. 任看月上梁."
152 「次文度兄喜雨韻. 四首. 走筆」, "訪友樽盈酒. 歸家書滿床."

이러한 한재의 낙도정신은 「차부」에서 '오심지차'로 나타나며 그의 심수양이 차도가 갖는 수양적 요소로 연결됨을 알 수 있다. 이병인은 "내 마음의 차의 경지를 통해 본다면, 한재선생의 도학은 곧 한재선생의 차학茶學이기도 하다."[153]라고 하여 한재 차살림의 학문적 바탕을 말하고 있다.

---

153 이병인, 「한재 이목(寒齋 李穆)의 다부(茶賦)」, 신라문화원, 2012, p.130.

「차부」에 나타난 낙도정신

❖ 송유宋儒의 심수양과 한재의 수양정신

한재는 심수양心修養에 대한 관심이 매우 컸다. 「허실생백부」에서 "무릇 방이 텅 비면 능히 밝아지니, 밝은 것은 텅 빈 방이 그렇게 만드는 것이다. 이를 가지고 심의 바탕이 본래 밝음을 형용함에 이보다 적절한 것은 없다."154라고 하여 '허실생백'155으로 심체본명을 밝히고 심수양에 관심이 컸던 부분을 여실히 나타내고 있다. "내 타고남이 우매한 것을 번민하나니 허령한 마음에서 현묘함을 찾노라. 그쳐야 될 곳도 알지 못하고 어찌 정한 방향이 있으랴. 조용히 눈길을 거두고 귀를 되

---

154 「虛室生白賦」, "夫室虛則能白. 白者. 虛之所爲也. 以之爲形容心體之本明者. 莫切焉."
155 「莊子」「人間世」, "瞻彼闋者, 虛室生白, 吉祥止止."

돌리노라."¹⁵⁶라고 하여 삶의 우매함에서 벗어날 수 있는 길은 허령에서 현묘함을 찾는 것이다. 이를 위해 지止, 정定, 정靜의 과정을 거쳐 수시반청收視反聽¹⁵⁷하는 구도방법을 제시하고 있다.¹⁵⁸ 한재는 도학자로서의 본분에 입각하여 흐트러짐이 없는 수양의 길을 지켜왔던 그의 삶을 그의 시문에서 자주 볼 수 있는데, 특히 관락, 염락을 기리며 주자를 그리는 대목을 자주 본다. 그의 「천도책」에서 "그러나 고대의 역상은 간이하여 성가星家가 잡다하게 나왔는데, 후세의 논의치고 고정(주자)보다 바른 것이 없다."¹⁵⁹라고 하며 주자의 이기론을 펼침을 볼 수 있다. 또한 "그 「인간세」편에 있는 '허실생백'의 설은 괴이하지 않다. 그 결론을 요약하자면 맹자가 말한 '호연지기'¹⁶⁰나 주자가 말한 '허령불매'와 같다."¹⁶¹라고 하여 「허실생백부」에서 주자를 들고 있다. 주자의 허령불매는 「대학장구」의 경일

---

156 「虛室生白賦」, "悶余生之愚昧兮. 索玄妙於虛靈. 迷所止而奚定兮. 靜收視而反聽."

157 『文選』卷十七, 音樂上「文賦」, "皆收視反聽, 耽思傍訊."

158 朴南植, 「寒齋 李穆의 茶道思想 硏究」, 성균관대학교대학원 박사학위논문, 2012, p. 101 참조.

159 「天道策」, "然古曆簡易. 星家雜出. 後世之論. 莫正於考亭."

160 천지사이에 꽉 차 있는 지극히 크고 지극히 굳센 원기, 또는 사람의 마음에 가득 차 있는 정대한 기운.(『孟子』「公孫丑上」, "難言也. 其爲氣也, 至大至剛, 以直養而無害, 則塞于天地之閒. 其爲氣也, 配義與道 ; 無是, 餒也.")

161 「虛室生白賦」, "其人間世篇虛室生白之說. 不怪矣. 要其歸則猶孟子之言浩然. 朱子之言虛靈不昧也."

장에서 '명덕'에 대한 주자朱子註에 "명덕은 사람이 하늘에서 얻은바 허령하고 어둡지 않아서 중리를 갖추어 있고 만사에 응하는 것이다."162라고 나타난다. 이 '허령'은 곧 마음을 말한다. 이와 같이 한재의 도학에 주자의 영향이 상당히 미침을 알 수 있는데 특히 심수양면에서 크게 돋보인다. 이러한 심수양의 경향은 그의 시문에 등장하는 유가 선철의 인용빈도수나 시문내용의 맥락에서 심心과 관련하여 추려볼 수 있다. 요순, 주공, 이윤, 공맹의 도덕적인 이상세계의 추구에 이어 주렴계(1017-1073), 정명도(1033-1107), 주자(1130-1200) 등으로 주요 고리를 이룸에는 심수양의 요소가 관통하고 있음을 볼 수 있다.

이러한 심수양에서의 심을 맹자는 "그 마음을 다하는 자는 그 성을 아니, 그 성을 알면, 하늘을 알게 된다. 그 마음을 보존하여 그 성을 기름은 하늘을 섬기는 것이요, 요절하거나 장수함에 의심하지 않아 몸을 닦고 천명을 기다림은 명을 세우는 것이다."163라고 하였다. 그리고 주자는 그 마음을 "심은 사람의 신명이니, 모든 이理를 갖추고 있고 만사를 응하는 것이다. 성은 심에 갖추어져 있는 이理요, 천은 또 이理가 따라서 나오

---

162 『大學章句』(朱子註), "明德者 人之所得乎天而虛靈不昧, 以具衆理而應萬事者也."
163 『孟子』「盡心上」, "孟子曰:「盡其心者, 知其性也. 知其性, 則知天矣. 存其心, 養其性, 所以事天也. 殀壽不貳, 修身以俟之, 所以立命也.」"

는 것이다."¹⁶⁴라고 규정하여 주를 달았다. 심·성·천은 똑같은 이라고 말한 정이천은 "이의 입장에서 말하면 천이라 이르고, 품수한 입장에서 말하면 성이라 이르고, 사람에게 보존된 입장에서 말하면 심이라 이른다."¹⁶⁵라고 심을 규정하였다. 심·성·천이 똑같은 이理이기 때문에 주자는 "심을 다하고 성을 알아서 천을 앎은 그 이理에 나아가는 것이요, 심을 보존하고 성을 길러서 천을 섬김은 그 일을 실천하는 것이니, 그 이理를 알지 못하면 진실로 그 일을 실천할 수 없다."¹⁶⁶라고 하여 진실로 실천의 길이 중요함을 강조하였다. 정이천이 사람에게 보존된 입장에서 말하면 심이라는 이 마음을 주자는 "『중용』에 '하늘이 명한 것을 성이라 한다'라고 한 것은 바로 이 마음을 가리키며, '성에 따르는 것을 도라고 한다'라는 것도 이 마음, '도를 닦는 것을 가르침이라고 한 것도 이 마음, 또 '중화를 이룬다', '화육을 돕는다'도 역시 이 마음을 가리키는 것이다."¹⁶⁷라고 하여 '이 마음[此心]'을 설명하고 있다. 『대학』1장

---

164 『孟子集註』, 「盡心章句上」(朱子註), "心者, 人之神明, 所以具衆理而應萬事者也. 性則心之所具之理, 而天又理之所從以出者也."
165 『孟子集註』, 「盡心章句上」(朱子註), "程子曰:「心也, 性也, 天也, 一理也. 自理而言謂之天, 自稟受而言謂之性, 自存諸人而言謂之心.」"
166 『孟子集註』, 「盡心章句上」(朱子註), "愚謂盡心知性而知天, 所以造其理也;存心養性以事天, 所以履其事也. 不知其理, 固不能履其事."
167 『朱子語類』, 「學六」(持守), "如中庸說「天命之謂性」, 即此心也;「率性之謂道」, 亦此心也;「修道之謂教」, 亦此心也;以至於「致中和」, 「贊化育」, 亦只此心也."

에서 "마음이라는 것은 몸의 주재자이다."[168]라고 하였고, 주자는 "마음이란 주재를 말한다.",[169] 또 "마음이 보존되지 않으면 일신에 주재할 것이 없어진다."[170]라고 하여 주자에겐 마음이 신체를 주재한다는 것이 주자의 마음에 관한 전제의 하나이다.

이와 같이 이 마음의 작용인 '인욕을 막고 천리를 보존하는 것[遏人欲, 存天理]'[171]이 수양론의 기본임을 바로 강조하고 있다. 천하의 도리라는 것은 원래 간단명료함을 제시하고, 그 본래의 '성性'을 완전하게 발휘하기 위한 노력수양실천 전부를 '공부工夫'라고 부르고 있다. 그 심수양의 구체적인 공부 방법으로 '거경'과 '궁리'의 두 가지를 주자는 제시하고 있다.

> 배우는 자의 공부는 거경과 궁리의 두 가지에 있다. 이 두 가지는 서로 상대를 비춘다. 잘 궁리를 하면 거경의 공부는 매일 점점 더 진보하며 잘 거경을 하면 궁리의 공부는 더 정밀해진다.[172]

---

[168] 『大學』經一章, "心者, 身之所主也"
[169] 『朱子語類』「理氣上」(太極天地上), "'人'字似'天'字, 「心」字似「帝」字.."
[170] 『朱子語類』「學六」(持守), "心若不存, 一身便無所主宰."
[171] 『朱子語類』 권62, "不睹不聞謹獨何別 曰 上一節說存天理之本然 下一節說遏人欲於將萌."
[172] 『朱子語類』「學三」「論知行」, "學者工夫, 唯在居敬, 窮理二事. 此二事互相發. 能窮理, 則居敬工夫日益進 ; 能居敬, 則窮理工夫日益密."

미우라 구니오는 이러한 주자의 수양 방법상 특징을 이의 탐구인 궁리와 심의 함양인 거경을 표리일체로 보는 것이라고 하며 이 두 가지 방법은 결국 이 마음을 어떻게 할 것인가로 수렴된다고 말하고 있다.[173] 또 주자는 이러한 거경과 궁리를 잘 하기 위해 다음과 같이 '정좌'를 제시한다.

초학자가 해야 할 공부는 정좌이다. 정좌를 하면 근본이 정해지니 무심코 외물을 좇아간다고 해도 밖으로 나간 그 마음을 회수하려 할 때에 확실하게 둘 곳이 있다.[174]

정좌라는 것은 좌선이나 입정처럼 사념을 끊으려는 것이 아니다. 다만 마음을 수렴시켜 쓸데없는 생각에 이끌리지 않도록 하는 것이니, 그렇게 하면 마음은 담연히 아무것도 일삼지 않아서 저절로 전일하게 된다. 어떤 사태가 발생하여도 사태에 응하여 대처할 수 있는 방법이 생기고 그 사태가 사라지면 다시 담연해진다.[175]

---

[173] 미우라 구니오(三浦國雄) 역주, 이승연 옮김, 『주자어류선집』, 예문서원, 2012, p.127. 참조.
[174] 『朱子語類』「學六」(持守), "始學工夫, 須是靜坐. 靜坐則本原定, 雖不免逐物, 及收歸來, 也有箇安頓處."
[175] 『朱子語類』「學六」(持守), "靜坐非是要如坐禪入定, 斷絕思慮. 只收斂此心, 莫令走作閑思慮, 則此心湛然無事, 自然專一. 及其有事, 則隨事而應；事已, 則復湛然矣."

이러한 정좌란 마음을 고요하게 보존하여 외물로 인해 마음이 어지러워지는 것을 막아서 마음이 본래 갖추고 있는 천리를 함양하는 방법이다. 이 정좌는 송학宋學에서는 주렴계의 '주정主靜'에서 시작하여 정명도에게 계승되어 주자에 이르게 된다.

지금까지 한재의 관심이었던 심수양에 영향을 미쳤던 주렴계, 정명도, 주자 등 송유의 심에 관한 부분을 살펴보았다. 한재가 그의 「차부」에서 보여주는 차도 사상의 핵심은 '오심지차'이다. 「차부」의 결론에서, "정신이 기운을 움직여 묘경에 이르면, 즐거움은 꾀하지 않아도 저절로 이르게 되리. 이 또한 내 마음의 차이니 어찌 꼭 저것에서만 구하겠는가."[176]라고 한 '내 마음의 차[吾心之茶]'는 한재의 차도사상이 심차사상으로 승화된 정점이라 할 수 있다. 또한 "정신이 기운을 움직여 묘경에 이르면, 즐거움은 꾀하지 않아도 저절로 이르게 되리.[神動氣而入妙, 樂不圖而自至]"라고 한 것은 차도의 높은 정신수양의 경지를 나타내고 있다. 그 결과 차심일여의 심성수양과 오심지차의 차도정신이 궁극의 목표점에서 만나고 있는 것이다.[177]

이 '신동기이입묘'는 「허실생백부」에서도 인용하고 있다. "마음이 신령한 데 통하면 만물을 감동시키고, 정신이 기운을

---

[176] 「茶賦」, "神動氣而入妙. 樂不圖而自至. 是亦吾心之茶. 又何必求乎彼也."
[177] 朴南植, 「한재 이목의 茶道思想 硏究」, 성균관대학교대학원 박사학위논문 p. 186 참조.

움직이면 미묘한 경지에 드느니라.[精通靈而感物兮. 神動氣而入妙]"라고 하여, 한재는 어떤 경우에도 허실생백을 통해서 마음의 미묘한 경지에 들 수 있음을 확인하고 있다. 이 '정통령이감물혜精通靈而感物兮, 신동기이입묘神動氣而入妙'의 말은 『한서』, 「서전상」에 "精通靈而感物兮, 神動氣而入微."[178]라는 구절에서 나오는데 '미微'자를 '묘妙'자로 대체했으나 미와 묘는 같은 속성이다. 한재는 「허실생백부」를 요약하면서 "시운[天造]이 혼란하고 어지러운[草昧]데서 성명性命을 세움이여, 사람은 그 사이에서 홀로 바르게 살아야 하느니…. 공자는 뜬구름이라 일컬었고 맹자는 호연지기를 말씀하셨네. 탁월한 저 선각들이 이 '내 마음의 하늘'을 밝혔으니, 경으로써 그것을 지키고 성으로써 주를 삼을지어다."[179]라고 하였다. 그는 공맹과 선각자들이 밝힌 하늘의 도리를 성과 경을 주체를 삼아 원초의 빈 마음으로 돌아가자고 하는 결론이다. 즉 허실생백이 심체본명을 형용하는 데는 가장 적절하다고 강조하며, 그 실현방법은 경으로 지키고 성으로 주를 삼아 허실로 돌아갈 것을 대의로 제시하고 있다.[180]

---

[178] 『漢書』「敍傳上」, "精通靈而感物兮, 神動氣而入微. 養游睟而猿號兮, 李虎發而石開."
[179] 「虛室生白賦」, "天造草昧. 立性命兮. 人於其間. 獨也正兮… 孔稱浮雲. 孟浩然兮. 卓彼先覺. 明此天兮. 敬以守之. 誠爲主兮."
[180] 朴南植, 「寒齋 李穆의 茶道思想 硏究」, 성균관대학교대학원 박사학위논문,

❖ 주자의 차덕茶德과 한재의 차육덕茶六德

주희는 송대의 저명한 이학가로 차를 즐기고 사랑했던 사람이다. 주자가 머물고 강학했던 무이산武夷山의 차문화는 유구한 역사를 가진다. 주자는 무이산에서 무이정사武夷精舍를 짓고 40여 년 동안 은거생활을 하면서 찾아오는 학인들에게 강학을 펴며, 거처의 주변에 차를 심고 차로써 사람을 교화하고 차로써 도를 논하였다. 그가 무이차를 노래한 「영무이차詠武夷茶」[181]가 있다. 무이계곡에 정사를 지어 손수 차를 가꾸며 신선처럼 차를 즐긴 정취를 담은 시다. 또 다른 주희의 차시에 「정사잡영精舍雜詠 십이수」 중 「차조茶灶」가 있다. 그 시에 "선옹은 돌 아궁이를 남기고, 움푹 파인 중앙에는 물이 있다네. 차를 다 마시고 바야흐로 배를 타고 가니, 차의 연기 미세한 향으로 산들거리네.[仙翁遺石灶, 宛在水中央. 飮罷方舟去, 茶煙嫋細香]"라고 읊고 있다. 이와 같이 주자는 반은 선비, 반은 신선의 경지로 차달임을 노래한다. 이것은 사람과 신령스러운 차, 무이산의 암운이 융합하여 청빈은일 함을 보여주고 있다. 그는 차의 덕을 중정의 이치로 깨달았다. 『주자어류』 「잡류」에서

---

p. 125.

[181] 朱熹, 「詠武夷茶」, "武夷高處是蓬萊, 採取靈芽於自栽. 地僻芳菲鎭長在, 谷寒彩蝶未全來. 紅裳似欲留人醉, 錦幛何妨爲客開. 咀罷醒心何處所, 近山重疊翠成堆."

"건차는 중용의 덕과 같고, 강차는 백이숙제와 같다."[182]라고 하여 주자는 차의 덕을 유가의 최고 도덕의 하나인 중용으로 논하며 은일에 비유했다. 이는 차의 덕을 극대화 하여 차 마심을 통하여 사람의 품성을 닦아가는 차인의 노력을 군자나 어진사람으로 간주하고 백이숙제의 은일을 언급하여 청빈무사한 차 정신을 논하였다. 이를 두고 짱유화는 "'차茶'라는 글자는 육우가 만들어낸 선택 글자다. 자신의 철학을 담아 '차'자에 어울리는 맛으로 입안에 들어갈 때는 쓰고 삼킬 때 단맛을 내는 중화의 뜻을 두고 한 말이다. 차의 본질은 '철고인감啜苦咽甘'에 있다는 육우의 뜻을 다시 푼 것이 삼백 년 후의 주자다."[183]라고 짚고 있다. 한재 또한 「차부」에서 차의 다섯 가지 공(오공)과 여섯 가지 덕(육덕)과 일곱 가지 효능(칠효)을 논하였다.

나는 그런 뒤에 알았네. 차에 또 여섯 가지 덕이 있음을. 사람으로 하여금 장수케 하니 제요와 대순의 덕을 갖춘 것이요. 사람으로 하여금 병을 그치게 하니 유부와 편작의 덕이 있는 것이요. 사람으로 하여금 기를 맑게 함에 백이와 양진의 덕을 갖춤이요. 사람으로 하여금 마음을 편안케 하니 이로나 사호의 덕을 갖춤이요. 사람으로 하여금 신선이 되게

---

[182] 『朱子語類』,「雜類」, "建茶如『中庸之爲德』, 江茶如伯夷叔齊."
[183] 짱유화, 『煮茶學』, 도서출판 국차미디어, 2011, p. 217.

하니 황제나 노자의 덕을 갖춤이요. 사람으로 하여금 예를 표할 수 있게 하니 희공과 중니의 덕을 갖춤이라. 이는 옥천자가 일찍이 찬한 바요, 육자가 일찍이 즐긴 바이며, 성유는 이로써 인생을 깨달았고, 조업은 이로써 돌아감도 잊었다네. 한 시골의 봄빛처럼 낙천의 심기를 고요하게 하고, 십년동안 가을 달 밝듯이 동파는 수마를 물리쳤다네.[184]

위와 같이 차에는 인수仁壽, 치병治病, 기청氣淸, 심일心逸, 선경仙境, 예양禮讓의 여섯 가지 덕이 있음을 요순에서 공자까지의 인물을 들어 한재는 노래하고 있다. 그 첫 번째는 덕으로 천하를 다스리던 태평 성대한 요순시대, 덕치로 장수하였던 요순처럼 차는 인간에게 수덕壽德을 준다고 하여 차의 첫 번째 덕을 말하고 있다.『중용』에 "큰 덕은 반드시 그 지위를 얻으며 반드시 그 봉록을 얻으며 반드시 그 이름을 얻으며 반드시 그 오랜 삶을 얻는다."[185]라고 하였다.

여섯 번째 차의 덕으로 사람으로 하여금 예를 표할 수 있게

---

[184] 「茶賦」, "吾然後知茶之又有六德也. 使人壽脩. 有帝堯, 大舜之德焉. 使人病已. 有兪附, 扁鵲之德焉. 使人氣淸. 有伯夷, 楊震之德焉. 使人心逸. 有二老, 四皓之德焉. 使人仙. 有黃帝, 老子之德焉. 使人禮. 有姬公, 仲尼之德焉. 斯乃玉川之所嘗贊. 陸子之所嘗樂. 聖兪以之了生. 曹鄴以之忘歸. 一村春光. 靜樂天之心機. 十年秋月. 却東坡之睡神."

[185] 『中庸』제17장, "大德 必得其位 必得其祿 必得其名 必得其壽."

하니 희공[186]과 중니의 덕을 갖춤으로 예덕을 마지막에 내보이고 있다. 인간에게 대표적인 기호품인 차와 술중에서 차가 술과 크게 차이나는 요소가 바로 차가 가지는 예의 덕일 것이다. 공자는 이미 오래 전에 죽은 주공을 대단히 숭배하여 젊었을 때에는 주공의 도를 행하고자 하였다. "심하도다. 나의 노쇠함이여! 오래되었다. 내 다시는 꿈속에서 주공을 뵙지 못하였다."[187]라고 자탄하였다. 이를 두고 정자는 도를 보존하는 것은 마음이니 마음은 노소의 차이가 없거니와 도를 행하는 것은 몸이니 몸은 늙으면 쇠하는 것이라 주석하였다. 이처럼 공자는 희공을 후세의 중국 황제들과 대신들이 모범으로 삼아야 할 인물로 격찬했다. 공자는 인을 구현하기 위한 행동양식을 예에서 찾았다. 공자는 "예에 따라 양보하는 마음으로 하면 나라를 다스리는데 무슨 어려움이 있겠는가?"[188]라고 하며 나라를 다스리는데 예양을 실천하는 마음으로 해야 한다고 하였다. 어린 조카 성왕을 섭정했던 희공이 삼대에 걸쳐 재상으로 머문다는 것은 인의를 달통하지 않으면 쉽지 않기에 공자가 마

---

[186] 희공(姬公)은 周公 旦(주공 단)으로 BC 12세기에 활동한 중국의 정치가. 주(周)를 창건한 무왕의 동생으로 무왕의 권력 강화를 도와 초기에 국가의 기반을 다졌다. 무왕이 죽자 직접 왕권을 장악하라는 주변의 유혹을 뿌리치고 대신 무왕의 어린 아들 성왕(成王)을 보좌하는 길을 택하였다.
[187] 「論語」「述而」, "子曰, 甚矣 吾衰也 久矣 吾不復夢見周公."
[188] 「論語」「里仁」, "子曰, 能而禮讓 爲國乎何有"

음에 품고 꿈속에서도 그리는 성인이었다. 이처럼 희공과 공자가 인의를 바탕으로 만들기 위해서 예덕을 실천덕목으로 삼듯이 차 또한 마찬가지라고 노래하고 있다. 우리나라에서는 예로부터 아름다운 미풍양속으로 차례라는 것이 있다. 이 차례를 행함에는 공경하는 마음이 필수이다. 맹자는 "공경하는 마음은 사람마다 다 가지고 있으며 그것은 바로 예이다."[189]라고 말하였다.

이와 같이 제요帝堯와 대순大舜, 유부와 편작, 백이伯夷[190]와 양진楊震,[191] 이로二老[192]와 사호四皓,[193] 황제와 노자, 희공과 중니를 들어 차의 육덕을 논한 뒤에 송으로 정리한 자리에 등장한 옥천자(노동, 795-835), 육자(육우, 733-804), 성유(매요신, 1002-1060), 조업曹鄴(816-875), 낙천(백거이, 772-846), 동파(소식; 1036-1101) 등의 인물들은 모두 차를 사랑하여 차의 덕을 찬양했던 차인들로 당송시대를 주름잡았던 문인들이며, 무위자연을 즐겼던 아사들이다.[194] 한재가 「차부」에 등장시키

---

[189] 『孟子』「告子上」上, "恭敬之心 人皆有之…. 恭敬之心 禮也".
[190] 『史記列傳』「伯夷傳」, 참조.
[191] 楊震(54-124)은 東漢시대의 淸廉의 대표선비. 『後漢書』「楊震傳」참조.
[192] 『孟子』「離婁上」, "二老者, 天下之大老也, 而歸之, 是天下之父歸之也. 天下之父歸之 其子焉往?"
[193] 四皓는 秦말에 전란을 피하여 陝西省 商山에 은거한 네 노인, 東園公, 夏黃公, 綺里季, 甪里先生 四人을 말한다. 『史記』卷五十五,「留侯世家」第二十五, 참조.
[194] 朴南植,「寒齋 李穆의 茶道思想 硏究」, 성균관대학교대학원 박사학위논문,

는 인물들의 특색과 한재의 삶이 무관하지 않다. 인용문이나 등장인물의 선택은 한재 저술의 의도와 지향하는 바와 연결되기 때문에 유자의 신분으로는 신중한 선택이기 때문이다.

유가에서는 차예절, 차풍속, 차덕을 중시하여, 공차貢茶, 증차贈茶, 사차賜茶, 경차敬茶, 봉차奉茶 등의 차례가 있어 유가의 도와 융합하여 유가사상에 영향을 미치고 있다. 공자는 차가 생산되지 않는 북방지역의 출신이지만 그 시대에도 차가 있었음에 대한 기술이 있다. 공자가 가장 숭배하였던 사람으로는 주공 단을 들 수 있다. 그 주공의 저술로 전하는 『이아』「석목」편에 "가는 쓴 차이다.[檟, 苦茶]"라는 기술이 있다. 또 『안자춘추』에 "안영이 제나라 경공의 재상으로 있을 때에 현미밥과 구이 삼익오란三弋五卵과 차나물을 먹었을 따름이다.[嬰相齊景公時, 食脫粟之飯, 炙三弋五卵, 茗菜而已]"라는 기술이 있다. 이로 보아 주공과 안자의 기술에서 공자 당시에도 차생활이 있었다고 본다. 공자의 『상서』「탕고」에 공자 당시, 차가 이미 백성들에게 이용되는 바를 설명하고 있다.[195] 여기에 나오는 '씀바귀와 독을 참지 못하여[弗忍茶毒]'의 '도茶'는 쓰고 괴로움을 뜻한다. 『이아』「석초」편에는 "도는 쓴 나물이다.[茶, 苦菜]"라고

2012, pp. 168 - 174 참조.
195 『尙書』「湯誥」, "爾萬方百姓, 罹其凶害, 弗忍茶毒, 並告無辜于上下神祇. 天道福善禍淫."

기술하고 있어 차의 발전사에서 차자茶字가 확립되기 이전에 차를 의미하고 있다. 또 공자가 정리한 『시경』에 '荼'자는 여섯 차례 나오는 데 차자가 확립되기 이전 도는 차를 가리킨다. 특별히 『시경』「곡풍」에서 "누가 도를 쓰다고 했는가, 그 달기가 제와 같다.[誰謂荼苦, 其甘如薺]"라는 구절의 도는 차를 가리키고 있다. 한재의 도학에 영향을 미쳤던 공자의 차생활 가능성의 시문과 주자의 차생활을 엿볼 수 있는 시문을 통하여 유가의 차례, 차속, 차덕 등을 고찰해보았다.

❖ 오심지차吾心之茶의 낙도

류승국柳承國(1923-2011)은 1980년대 중반 한재의 문집에 묻혀있던 「차부」를 학계에 처음 소개하면서 「차부」에는 육우의 『차경』보다도 더 심오한 철학이 담겨 있다고 그 소회를 회상했다. 즉 한재 이목 선생은 무오사화 때 28세의 젊은 나이로 참혹한 죽음을 당했지만 그의 사상이 「차부」 속에 담겨져 있음을 강조했다. "내 마음 속에 이미 차가 있거늘 어찌 다른 곳에서 또 이를 구하려 하겠는가.[是亦吾心之茶又何必求乎彼耶]"라 하여 실제의 차에서 오심吾心의 차로 승화한 경지는 한국인의 사고양식이라고 했다.[196] 그는 『차경』보다 더 심오한 철학이 무엇인지에 대한 상세한 언급은 없었지만 「차부」의 사상적 위상을 천명하고 중국 차도사상에 대한 우월적 차별화를 선언하였다.

한재 차도사상의 키워드인 오심지차는 실제 양생의 차에서 내 마음의 차로 승화시킨 심차사상이다. 한재의 심차에는 도덕인의를 중시하는 유학의 특성을 가질 뿐만 아니라 노장의 요소가 잘 융합되어 있다. 그의 차도사상에는 '심'이라는 명제가 굳건히 하고 있어서 차심일여의 특성을 가진다. 즉 유자적 엄격함 속에서 낙도의 여유를 즐기는 정신적 경계를 내포함을 말한다. 공자가 시와 예악을 통하여 즐김의 경지를 누렸던 낙도정신과 같은 맥락이라 하겠다. 우리나라 차도사상의 연원을 보면 신라시대부터 풍류를 즐겼던 차도정신에도 마음을 다스리며 경계를 뛰어넘는 특성을 가지고 있었다. 수양의 특성을 가지는 고려시대의 차풍에도 '심'의 요소가 관통하고 있었다. 마음수양의 요소가 관통하고 있는 신라와 고려의 차풍은 그대로 조선에 이어져서는 한재의 오심지차로 꽃을 피우고 있다. 이는 차의 적정 청결한 기운과 중화의 요소가 차를 즐기는 사람에게 마음의 화락을 주기 때문이다.

「차부」의 차를 끓이는 전차煎茶과정에서 "문득 절로 웃음을

---

[196] 柳承國, 『차의 세계』 2003년 12월호 인터뷰 기사 참조.

띠며 자작하니 어지러운 두 눈동자 명멸하네."[197]라고 하는 장면이 나온다. 즉 차 한 잔 마심의 경지가 달관된 무위의 즐거움을 나타내고 있다. 또한 「차부」의 결론부분에서도 다음 두 구절이 낙도정신의 극치를 보여주고 있다.

> 정신이 기운을 움직여 묘경에 이르면,
> 즐거움은 꾀하지 않아도 저절로 이르게 되리.
> [神動氣而入妙. 樂不圖而自至]
>
> 이 또한 내 마음의 차이니,
> 어찌 꼭 저것에서만 구하겠는가?
> [是亦吾心之茶. 又何必求乎彼也]

한재의 「차부」에서의 마지막 결구는 '희이가왈喜而歌曰'로 시작한다. '기뻐서 노래하노라'라고 한 것이 바로 오심지차이다. 이는 꾀하지 않아도 저절로 이르게 되는 '묘경'과 실제를 넘어 마음으로 승화하는 내 마음의 차, 즉 '오심지차'는 공자가 "거친 밥을 먹고 냉수를 마시며 팔을 베고 잠자더라도 즐거움이 또한 그 안에 있다."[198]라고 하는 그 지극한 곤궁함 속에서

---

[197] 「茶賦」, "俄自笑而自酌. 亂雙眸之明滅."
[198] 『論語』 「述而」, "飯疏食飮水, 曲肱而枕之, 樂亦在其中矣."

도 즐거움을 찾아내는 성인의 마음을 나타낸 것과 다를 바 없다고 여긴다. 한재가 노래한 오심지차는 학문이나 사상을 뛰어넘고, 차가 주는 인격의 평등성이 모든 사람의 마음에 환희를 느끼게 하고 있다. 그러므로 그는 차살림을 통하여 마음을 조율하고 치열한 절의의 삶속에서도 차를 통해 즐거움을 체달하였다.

본 연구에서 한재 이목의 「차부」에 나타난 낙도정신을 고찰하였다. 한재의 낙도정신을 고찰하기 위하여, 한재 차학의 토대인 도학에서의 영향을 살폈다. 그 학문의 본분인 유가에서 지향하는 낙도정신과 한재 시문에서의 낙도정신을 먼저 고찰하였다. 다음으로는 한재가 차와 더불어 관심이 컸던 심수양에 대한 고찰을 송유의 심수양과 한재의 수양정신을 연계해서 고찰하였다. 그의 시문에서 중요하게 등장하는 송유의 대표 인물인 주자의 차덕을 고찰하고 「차부」에서 기리는 차의 육덕을 비교하며 한재 차도사상의 정수인 '오심지차'의 낙도를 짚어 보았다. 서론에서 제기한 연구의 목적에 따라 본론의 요지를 목차대로 정리하면 다음과 같다.

첫째, "아침에 도를 듣는다면 저녁에 죽어도 좋다."라는 공자의 말로 대표되는 유가의 낙도는 안회와 증점의 인물로 대표된다. 즉 제자 안회가 누추한 곳에서도 그 즐김을 고치지 않았다는 '불개기락不改其樂'의 기본은 인이다. 공자는 "인하지 않으면 낙을 어떻게 할 수 있겠는가?"라며 안회의 어짊이 석 달 동안을 떠나지 않는다고 그 인의 정도를 제시하기도 한다. 증점은 "봄에 봄옷이 이미 이루어지면 관을 쓴 어른 오, 육명과 동자 육, 칠명과 함께 기수에서 목욕하고 무오에서 바람 쐬고서 노래하며 돌아오겠다."와 같이 인욕이 다한 여유를 즐겼다. 이러한 선진 공맹의 낙이 송유 선철로 이어져 한재의 시문에 중요한 기반이 되어 그의 도학이 성립하고 있다. 그의 시문을 보면 대자연에서 노닐며 유유자적했던 증점을 따르겠다는 정명도와 거의 도에 가까운 삶을 살았던 안회를 흠모하였다. 한재 절의정신의 대명사로 따라 다니는 '부오도 벽이단'은 정명도의 뜻을 기린 것이다. 한재가 김일손에게 보낸 글에서 "그대에게 말하노니, 공명에 관한 일 이야기 마오. 어디라도 청산이니 못살기야 하겠는가."라거나 "빈궁하거나 현달하는 일은 분수 밖의 일이니 정신 쏟지 않으려네."라고 함은 도무지 공명이나 가난을 아랑곳하지 않는 낙도로 체달하고 있는 한재의 모습을 볼 수 있다. "해 뜨니 산안개가 뿌연 한데, 유거의 즐거움이 태평스러워 보인다."라는 「입산」의 시를 통한 유거의 즐거움을 읊고 있다. 이십 팔세의 젊은 나이로 참화를 입었기 때문에 그가 남긴 시는 불과 삼십 여수에 불과하지만 그의 시문 속에서 자신의 삶의 정회를 거침없이 토로하는 낙도를 볼 수 있다.

둘째, 한재는 「허실생백부」에서 방이 텅 비면 능히 밝아지는 '허실생백'으로 마음의 바탕이 본래 밝다는 '심체본명'을 밝히면서 심수양에 대한 관심이 매우 큰 것을 보여줬다. 『장자』의 「인간세」편에서 끌어온 '허실생백'은 맹자의 '호연지기'나 주자의 '허령불매'와 같다고 하며 「허실생백부」에서 주자를 들고 있다. 그의 심수양의 경향은 그의 시문에 등장하는 유가 선철의 인용빈도수나 시문내용의 맥락에서 심心과 관련하여 요순, 주공, 이윤, 공맹의 도덕적인 이상세계의 추구에 이어, 주렴계, 정명도, 주자 등으로 주요 고리를 이룸에는 심수양의 요소가 관통하고 있음을 볼 수 있다.

주자의 마음에 관한 전제는 마음이 신체를 주재한다는 것이다. 즉 마음의 작용인 인욕을 막고 천리를 보존하는 것[遏人欲, 存天理]이 수양론의 기본임을 강조하고 있다. 인간에게 품부된 본래의 성性을 완전하게 발휘하기 위한 수양실천의 노력 전부를 공부工夫라고 부르고 있다. 그 심수양의 구체적인 공부 방법으로 거경과 궁리의 두 가지를 주자는 제시하고 있다. 이러한 거경과 궁리를 잘하기 위해 정좌를 제시한다. 정좌란 마음을 고요하게 보존하여 외물로 인해 마음이 어지러워지는 것을 막아서 마음이 본래 갖추고 있는 천리를 함양하는 방법이다. 이것은 송학에서 주렴계의 주정主靜에서 시작하여 정명도에게 계승되었고 주자에 이르게 된다. 한재가 그의 「차부」에서 보여주는 차도사상의 핵심은 '오심지차'이다. 이것은 한재의 차도사상이 심차사상으로 승화된 정점이라 할 수 있다. 그 결과 차심일여의 심성수양과 오심지차의 차도정신이 궁극의 목표점에서 만나고 있는 것이다.

셋째, 주자는 무이산에서 무이정사를 짓고 은거생활을 하면서 강학을 펴며, 거처주변에 차를 심고 차로써 사람을 교화하고 차로써 도를 논하였다. 주자는 "건차는 중용의 덕과 같고, 강차는 백이숙제와 같다."라고 하며 차의 덕을 유가의 최고 도덕인 중용으로 논하며 은일에 비유했다. 한재 또한 「차부」에서 인수, 치병, 기청, 심일, 선경, 예양의 여섯 가지 차의 덕이 있음을 노래하고 있다. 차의 육덕을 기리며 많은 인물들을 등장시키는데, 모두 차를 사랑하여 차의 덕을 찬양했던 차인들로 당송시대를 주름잡았던 문인들이며, 무위자연을 즐겼던 아사들이다. 그 등장인물들의 특색과 한재의 삶이 무관하지 않다.

「차부」에서의 마지막 결구, "기뻐서 노래하노라."라고 한 것이 바로 오심지차이다. "정신이 기운을 움직여 묘경에 이르면, 즐거움은 꾀하지 않아도 저절로 이르게 되리."의 묘경과 "이 또한 내 마음의 차이니 어찌 꼭 저것에서만 구하겠는가?"라는 「차부」의 결론부분의 두 구절은 낙도정신의 극치를 보여주고 있다. 실제를 넘어 마음으로 승화하는 오심지차는 공자가 지극한 곤궁함 속에서도 즐거움을 찾아내는 성인의 마음과 다를 바 없다. 한재가 노래한 오심지차는 학문이나 사상을 뛰어넘고, 차가 주는 인격의 평등성이 모든 사람의 마음에 환희를 느끼게 하고 있다. 그러므로 국량이 크고 거인유의한 인물의 한재는 차살림을 통하여 마음을 조율하고 치열한 절의의 삶속에서도 차를 통해 즐거움을 체달하였던 것이다. 「차부」에 나타난 한재의 낙도정신이야말로 지금까지의 여느 차서에서 볼 수 없었던 심오한 차도사상으로 동양 삼국의 차서에서도 비교 연구해볼만 한 가치가 충분하다고 사료된다.

제 4 장

「허실생백부」

비어 있는 방에 햇살이 비침을 노래함

마음의 바탕은 본래 밝다[心體本明][199]

❖ 국역

허실생백부의 머리말
유가에서 반드시 장자를 물리치는 것은
그 말이 괴이하기 때문이다.
혹 괴이하지 않는 것이 있다면
성현께서도 반드시 버리지 않을 것이다.
하물며 나 같은 사람이랴.
그의 「인간세」편에 있는 '허실생백'의 설은
괴이하지 않다.

---

[199] 본 장의 『허실생백부(虛室生白賦)』는 한재 학문의 개인적 태도로서의 철학적 면모를 대표하는 노장사상을 기술하고 있다. 그의 유학사상과 노장사상이 잘 융합된 『차부(茶賦)』를 보다 잘 이해하기위해서는 『허실생백부(虛室生白賦)』의 연구가 매우 중요하다.

그 결론을 요약하자면
맹자께서 말씀하신 호연지기나
주자께서 말씀하신 허령불매와 같다.
어떤 사람이 나를 힐책하기에
이러한 취지로 대답하였다.
또 스스로 설명하기를
"무릇 방이 텅 비면 능히 밝아지니,
밝은 것은 텅 빈 방이 그렇게 만드는 것이다.
이를 가지고 심心의 바탕이 본래 밝음을 형용함에
이보다 적절한 것은 없다."고 하였다.
이에 부를 지어
세세한 것으로부터 큰 것에 미치고,
분명한 것에 근거하여 은미함을 깨침으로써
반성하려 한다.
비록 그렇다고 하나
장생莊生은 우리 유가의 무리가 아니다.
단지 그 설說을 가져다가
하고 싶은 말을 붙였을 따름이니,
아마도 이른바
'미워하면서도 그 좋은 점을 아는'류의 것이라고나 할까?
그 사詞에서 말한다.

❖ 원문

虛室生白賦 幷序
허 실 생 백 부 병 서

儒必斥莊子
유 필 척 장 자

爲其說之怪也
위 기 설 지 괴 야

或有不怪者
혹 유 불 괴 자

則聖賢必不棄矣
즉 성 현 필 불 기 의

況如吾者乎
황 여 오 자 호

其人間世篇虛室生白之說
기 인 간 세 편 허 실 생 백 지 설

不怪矣
불 괴 의

要其歸則
요 기 귀 즉

猶孟子之言浩然
유 맹 자 지 언 호 연

朱子之言虛靈不昧也
주 자 지 언 허 령 불 매 야

客有詰余者
객 유 힐 여 자

旣以此答
기 이 차 답

且自解曰
차 자 해 왈

夫室虛則能白
부 실 허 즉 능 백

白者 虛之所爲也
백 자 허 지 소 위 야

以之爲形容心體之本明者
이 지 위 형 용 심 체 지 본 명 자

莫切焉
막 절 언

於是賦之
어 시 부 지

由細而及大
유 세 이 급 대

據顯而喩微
거 현 이 유 미

以自省焉
이 자 성 언

雖然 莊生非吾徒也
수 연 장 생 비 오 도 야

特取其說而寓言
특 취 기 설 이 우 언

豈所謂
기 소 위

惡而知其善之類耶
오 이 지 기 선 지 류 야

其詞曰
기 사 왈

❖ 강설

「허실생백부」병서는 이 글의 머리말로서 저술 동기를 적은 것이다. 여기서는 장자의 「인간세」편의 '허실생백'과 맹자의 '호연지기', 주자의 '허령불매'의 경지가 모두 같은 의미라고 하며, 노장과 공맹의 두 사상을 융합하는 것으로 글을 열고 있다. 그 공통의 요지가 "무릇 방이 텅 비면 능히 밝아지니, 밝은 것은 텅 빈 방이 그렇게 만드는 것이다. 이를 가지고 심의 바탕이 본래 밝음을 형용함에 이보다 적절한 것은 없다."라고 설명하고 '심체본명心體本明'을 이루는 수양실천으로 '허실생백'을 꼽고 있다. 허실생백의 허虛는 심재心齋이고 마음의 재계는 허에서 찾는다. 그렇기 때문에 『장자』「인간세」 전편全篇의 골자인 허虛는 바로 우주본체인 도道이고, 지극한 도이며, 자연의 본원인 도이다. 자신을 비워내는 허의 철학을 가장 강하게 집약한 '허실생백'의 대목을 보자.

> 저 문 닫힌 집을 보라. 비어 있는 방에 햇살이 비치니, 길상吉祥은 고요한 곳에 머무르는 것이다.[200]

'비어 있는 방에 햇살이 비치니'에서 허실虛室은 곧 마음을 비우는 것이고, 햇살은 마음을 비운 결과 지혜가 명백해지므로 도를 말한다. 길상이란 고요한 곳에 머물게 됨이 사물의 이치이다. 장자는 "대체로 귀와 눈의 작용을 안으로 받아들여 마음의 지각을 벗어난다면 귀신도 와서 깃들일 것이니 이것이 바로 만물을 교화시키는 방법"[201]이라고 일러준다. 즉 모든 길

---

200 『莊子』「人間世」, "瞻彼闋者, 虛室生白, 吉祥止止." 본고에서 인용한 『老子』, 『莊子』 원문은 http://ctext.org/daoism/zh[道家 - 中國哲學書電子化計劃]에 의거하였음을 밝힌다. 『老子』는 『正統道臧』本 王弼註 道德真經이, 『莊子』는 『續古逸叢書』本 『南華真經』이 底本으로 되어 있다. 이후 『莊子』는 篇名만 명기하도록 한다.
201 「人間世」, "夫徇耳目內通而外於心知, 鬼神將來舍, 而況人乎! 是萬物之化也."

상이 모여들어 만물의 근원인 허의 극치를 이룬다면 만물을 감화시켜 심재와 허실이 우주의 본체로 가는 통로임을 말하고 있다.

한재가 '허실생백'으로 밝히려 했던 '심체본명'의 명明은 도가사상에서 중요하게 여기는 개념으로 자연과 연결된다. 그 자연은 바로 도道의 다른 이름으로 이해할 수 있다. 「제물론」에서 "그 때문에 희미한 가운데 감추어져 있는 그윽한 빛은 성인이 추구하는 것이다. 이 때문에 성인은 자신의 사사로운 지혜를 쓰지 않고 불변의 자연에 맡긴다. 이것을 일컬어 '명석한 지혜로 밝힌다.'라고 하는 것이다."[202]라고 하여 성인이 도를 자연에 맡겨 밝히는 것을 일컬어 '이명以明'이라 한다. '희미한 가운데 감추어져 있는 그윽한 빛'은 바로 도의 다른 표현이라 볼 수 있다. 이 '이명'은 「제물론」에서 '만물제동萬物齊同'과 더불어 매우 중요한 명제로 다루어지는 것이다. 도를 밝힘에 본연의 명, 즉 시비 이전의 허명虛明에 기본할 수밖에 없다. 그러므로 명석한 지혜로 밝혀 시비와 편견을 초월해야 도를 알 수 있음을 강조한 말이다. '이명以明'은 「제물편齊物論」에서 세 차례 거론되는 데, 한원진韓元震은 "도를 마땅히 밝혀야 함을 말한 것이다.[言道之當明]", 박세당朴世堂은 "천리의 밝음으로 비추어 보는 것보다 나은 것이 없다.[莫若照之以天理之明]"로 풀

---

[202] 「齊物論」, "是故滑疑之耀, 聖人之所圖也. 爲是不用而寓諸庸, 此之謂以明."

이하였고, 복영광사福永光司는 "만물제동萬物齊同을 깨닫는 사색의 길에 다가가는 명明의 강조가 「제물론」편의 또 하나의 중요한 역설처力說處이다."라고 하였다.²⁰³ 이와 같이 한재는 심의 바탕이 본래 밝음을 간절하게 형용하는 '허실생백'은 맹자가 말한 '호연지기'와 주자가 말한 '허령불매'와 같다고 결론부터 먼저 요약하고 있다. 도에 이르고자 하는 학문적 경향이 "괴이하지 않는 것이 있다면 성현께서도 반드시 버리지 않을 것이다. 하물며 나 같은 사람이랴."라고 주장한다. 그 주장의 형식을 부로써 표현하고 그 실천의 방법으로 장자의 말을 이끌어 "세세한 것으로부터 큰 것에 미치고, 분명한 것에 근거하여 은미함을 깨침으로써, 반성하려 한다.[由細而及大. 據顯而喩微. 以自省焉]"라고 하는 논리의 전개방법, 또는 연구의 자세까지 확실히 하고 있다. 학문하는 사람뿐 아니라 모든 사람들의 삶 자체가 궁극적으로는 도를 향해 깨달음으로 달려가는 길이다. 유가, 도가, 불가의 삼가는 모두 궁극적으로 도에서 만나게 되는 것임을 한재는 이 「허실생백부」를 통해 확인하고 있다. 그러면서도 항상 '부오도벽이단扶吾道闢異端'을 그의 맡은 바의 임무로 삼았던 한재는 장자가 유가의 무리가 아님을 천명하고 그 설만 취하는 것에 대해 "미워하면서도 그 좋은 점을 아는'류의 것이라고나 할까?"라고 반문하며 그의 본령

---

203 安炳周, 田好根 공역, 『莊子1』, 전통문화연구회, 2001. p.86, p.96, 각주 참조.

이 유학자임을 확인하기도 한다. 이것은 도학자가 노장을 논함에 '어떤 사람이 나를 힐책詰責함'에 대한 일종의 단호한 입장이며 이단논란을 미리 자르고자 하는 강한 의지의 경고이기도 하다. 이 '미워하면서도 그 좋은 점을 아는 것'은 『대학』의 '좋아하면서도 그의 나쁨을 알며, 미워하면서도 그의 아름다움을 아는 것[好而知其惡 惡而知其美]'에서 차용하였다.

한재는 장자의 사상을 끌어들임에 대한 도학자의 힐책을 감수하면서도 '허실생백'을 분명하게 강조하고자 했다. 이것은 장자의 사상 중심이 인생관에 있으며 인생의 고난이라는 현실에 기초하고 있기 때문이다. 이는 "내 타고남이 우매한 것을 번민하나니"라고 여는 「허실생백부」본문의 첫머리 글에서 한재가 인간의 생명이 처한 고통과 어리석음을 삶의 과정에서 어떻게 초월할 수 있는가라는 실천의 방법을 밝히려고 함과 같다.

한재 나이 17세에 "배움에 힘써서 문사文詞를 공부하되 글에는 좌씨춘추左氏春秋 읽기를 좋아하였고, 조용히 마음에 잠겨, 글의 참맛을 알아 손에는 책을 버리지 않았다."[204]라는 구절이 있다. 「인간세」편의 "빈 방에 햇살이 비치니 길상吉祥은 고요한 곳에 머무르는 것이다."에서의 '길상지지吉祥止止'가 바로 한재의 '잠심완미潛心玩味'와 연결된다고 볼 수 있다.

---

204 「年譜」, p.165. "先生力學, 工文詞於書, 好觀左氏春秋, 潛心玩味, 手不釋卷."

❖ 보충

「허실생백부」는 한재의 노장사상이 잘 드러난 대표적 저술이다. 병서에서 "무릇 방이 텅 비면 능히 밝아지니, 밝은 것은 텅 빈 방이 그렇게 만드는 것이다. 이를 가지고 심의 바탕이 본래 밝음을 형용함에 이보다 적절한 것은 없다.[夫室虛則能白. 白者. 虛之所爲也. 以之爲形容心體之本明者. 莫切焉]"라고 하였다. 심체본명을 형용함에 허실생백이 가장 좋다고 밝히고 「허실생백부」를 지은 이유를 분명하게 말하고 있다. 본론 첫머리에서 "내 타고남이 우매한 것을 번민하나니 허령한 마음에서 현묘함을 찾노라. 그쳐야 될 곳도 알지 못하고 어찌 정한 방향이 있으랴. 조용히 눈길을 거두고 귀를 되돌리노라.[悶余生之愚昧兮. 索玄妙於虛靈. 迷所止而奚定兮. 靜收視而反聽]"라고 하여 삶의 우매함에서 벗어날 수 있는 길은 허령에서 현묘함을 찾는다는 허의 사상을 부를 지어 천명하고 있다. 이를 위해 지止, 정定, 정靜의 과정을 거쳐 수시반청收視反聽하는 구도방법을 제시하고 있다. 인간에 있어서 생의 모든 고통과 시비의 원인인 인위적인 모든 집착을 내려놓는 심체본명을 제시하고 있다.

일반적으로 선비들의 노장 수용은 정치경세적측면의 수용과 인생의 수행측면에서의 수용으로 나누어 볼 수가 있다. 당시 상황으로 보아 정치경세적측면의 수용의 사례보다는 유가적 출세에 의미를 두지 않거나 그 입지가 실현되지 못한 선비의 이차적 수용으로 출세지향적인 욕구를 뛰어넘어 인생의 수행방법으로 노장사상을 수용한 측면이 대부분이라 볼 수 있다. 한재는 장자의 '허실생백虛室生白'을 취하여 '내 타고남이 우매한 것을 번민하나니'라고 하였던 자신의 존재의미에 대한 절실한 고민을 해결하고자 하였다. 장자는 구체적인 구도수양 방법으로 심재心齋·전일專一·좌망坐忘을 제시한다. 「허실생백부」에서 제시하는 '허령에서 현묘를 찾음'의 문제를 구도방법의 요지인 허虛·일一·정靜을 주자朱子의 허령불매와 장자의 심재·전일·좌망에서 살피고자 하였다. 이는 한재가 그 사상의 본류인 도학사상에 노장사상을 융합하여 더욱 확실한 답을 얻으려는 유자로서의 열린 자세라 할 것이다.

「허실생백부」는 한재의 학문의 깊이나 사상의 경향을 가장 잘 보여주는 작품이다. 특히 한재의 시문이나 부賦작품에 나타나는 노장사상의 심취경향을 「허실생백부」와 「차부」의 두 작품에서 비중 있게 보여주고 있다. 최영성은 한재의 부작품에 나타난 노장의 경향을 다음과 같이 평가하고 있다.

> 한재는 문장을 중시하면서도 그에 매몰되지 않았다. 장구章句나 조탁彫琢하는 단순한 문장가는 아니었고, 또 반면에 문자의 효용성을 무시했던 학자도 아니었다. 한재는 김종직의 문하에서 문장을 연마하면서 한 때 노장의 현허지도

玄虛之道에 심취했던 것 같다. 흔히 학자들이 젊었을 때, 또는 문장 하는 이들이 노장사상에 심취하는 경향이 많은데, 사람의 흥회胸懷를 툭 트이게 하는 거대한 정신세계와 초탈불기超脫不羈한 초월적 경지는 실로 젊은 학자라든지 문인들의 마음을 사로잡기에 충분하다. 이러한 경향은 한재에게서도 보이고 있는데, 그가 노장사상을 좋아하였던 것은 문자, 특히 '부賦'에 뛰어났던 것과 무관하지 않다.[205]

그가 문자의 효용성을 살리면서도 문장에 매몰되지 않았던 것은, 그 문장이 내포하고 있는 사상을 바탕으로 하였기 때문이다.

「허실생백부」의 구성은 1,145자로 되어있는 한부漢賦로 서론, 본론, 결론의 삼단 형식을 정확히 취하고 있다. 서론인 병서幷序에는 허실생백, 호연지기, 허령불매가 같은 경지로 심心의 바탕이 본래 밝음을 형용함에 허실생백이 가장 좋다고 밝히고 있다. 본론은 세 단락으로 나눌 수 있다. 첫째 단락에서는 허령虛靈에서 현묘玄妙를 어떻게 성취할 수 있는지의 구도 방법을 논하고 있다. 둘째 단락에서는 현빈玄牝의 문을 통해 무위자연에 합치되는 오지허실吾之虛室의 성곽을 구축하는 노

---

[205] 崔英成,「한재 李穆의 道學사상 硏究」,『한국사상과 문화』제12집, 한국사상문화학회, 2001. p.192.

장의 정신기상을 찬하고 있다. 즉 지수소제智水掃除 낙천지명樂天知命하는 공맹의 사상을 논하고 있다. 셋째 단락에서는 안회顔回의 인물로 드러내는 장자의 좌망坐忘 경지와 '정통령이감물혜精通靈而感物兮 신동기이입묘神動氣而入妙' 경지가 같음을 논하고 심의 수양이 높은 단계로 나아가는 과정을 언급하고 있다. 결론 부분은 천지초매天造草昧로 성명性命을 세움에 공경恭敬으로 지키고 정성精誠으로 주체를 삼아 허실로 돌아가는 것이다. 이는 한재가 비록 노장의 현허에 심취하지만 끝내는 유자의 본분으로 돌아와 대의를 마치고 있다. 다음 글은 「허실생백부」의 형식에 관한 뒷받침을 하고 있다.

한부漢賦는 보통 서序, 본사本辭, 결結의 삼단 구성으로 이루어지는데, 서는 작품을 짓게 된 동기나 경위 등을 서술하는 부분으로서 형식·내용면에서 모두 '산문'이며, 시적 대상에 대한 구체적이고 본격적인 묘사가 펼쳐지는 본사는 형식적으로는 운문이지만, 내용적으로는 외부 대상을 객관적으로 자세히 묘사하고 서술하는 데 중점이 두어진다는 점에서 산문에 가깝다. '결'은 형식상으로 본사가 지닌 운문적 요소에 글자의 정형성까지 더해져 운문성이 강화된 양상을 보인다. 특히, 한부의 결結은 초사의 영향을 받아 '난왈亂曰'과 같은 어구로 시작된다. '난'은 본래 초사楚辭의 마지막 장에 사용되는 곡으로서 시 작품을 종결하고 전편

全篇의 내용을 요약하는 기능과 더불어 대상에 대한 찬미의 성격도 지닌다.[206]

위와 같은 형식에 맞게 결론 부분은 '난왈亂曰'로 시작하는 도입부분의 4·4조의 형식을 띠는 것이 한나라 반고의 「유통부」의 '난왈亂曰. 천조초매天造草昧. 입성명혜立性命兮.'를 그대로 옮겨왔다. 한재는 「허실생백부」와 「차부」를 저술함에 반고의 「유통부」, 장형의 「사현부」와 「남도부」 등의 『문선』의 대표적인 부를 많이 인용하고 그 형식을 취했음을 알 수 있다. 이로 보면 부가 가지는 형식과 내용을 담는 것에서 그의 글을 짓는 문체의 선택과 노장사상을 선호하는 것과 매우 깊은 관계가 있다고 여긴다. 『문선』을 대표하는 부들이 대개 현풍을 띠고 있는 것이 특색이기 때문이다.

---

[206] 신은경, 『국제어문』 제40집, 「동아시아 문학에서의 산문/운문 혼합서술에 대한 비교연구」, 국제어문학회, p.155.

허령한 마음에서 현묘함을 찾노라
[索玄妙於虛靈]

❖ 국역

내 타고남이 우매한 것을 번민하나니,
허령한 마음에서 현묘함을 찾노라.
그쳐야 될 곳도 알지 못하고 어찌 정한 방향이 있으랴.
조용히 눈길을 거두고 귀를 되돌리노라.
바야흐로 뭇 생명체가 숨을 가라앉혔으니
은궤隱几에 올올히 앉아있는 모양은 마치 고목과 같구나.
조금 있다가 성긴 격자창문으로 달빛이 찾아 들었는데
달이 토해내는 빛이 방안에 가득하였네.
장형의 「사현부」를 읊조리고
남화가 지은 『남화경』의 '허실생백'장을 외우노라.
정신의 말[神馬]을 풀어 멀리까지 내달리게 하나니

내 어찌 일무一畝만한 좁은 땅에 갇혀 지내랴.
구만장천의 하늘 문을 바라보니
성두보다 쟁영崢嶸하게 우뚝 솟아 있구나.
마음의 문(중문中門)을 꿰뚫어 미묘한 것을 깨달으니
조금이라도 사곡邪曲이 있으면 남들이 알리라.
그러나 구경(관람觀覽)하는 것을 상쾌하지 않게 여기나니
내 장차 이를 버리고 멀리하리라.

❖ 원문

悶余生之愚昧兮
민 여 생 지 우 매 혜
索玄妙於虛靈
색 현 묘 어 허 령
迷所止而奚定兮
미 소 지 이 해 정 혜
靜收視而反聽
정 수 시 이 반 청
方群動之潛息兮
방 군 동 지 잠 식 혜
兀隱几猶枯木
올 은 궤 유 고 목
俄疏櫺之得月兮
아 소 령 지 득 월 혜
炯吐輝之盈室
형 토 휘 지 영 실
詠平子之思玄兮
영 평 자 지 사 현 혜

誦南華之生白
송남화지생백

神馬以騁遠兮
신마이빙원혜

吾焉滯乎一畝
오언체호일무

睚九天之閶闔兮
아구천지창합혜

屹崢嶸乎星斗
흘쟁영호성두

洞中門以喩微兮
동중문이유미혜

小有曲則人知
소유곡즉인지

然不快於觀覽兮
연불쾌어관람혜

吾將去此而遐之
오장거차이하지

❖ 강설

'내 타고남이 우매한 것을 번민함[悶余生之愚昧兮]'은 허령虛靈에서 현묘玄妙함을 찾아가는 구도방법을 제시하고 있다. 한재가 제시한 허령에서 현묘를 찾는 작업이란 마음의 허정虛靜을 찾아가는 구체적인 수행방법이다. 이 허령에서 현묘함을 찾음에는 반드시 그칠 바를 알아서 깨어있는 상태로 몸은 마치 마른 나뭇가지처럼 잠잠하고 마음은 평정함을 유지해야 함을 강조한다. 이 '그쳐야 정定한다'는 '지이정止而定'은 『대학』

의 '지지이후유정知止而后有定'과 상통하고 있다. "대학의 도
는 명덕을 밝힘에 있으며, 백성을 새롭게 함에 있으며, 지선至
善에 그침이 있다. 그칠 데를 안 뒤에 정定함이 있으니, 정한
뒤에 능히 고요하고, 고요한 뒤에 능히 편안하고, 편안한 뒤에
능히 생각하고, 생각한 뒤에 능히 얻는다."[207]라고 하여 유가의
수렴공부로 연결시키고 있다. 또한 "육체는 진실로 시든 나무
와 같아질 수 있으며 마음은 진실로 불 꺼진 재와 같다."[208]라
고 『장자』의 「제물론」에서 먼저 보이는 고목槁木 · 사회死灰는
장자의 수양론에서 좌망坐忘의 지극한 경지의 표상이다. 한재
는 『대학』의 근본 강령인 '정靜'과 『장자』의 수양명제인 '좌망'
을 수양론 측면에서 일치시키고 있다.

    여기서 오로지 마음을 하나로 모아가는 '눈길을 거두고 귀
를 되돌리다'의 '수시반청收視反聽'[209]은 육기陸機(261-303)의
「문부文賦」에서 보인다. 허령에서 현묘함을 찾으려면 지止, 정
定, 정靜의 과정을 거쳐 모든 고통과 시비의 원인인 인위적인
모든 집착을 내려놓게 하고자 한다. 현묘란 아득하고도 은미
隱微함의 궁극을 뜻하므로 사물이 시작되는 미묘微妙함,[210] 즉

---

207 「大學」, "大學之道, 在明明德, 在親民, 在止於至善. 知止而後有定, 定而後能靜, 靜而後能安, 安而後能慮, 慮而後能得. 物有本末, 事有終始, 知所先後, 則近道矣."
208 「莊子」「齊物論」, "形固可使如槁木, 而心固可使如死灰乎."
209 「文選」卷十七, 音樂上「文賦」, "皆收視反聽, 耽思傍訊."
210 「老子」1장, "故常無欲, 以觀其妙", 王弼註, "妙者, 微之極也. 萬物始於微而後成,

도를 깨우침에는 어떠한 곡절 즉 사심이 작용해서는 아니 됨도 경계하고 있다.[211] 주자의 허령불매는 「대학장구」 경일장에서 '명덕明德'에 대한 주자의 주석에 "명덕은 사람이 하늘에서 얻은바 허령하고 어둡지 않아서 중리를 갖추어 있고 만사에 응하는 것이다."[212]라고 '허령불매'를 말하고 있다. '허령'은 곧 마음을 말한다.

장자가 제시하는 심을 수양하는 두 가지 개념이 좌망坐忘과 심재心齋인데 정정靜을 위주로 하는 심수양법이다. 좌망이란 단정하게 앉아서 일체 물아物我·시비是非의 차별상을 잊어버리는 신비로운 정신정황을 말한다. 심재는 좌망과 마찬가지로 바로 허정한 마음을 보존하는 것이며 오늘날의 정좌수행법과 같다. 허정의 수양 목표는 인간에게 내재된 근원인 덕을 회복하여 만물의 근원인 도와 하나가 되는 것이다. 장자의 수행론의 요지는 마음을 허정한 상태로 유지하는 데에 있다. 그 허정을 통하여 정신이 깨어있는 경지를 중요하게 여겼다. 이 허정은 노자가 제시한 것을 장자가 그 허정에 이르는 수양의 실천

始於無而後生. 故常無欲空虛, 可以觀其始物之妙."참조.
211 曲折 즉 私心. 사심에 관한 참조문:「人間世」, "齋, 吾將語若! 有而爲之, 其易邪? 易之者, 皥天不宜.",「天地」, "夫道, 覆載萬物者也, 洋洋乎大哉! 君子不可以不刳心焉."
212 『大學章句』, 朱子註, "明德者 人之所得乎天而虛靈不昧, 以具衆理而應萬事者也."

개념으로 받아 발전시키고 있다.『노자』16장에 "텅 빔을 이루면 지극해지고, 고요함을 지키면 독실해진다. 만물이 다 함께 흥기할 때에 나는 그것으로 만물이 되돌아가는 것을 살펴 헤아린다.[致虛極, 守靜篤. 萬物竝作, 吾以觀復]"라고 허정을 말한다. 한재가 말한 "바야흐로 뭇 생명체가 숨을 가라앉혔으니 은궤에 올올히 앉아있는 모양은 마치 고목과 같구나."라는 경지는 좌망의 지극한 단계의 표상으로 장자는 고목・사회라는 특유한 비유로 표현하고 있다.

「제물론」의 '고목・사회'를 살펴보기로 한다.

남곽자기南郭子綦가 팔뚝을 안석에 기대고 앉아서, 하늘을 우러러보며 길게 한숨을 쉬는데, 멍하니 몸이 해체된 듯이 자기 짝을 잃어버린 것 같았다. 안성자유顔成子游가 앞에서 모시고 서 있다가 말했다. "어쩐 일입니까? 육체는 진실로 시든 나무와 같아질 수 있으며 마음은 진실로 불 꺼진 재와 같아질 수 있는 것입니까? 지금 안석에 기대고 계신 모습은 이전에 책상에 기대 계시던 모습이 아닙니다." 자기子綦가 대답했다. "언偃아, 너의 질문이 참으로 훌륭하구나. 지금 나는 나 자신을 잃어버렸는데 그것을 알고 있는가? 너는 인뢰人籟는 들었어도 아직 지뢰地籟는 듣지 못했을 것이며

지뢰는 들었어도 아직 천뢰天籟는 듣지 못했을 것이다."²¹³

남곽자기가 천뢰에 귀를 기울인 나 자신을 잃어버린 '오상아吾喪我'의 경지는 마음을 비워 재계하는 심재와 같다. 자연의 소리를 인뢰·지뢰·천뢰로 나누어 인뢰는 인뢰로써 듣고, 지뢰는 지뢰로써 듣는 것이 바로 천뢰라는 것이다. 남곽자기가 깊은 숨을 내쉬며 말한 '오상아'는 내가 나 스스로를 잊은 것이다. 자신을 잊고 자신과 일체 만물을 천뢰로 들을 수 있으니 모두 잊은 뒤에야 초연히 모두를 얻을 수 있다는 것이다. 좌망과 상아喪我의 경지를 흔히 고목槁木·사회死灰로 비유하고 있다.

이어 한재는 장형의 「사현부」를 읊고 『남화경』의 생백生白을 외며 마음의 말 신마神馬를 놓아 달리기도 하고, 마음의 은미함을 깨치고자 하며 노골적으로 노장사상을 읊고 있다. 이 단락에서 언급한 『남화경』은 당나라 현종 천보天寶 1년(742)에 장자를 남화진인이라는 시호諡號로 추존하고, 『장자』를 『남화진경』으로 불렀다. 남화는 장자가 살던 마을 이름이다. 또 「사현부」를 저술한 장형(78-139)은 중국 후한後漢의 문인이며

---

213 『莊子』「齊物論」, "南郭子綦隱几而坐, 仰天而噓, 嗒焉似喪其耦. 顏成子游立侍乎前, 曰:「何居乎? 形固可使如槁木, 而心固可使如死灰乎? 今之隱几者, 非昔之隱几者也.」子綦曰:「偃, 不亦善乎而問之也! 今者吾喪我, 汝知之乎? 女聞人籟而未聞地籟, 女聞地籟而未聞天籟夫!」"

과학자로 사부詞賦에 능했다. 한재는 「허실생백부」와 「차부」를 저술함에 장형의 영향을 많이 받았음을 알 수 있다. 「차부」에서 차의 생육환경을 묘사할 때도 장형의 「남도부」의 표현방식을 많이 차용하였다. 이 「남도부」와 「사현부」는 「귀전부歸田賦」 등과 함께 『문선』에 수록되어 있어서 한재의 독서탐구의 범위도 엿볼 수 있다. 「사현부」는 여러 측면에서 한재의 부賦 저술에 지대한 영향을 끼쳤음을 알 수 있다. 한재가 즐겨 읊었다는 「사현부」의 한 구절을 보자.

아침엔 맑은 물에서 목욕을 하고,
아침 햇살에 내 머리를 말리네.
비천飛泉의 흐르는 물에 양치를 하고,
석균石菌(지초)에 흐르는 꽃잎을 씹어보네.
새들은 날아오르고 물고기는 뛰어오르니,
저 멀리 떠나가려나.
소호씨少皞氏의 집을 지나며
구망句芒에서 삼구三丘(봉래산 방장산 영주)의 정황을 물어보네.
도의 참된 순수성을 짊어지고
더럽고 누추하여 가벼이 날리는 것들을 버리네.
봉래산에 올라 고운 자태를 보니,
기어가는 자라는 손뼉을 치면서 반겨도 거들떠보지 않네.

영주瀛洲에 머물며 지초를 캠이여,
애오라지 또 오래 살겠네.
돌아가는 구름을 타고 멀리 떠나감이여,
부상扶桑에서 잠을 자야 되겠네.
청잠산靑岑山의 옥으로 빚은 단술을 마시고
저녁노을 양식 삼아 저녁밥으로 먹고,
그 옛날 목화 따는 꿈을 꾸었더니
오늘 곤륜산崑崙山의 높은 언덕에 꽃이 피었구나.

旦餘沐於淸源兮　晞餘髮於朝陽
단 여 목 어 청 원 혜　희 여 발 어 조 양
漱飛泉之瀝液兮　咀石菌之流英
수 비 천 지 력 액 혜　저 석 균 지 류 영
翾鳥舉而魚躍兮　將往走乎八荒
현 조 거 이 어 약 혜　장 왕 주 호 팔 황
過少皡之窮野兮　問三丘於句芒
과 소 호 지 궁 야 혜　문 삼 구 어 구 망
何道眞之淳粹兮　去穢累而影輕
하 도 진 지 순 수 혜　거 예 루 이 영 경
登蓬萊而容與兮　鼇雖抃而不傾
등 봉 래 이 용 여 혜　오 수 변 이 불 경
留瀛洲而采芝兮　聊且以乎長生
유 영 주 이 채 지 혜　요 차 이 호 장 생
憑歸雲而遐逝兮　夕餘宿乎扶桑
빙 귀 운 이 하 서 혜　석 여 숙 호 부 상
飮靑岑之玉醴兮　餐沆瀣以爲粻
음 청 잠 지 옥 례 혜　찬 항 해 이 위 장
發昔夢於木禾兮　穀崑崙之高岡
발 석 몽 어 목 화 혜　곡 곤 륜 지 고 강

이「사현부」는 천문학의 명인이기도 한 장형이 장자의 사상을 노래한 것이다. 마치 우주를 유행하는 환상곡 같은 작품이다. 참으로 막힘없는 자유로움과 종횡무진의 거대한 정신세계를 펼치는 노장의 기상을 엿볼 수 있다. 이「사현부」는 굴원屈原의「원유遠遊」와 반고班固의「유통부」를 모방하여 지은 것이다. 한재가 과거답안인「삼도부」에서 "반고의 양도부兩都賦와 장형의 양경부兩京賦와 좌태충左太沖의 삼도부 등의 부(賦)와 같은 것에 이르러서는 기국이 크고 넓으며 체세가 웅장하고 커서 한(漢), 위(魏)로부터 현금에 이르기까지 드물게 볼 수 있으니 가히 천하의 걸작이라고 할 수 있다."[214]라고 부에 대해 언급하고 있다.「양도부」를 저술한 반고와『태현太玄』을 저술한 양웅揚雄의 부 작품에 대해 매우 깊은 관심을 기울이고 노장경향에 심취하였음을 알 수 있다.

허실생백을 노래한 장자의 학설은 규범화된 사회의 제도나 인간의 욕심에서 벗어나 소요의 경계에 도달하려고 하며, 정신적인 해방과 자유를 얻고자 하는 자유의식을 문제로 삼고 있다.『장자』「소요유」는 "북녘 검푸른 바다에 물고기가 있으니 그 이름을 곤鯤이라고 한다. 곤의 크기가 몇천 리나 되는지 알 수 없다. 어느 날 물고기가 변신해서 새가 되니 그 이름을 붕鵬이라 한다."[215]라고 하는 것이 그 첫머리다. "이 붕새가 남쪽

---

[214] 「三都賦」, "至如班固兩都, 張衡兩京, 左太沖三都等賦. 氣局軒豁. 體勢雄偉. 自漢魏以來. 至于今罕有之. 可謂天下之傑作矣.
[215] 「莊子」「逍遙遊」, "北冥有魚, 其名爲鯤. 鯤之大, 不知其幾千里也. 化而爲鳥, 其名爲鵬."

바다로 떠나가려 한다. 남쪽바다란 다름 아닌 하늘의 못, '천지 天池'다. 상식을 뛰어넘은 무한의 시간과 무한의 공간으로 날아가는 붕새를 통해 통쾌한 해학의 철학자 장자는 그가 주장하는 절대자유의 경지를 제시한다."[216] 「소요유」의 '유遊'는 목적의식이 없는 무위자연의 유이고 인위를 버리고 작위를 잊은 유이다. 이는 굴원屈原이 아득한 세계에 노닒을 지은 글, 「원유遠遊」에서 "무위를 초월하여 청정한 경지에 이르러서, 태초와 함께 이웃이 되도다."[217]라고 하는 경지와 상통하고 있다. 유학자의 본지는 수기치인修己治人으로 철저한 자기 수양이 본분인데, 강상綱常윤리의 실천 주체로서의 자아확립을 위한 자주성과 자율의식이 장자의 이 '자유의식'과 매우 상통한다고 볼 수 있다. 장자의 사상은 중국의 불교발전에도 지대한 영향을 주었다. 다양한 학문분야에 광범위하게 영향을 미쳤던 장자에 대한 심취는 한재의 학문하는 구도방법을 수용한 것으로서 그의 자신감 넘치는 도학자적 태도를 보여주는 것이다. 특히 사생을 접어두고, 절의정신의 도학이념으로 살았던 한재는 수신수양으로 철저한 허령불매의 경지를 탐구하였을 것이라 보인다.

---

[216] 安炳周, 田好根共譯, 『譯註 莊子』1, 전통문화연구회, 2001, p.25.
[217] 屈原, 『楚辭』「遠遊」, "超無爲以至淸兮, 與泰初而爲鄰."

나의 텅 빈 마음,
하늘을 즐기고 명이 있음을 안다
[吾之虛室 樂天知命]

❖ 국역

외외巍巍하도다. 우주의 광대함이여!
넓고 두터우며, 고대高大하고 밝기도 하구나.
구름과 무지개는 실낱만큼도 가림이 없고,
바람과 달은 쌍으로 맑도다.
이에 나를 높이 솟구쳐 그 가운데 서게 하니,
위아래를 어지러이 헤매며 구하고 찾도다.
어찌하여 소리와 냄새를 접함이 없을까?
단지 솔개가 하늘을 날고 물고기가 못에서 뛰놀 뿐일세.
이것이 비록 묘관妙觀이라 하기에 족하지만,
즐거움은 자신을 돌이켜 살피는 것보다 큰 것은 없다네.

마음(천군天君)이 나를 이끌어 처음으로 돌아가게 하니,
장차 나는 이 경륜에 나아가리라.
신명이 (내 몸을) 주재함을 알아,
광거廣居의 밝고 밝은 곳에 잠기도다.
현빈玄牝의 문을 통해 드나들면서,
무위자연에 합치되는 것을 성곽처럼 굳게 여기네.
"이것이 나의 빈방[虛室]이라."고 말함이여,
심중이 적연하지만 누累가 없도다.
진실로 방촌에 털 한 올만큼의 사의가 없으니,
천지에 고명을 극하였도다.
명덕이 다시 밝아지기 무섭게
문득 빛을 발하여 거두어들이기 어렵도다.
소소한 것이 쉬 어두워지는 것을 두려워하나니,
예禮의 불을 횃불 삼아 어두운 곳을 환하게 밝혀주네.
한 사물이라도 와서 접하는 것을 경계하나니,
지智의 물을 뿌려 깨끗이 쓸고 닦는다네.
하늘을 즐기고 명이 있음을 알아,
이욕의 대자리(거저蘧篨)를 막는다네.
불빛 같은 꽃(영화英華)이 앙수盎粹함이여,[218]

---

[218] 『東厓文集』 卷之三, 「師門言行錄」, "故其發之言語間者. 自然如此. 氣象從容. 襟懷灑落. 英華發外. 粹面盎背. 溫潤之中." 참조.

비록 텅 비었다고 하나 기실 가득 차 있도다.
텅 빈 것은 꽉 찰 수 있으나 꽉 찬 것은 빌 수 없음을,
나는 고정考亭(주자)에게서 들었노라.
열 손가락이 가리키는 바가 삼엄하나니,[219]
누가 어두운 곳에서 속일 수 있다 하랴!

❖ 원문

嵬嵬乎宇宙之大兮
외외호우주지대혜
能博厚而高明
능박후이고명
無雲霓之纖礙兮
무운예지섬애혜
有風月之雙淸
유풍월지쌍청
爰揭揭予中立兮
원게게여중립혜
紛上下而求索
분상하이구색
何聲臭之靡接兮
하성취지미접혜
但鳶魚之飛躍
단연어지비약

---

[219] 『大學』, "曾子曰 '十目所視, 十手所指, 其嚴乎!' 富潤屋, 德潤身, 心廣體胖, 故君子必誠其意."

茲雖足爲妙觀兮
자 수 족 위 묘 관 혜

樂莫大於反身
낙 막 대 어 반 신

天君引余而復初兮
천 군 인 여 이 복 초 혜

將吾造此經綸
장 오 조 차 경 륜

會神明之主宰兮
회 신 명 지 주 재 혜

潛廣居之昭晳
잠 광 거 지 소 절

門玄牝以出入兮
문 현 빈 이 출 입 혜

合自然爲城郭
합 자 연 위 성 곽

曰茲爲吾之虛室兮
왈 자 위 오 지 허 실 혜

中積然而無累
중 적 연 이 무 루

苟不私於方寸兮
구 불 사 어 방 촌 혜

極高明乎天地
극 고 명 호 천 지

纔明德之復明兮
재 명 덕 지 복 명 혜

奄發輝之難收
엄 발 휘 지 난 수

懼昭昭之易暗兮
구 소 소 지 이 암 혜

爝禮火而燭幽
작 례 화 이 촉 유

警一物之來接兮
경 일 물 지 래 접 혜

灑智水以掃除
쇄 지 수 이 소 제

나의 텅 빈 마음, 하늘을 즐기고 명이 있음을 안다

所以樂天而知命兮
소이낙천이지명혜
閑利欲之籧篨
한리욕지거저
爀英華之盎粹兮
혁영화지앙수혜
雖曰虛而爲盈
수왈허이위영
虛者能盈而盈者不能虛兮
허자능영이영자불능허혜
吾聞之於考亭
오문지어고정
儼十手之攸指兮
엄십수지유지혜
孰云幽之可欺
숙운유지가기

❖ 강설

외외호우주지대혜巍巍乎宇宙之大兮로 시작하는 이 단락에서는 우주의 큼이 '넓고 두텁고 높고 밝음'[220]을 전제하고 있다. 마음을 본원으로 돌아가게 하는 '복기초復其初'와 명덕明德을 밝은 데로 돌아오게 하는 '복명復明'이 주제 개념어가 된다. 이 주제 개념을 밝히기 위하여 주자朱子를 들어 증명하고 있다.

---

[220] 『中庸』 26장 "故至誠無息, 不息則久, 久則徵, 徵則悠遠, 悠遠則博厚, 博厚則高明."

현빈의 문에 드나듦에 거리낌 없는 마음, 곧 허실에는 어떤 사심도 허용되지 않아야 허虛라는 것이 능히 가득 찰 수 있음을 말했다. 그 어떤 즐거움도 자신을 돌이켜 살피는 것보다 큰 것은 없다고 했다. '몸을 돌이킴'이란 『맹자』의 "만물이 나에게 갖추어져 있으니 몸에 돌이켜보아 성실하면 즐거움이 이보다 클 수 없다."[221]라고 하는데서 근거한 것이다. 즉 '반신反身'은 자신을 돌아보는 철저한 수양이 중요함을 일깨우고 있다. "천군이 나를 이끌어 처음으로 돌아가게 하니"라고 하여 천군, 즉 마음을 본원으로 돌아가게 하는 '복초復初'를 치심수양의 중요한 명제로 제시한다. 도의 근원에 복귀하려는 열망인 이 복초설復初說은 도가사상의 특성이라고 하는 주장을 다음과 같이 볼 수 있다.

장자가 인간에게 도를 체득할 수 있는 가능성이 있다고 인정하는 논거로서 필자는 반본복초反本復初를 든바 있다. 장자는 이를 "성을 닦아 덕에로 되돌아가서 덕이 극에 이르게 되면 태초와 같아진다.[天地; 性修反德, 德至同於初]"라는 명제와 "그의 성정을 돌이켜서 그 시초를 회복한다.[繕

---

[221] 「孟子」「盡心章」上, "萬物皆備於我矣. 反身而誠, 樂莫大焉.";「孟子」,「離婁章句」上, "行有不得者, 皆反求諸己."

性; 其性情而復其初]"라는 명제를 들 수 있다.[222]

도가사상의 일반적 특성 중의 하나로서 근원적 도에 대한 복귀의 열망이 있다. 노자의 사상에는 복복·귀歸·복귀復歸의 표현이 나타나는데 모두 이러한 근원에의 갈망을 표현하는 개념이다. …… 장자의 사상에서도 나타난 현상계를 넘어서서 道의 근원에 돌아가려는 열망이 강하게 나타난다.[223]

이와 같이 도가에서 복초復初, 성수반덕性修反德, 복기초復其初 등이 도의 근본으로 돌아가고자 하는 명제이다. 이러한 근원으로 돌아가고자 하는 열망의 원초를 노자의 '복귀기근復歸其根'에서 찾을 수 있다.

텅 빔을 이루면 지극해지고 고요함을 지키면 독실해진다. 만물이 다함께 흥기할 때에 나는 그것으로 만물이 돌아가는 것을 살펴 헤아린다. 사물들이 무성하게 뻗어가지만 제각기 원래의 뿌리로 되돌아간다. 뿌리로 되돌아 간 것을 고요함이라고 하고 이것을 일러 명命으로 돌아간다고 한다.

---

[222] 李康洙,「道家사상의 硏究」, 高大民族文化硏究所出版部, 1989. p.123.
[223] 金洛必,「初期道家의 精神槪念」, 泰東古典硏究, Vol.1, 1984. pp.238-239.

명으로 돌아가는 것을 항상 됨이라고 하니 항상 됨을 아는 경지를 밝음이라고 한다.[224]

이와 같이 허정을 논하며 각각 시작된 근원으로 돌아가는 '복귀기근'으로 '항상 됨'을 아는 경지를 '밝음'이라 하고 있다. 유가에서 도의 근원으로 복귀하려는 복기초復其初, 반신反身, 반본反本, 복명復明이 모두 같은 개념의 명제인 근거를 다음을 보면 알 수 있다.

배우는 사람이 명덕이 드러난 것으로 인하여 밝혀 그 처음을 회복한다.[225]

뒤에 깨달은 사람이 반드시 선각자가 하는 바를 본받아 선을 밝혀 그 처음을 회복했다.[226]

기질이 달라도 공을 이룬다면 그 처음을 회복하는 것이다.[227]

---

[224] 『老子』 十六章, "致虛極, 守靜篤. 萬物竝作, 吾以觀復. 夫物芸芸, 各復歸其根. 歸根曰靜, 是謂復命. 復命曰常, 知常曰明."
[225] 『大學章句』, "故學者當因其所發而明之, 以復其初也."
[226] 『論語集註』, "後覺者必效先覺之所爲, 乃可以明善而復其初也."
[227] 『中庸或問』, "此三等者其氣質之稟 亦不同矣. 然其性之本, 則善而已, 故及其知之而成功也. 則其所知所至無小異焉 亦復其初而已矣." 참조.

예禮라는 것은 근본을 돌이켜서 옛 것을 닦아 그 처음을 잊지 않는 것이다.[228]

이같이 유가에서의 명덕을 밝히고, 선을 밝혀서 인간의 노력으로 이룰 수 있는 결과가 '복초'임을 일러주고 있다. '성즉리性卽理'의 개념을 바탕으로 하고 있는 주자의 윤리학에서 인간의 윤리적인 과제는 '기질氣質의 성性'으로부터 '본연의 성'으로 되돌아가는 것, 곧 처음으로 되돌아가는 것이 복초이다. "신명[229]이 (내 몸을) 주재함을 알아, 광거의 밝고 밝은 곳에 잠기도다. 현빈玄牝의 문을 통해 드나들면서, '무위자연'에 합치되는 것을 성곽처럼 굳게 여기네. '이것이 나의 빈방'이라고 말함이여, 심중이 적연하지만 누累가 없도다."라는 데서 '오지허실吾之虛室'이라고 하는 것은 노자의 천지본원의 현빈과 맹자의 인의의 광거廣居가 자연과 만나서 걸림 없는 경계를 이루고 있음에 접근하고 있다고 본다. 맹자의 광거는 "천하의 넓은 집[仁]에 거하며 천하의 바른 자리[禮]에 서며 대도大道[義]를

---

[228] 『禮器』 "禮也者, 反本修古, 不忘其初者也."
[229] 郭象, 『莊子注』, "神明은 사물과 교감한 이후에 생긴다.[神明由事感而後降出]", 안동림, 『莊子』, 현암사, 1993, p.778. 註인용. "'神'·'明'은 모두 인간의 순수한 思惟作用을 말함.", 「天道」, "天尊地卑, 神明之位也.", 「知北遊」, "今彼神明至精, 與彼百化, 物已死生方圓, 莫知其根也, 扁然而萬物自古以固存."

행하여, 뜻을 얻으면 백성과 함께 도를 행함"230을 일러 대장부 大丈夫라 한다고 하여 인의를 일컫고 있다. 현빈은 노자의 현빈지문을 이른다. 그것은 "천지의 뿌리라고 하는데, 미미하게 이어져서 있는 듯, 없는듯하면서도 쓰는데 힘들이지 않는다."231라고 한다. "낮은 곳에 처하면서 고요함을 지키고 있어 이름을 지을 수가 없다. 그러므로 천지의 근본이라고 하니 끊임없이 이어져 존재하는듯하면서도 작용함에는 지침이 없다. 문이란 현빈이 말미암는 곳이다. 그 말미암는 바의 근본은 태극과 더불어 한 몸이므로 천지의 근본이라고 부른다."232라고 하여 미묘하고 심오함의 경지 속에서 신명이 주재함을 만나려 하고 있다.

또한 '구불사어방촌혜苟不私於方寸兮'의 구절에서 방촌, 즉 마음을 바르게 함의 중요성을 강조하고 있다. 공자의 '극고명極高明'233과 '낙천지명樂天知命', 주자의 '명덕明德',234 맹자의

---

230 『孟子』「滕文公下」, "居天下之廣居, 立天下之正位, 行天下之大道."
231 『老子』6장, "谷神不死, 是謂玄牝. 玄牝之門, 是謂天地根. 綿綿若存, 用之不勤."
232 王弼, 『老子註』, "處卑而不可得名, 故謂天地之根, 綿綿若存, 用之不勤. 門玄牝之所由也, 本其所由與極同體, 故謂之天地之根也."
233 『中庸』27장, "故君子尊德性而道問學, 致廣大而盡精微, 極高明而中庸. 溫故而知新, 敦厚以崇禮."
234 『大學章句』, 朱子註, "明德者 人之所得乎天而허령불매, 以具衆理而應萬事者也."

'지자요수知者樂水'[235] 등을 인용한 이 구절에서는, 마음은 사사로움이 없으므로 천지에 '극고명'할 수 있지만 또한 쉽게 허물어질 수 있는 것이라 하였다. 그러므로 예의의 불을 밝히고 지혜의 물로 쏟아내야 한다는 방도를 말하고 있다. 여기서 '낙천지명'은 "권도를 행함을 알고 인을 바르게 지켜서 하늘의 이치를 즐겁게 하여 천명을 아는 것"[236]임을 말한다. 밝은 덕을 다시 밝음으로 돌아오게 하여 도의 근원으로 복귀한다는 '명덕복명明德復明'이 결코 쉽지 않으므로 끊임없이 지수智水로 소제하여 '낙천지명'을 알고자 하는 노력이 필요함을 언급하고 있다. 이 단락에서는 맹자와 노자를 번갈아가며 등장시켜 도가와 유가의 두 사상을 융합해 나가고 있다.

---

[235] 『論語』「雍也第六」, "知者樂水, 仁者樂山. 知者動, 仁者静. 知者樂, 仁者寿."
[236] 『周易』「繫辭上」, "旁行而不流, 樂天知命."

정신이 기운을 움직이면 미묘한 경지에 든다
[神動氣而入妙]

❖ 국역

이윤伊尹이 졸직拙直함을 지켰으니,
현기玄機의 무위함을 실천하였도다.
백이伯夷는 서산(수양산)에서 주렸으니,
빛이 해와 더불어 그 광光을 다투는구나.
두옥杜屋에 거듭하여 지붕을 덮지 않는다면,
온갖 비바람에 견딜 이 그 누구란 말인고.
이것明德은 촛불을 잡고 밤길을 가는 것 같으니,
몸은 어두운데 던져지더라도 더욱 빛이 밝다네.
밝은 것[明德]을 이미 밝혀 백성에게 미치게 하였으니,
요순과 우탕禹湯 같은 임금이시라.
홀로 기산箕山을 멀리 바라봄이여,

풍표風瓢를 버리고 귀를 씻었다네.
어찌 그 근본이 둘이 있으랴.
극에 이르면 모두 하나의 이치인 것을.
성문聖門에 현인이 많음을 엿보건대,
오직 도에 가까운 이는 안씨顏氏(안회)인가 하네.
종일토록 말없이 어리석은 사람인 양 하였으니,
일월 같은 공자의 도를 즐겼다네.
아아! 지인至人이 멀리 있음이여,
바른길[正路]엔 띠 풀이 꽉 막아 답답하기도 하구나.
누군들 이 지게문을 통해 나오지 않겠냐마는,
한결같이 남북 사이에서 헤매는구나.
다행히 관락關洛에 사람이 있어,
선철先哲들이 말씀하지 못한 것을 열었으니,
창 앞에 있는 봄풀을 읊고,
하늘 끝의 가을구름을 바라보는구나.
마음이 신령한 데 통하면 만물을 감동시키고,
정신이 기운을 움직이면 미묘한 경지에 드느니라.
어찌 내가 띠[紳]에 써서 옷에 차지 않으리오.
옥루玉漏에도 부끄러움이 없기를 기약했느니라.
바야흐로 하나로 돌아가 만사를 봄이여,
어찌하여 참[眞]은 적고 거짓[僞]인가.
세상 사람들은 참으로 겉만 꾸미고 속을 버려두며,

다투어 사특私慝한 것을 꾀하고 질박한 것을 깎아 버리는구나.
하물며 이설異說이 분분함에랴.
도리어 귀먹고 눈멀게 하는구나.
양웅은 태현太玄을 지키면서 가난을 쫓으려 하였고,
한유는 궁하게 살면서 궁귀窮鬼를 떠나보낼 생각을 했네.
아무것도 없을 수는 없거늘,
'내 마음의 빈 골짜기[空洞]'라고 하였다네.
뉘라서 초연하여 근본으로 돌아가며
만고의 긴 꿈에서 깨어날까?

❖ 원문

伊尹之守拙兮
이 윤 지 수 졸 혜
躡玄機之無爲
섭 현 기 지 무 위
伯夷之餓於西山兮
백 이 지 아 어 서 산 혜
光與日而爭磨
광 여 일 이 쟁 마
匪杜屋之重茅兮
비 두 옥 지 중 모 혜
百風雨其誰何
백 풍 우 기 수 하
是猶秉燭而夜途兮
시 유 병 촉 이 야 도 혜

身投昧而愈光
신 투 매 이 유 광

明已明而逮民兮
명 이 명 이 체 민 혜

日堯舜與禹湯
왈 요 순 여 우 탕

燭箕山之遠覽兮
촉 기 산 지 원 람 혜

捨風瓢而洗耳
사 풍 표 이 세 이

豈厥本之有二兮
기 궐 본 지 유 이 혜

蓋至極則皆理
개 지 극 즉 개 리

窺聖門之多賢兮
규 성 문 지 다 현 혜

唯庶幾者顏氏
유 서 기 자 안 씨

默終日而如愚兮
묵 종 일 이 여 우 혜

樂仲尼之日月
낙 중 니 지 일 월

嗟至人之云遠兮
차 지 인 지 운 원 혜

正路鬱其茅塞
정 로 울 기 모 색

誰不出乎斯戶兮
수 불 출 호 사 호 혜

一何迷其南北
일 하 미 기 남 북

幸關洛之有人兮
행 관 락 지 유 인 혜

開先哲之未發
개 선 철 지 미 발

吟春草於窓前兮
음 춘 초 어 창 전 혜

目秋雲乎天末
목추운호천말
精通靈而感物兮
정통령이감물혜
神動氣而入妙
신동기이입묘
盍吾書紳而佩服兮
합오서신이패복혜
期屋漏之無愧
기옥루지무괴
方歸一而視萬兮
방귀일이시만혜
何寡眞而皆僞
하과진이개위
世固飾外而遺內兮
세고치외이유내혜
競圖邪而斲朴
경도사이착박
矧異說之紛霏兮
신이설지분비혜
反聾瞽其耳目
반롱고기이목
雄守玄而逐貧兮
웅수현이축빈혜
愈處窮而思送
유처궁이사송
旣不能以無物兮
기불능이무물혜
謂吾中之空洞
위오중지공동
孰超然而反本兮
숙초연이반본혜
醒萬古之長夢
성만고지장몽

정신이 기운을 움직이면 미묘한 경지에 든다

❖ 강설

이윤지수졸혜伊尹之守拙兮는 역대 선현들이 도통한 깊고도 묘한 이치에 따라 무위를 밟았던 출처진퇴出處進退의 다양한 양상을 드러내고 있다. 유가의 이상형인 이윤[237]이 도가의 무위[238]를 따라 밟았다는 한재의 주장이야말로 마음수양에 있어서 공맹과 노장이 다르지 않음을 언급하고 있는 것이다. 그러므로 선현들의 그 출처진퇴를 결정하는 근본은 둘이 아니고 또 극에 이르면 모두 같은 이치임을 말하고 있다. 특별히 안회(BC 521-490)를 두고 공자의 일월日月을 즐겼다고 말하고 있는데 여기서 '중니지일월仲尼之日月'이란 공자의 도덕의 높기가 마치 일월과 같음을 말한다. 이는 하루종일 심재心齋하고, 좌망坐忘에 듦에 있어서, 잠잠히 앉아 있어 안회가 비록 어리석은 사람 같아 보이지만 이미 성인의 경지에 다다랐음을 찬하고 있다. 안회는 중국 춘추시대 노나라 사람으로, 공자의 수제자이며 자는 자연子淵이다. 『장자』 「대종사」에서 안회가 스승 중니에게 도를 추구함에 나아간 마지막 경지에서 '좌망'의 경지에 도달했다고 보고하자 "청컨대 너의 뒤를 따르고자

---

[237] 은(殷)의 어진 재상. 탕(湯)의 세 번의 초빙을 받고 재상이 되어 걸(桀)을 치고, 탕이 천하의 왕이 되게 함.
[238] 『老子』37장, "道常無爲而無不爲. 侯王若能守之, 萬物將自化. 化而欲作, 吾將鎭之以無名之樸. 無名之樸, 夫亦將無欲. 不欲以靜, 天下將自定."

한다."라고 칭찬하였다. 안회는 도에 나아가는 단계에서 인의를 잊고, 예악을 잊은 경지를 지나 좌망을 터득했다.

> 지체를 버리고 총명을 쫓으며 형체를 떼어내 지혜를 버려 대도에 동화되어 앉아서 고스란히 잊는 것을 좌망이라 합니다.[239]

육체를 떠나고 지각작용을 없애서 대통의 세계와 같아진다는 '이형거지離形去知 동어대통同於大通'의 좌망은 앉아서 모든 것을 잊어버리고 이목耳目의 감각작용을 물리치고 육체를 떠나고 지각작용을 없애서 대통의 세계와 같아진다. 이 경지는 모든 인위적이고 차별적인 지식을 잊어버리는 상태이다. 좌망에 이른 사람의 정신은 어떤 조건의 제한도 받지 않으며 자유자재하여 통달하지 않음이 없다. 인간세계로부터 어떤 간섭도 받지 않으므로 마음의 허정과 평화를 유지할 수 있으며, 자유롭고 행복한 느낌을 갖는다. 인간의 마음은 끊임없이 외물로 향하고 있고 그 외물은 끊임없는 변화를 가지고 있다. 이러한 항상恒常함이 없는 외물을 향하여 치닫는 마음의 경향을 내면으로 돌려 자신의 본성을 찾아가는 것이 바로 정靜을 위주로 하는 허정의 수양이다.

---

[239] 「大宗師」, "墮肢體 黜聰明 離形去知 同於大通 此謂坐忘"

장자의 허실생백과 합치하는 맹자의 호연지기는 인격의 이상적 기상으로, '거침없이 넓고 큰 기개'의 의미를 가진다. 이 '호연지기'는 인간본성의 함양에 대한 맹자의 견해로, 지극히 크고 굳세며 곧은 마음으로 진취적 기상의 바탕이 된다. 이 말은 『맹자』의 「공손추」상에 나온다. 제자인 공손추가 맹자의 장점을 묻는 물음에 맹자가 "나는 말을 알며, 나는 나의 호연지기를 잘 기른다."라고 대답한 데서 유래한 성어成語다. 이 말에 대해 공손추가 "무엇이 호연지기입니까?"라고 물었다.

말로서 설명하긴 어렵다. 그 기氣됨이 지극히 크고 지극히 강하니, 정직함으로써 기르고 해침이 없으면 (이 호연지기가) 천지의 사이에 꽉 차게 된다. 그 기됨이 의義와 도道에 배합되니 이것(의와 도)이 없으면 (호연지기가) 굶주리게 된다. 이 호연지기는 의리를 많이 축적하여 생겨나는 것이다.[240]

또 "반드시 호연지기를 기름에 종사하되 효과를 미리 기대하지 말아서, 마음에 잊지도 말며 억지로 조장하지도 말아

---

[240] 『孟子』「公孫丑上」, "難言也. 其爲氣也, 至大至剛, 以直養而無害, 則塞于天地之閒. 其爲氣也, 配義與道 ; 無是, 餒也. 是集義所生者."

서 송나라 사람과 같이 하지 말지어다."²⁴¹라고 하였다. '천하지부조묘장자과의天下之不助苗長者寡矣'의 송나라 사람의 고사를 들어 호연지기를 기르다가 효과가 나지 않으면 인위적으로 조장하는 자가 많음을 경계하여 말하고 있다.²⁴² 여기서 맹자가 말한 '아지언我知言 아선양호연지기我善養浩然之氣'를 지언·양기라고 축약해서 말하기도 하는데, 그것을 주자는 집주集註에서 다음과 같이 설명하고 있다.

> 지언知言은 마음을 다하여 성性을 알아서 모든 천하의 말에 그 이치를 궁구하고 지극히 하여 그 시비득실의 소이연所以然을 알지 못함이 없는 것이다. 호연浩然은 성대히 유행하는 모양이다. 기는 바로 이른바 '몸에 꽉차있다.'라는 것이니 본래 스스로 호연하나 기름을 잃었기 때문에 굶주리게(부족하게) 된다. 오직 맹자께서 이것(호연지기)을 잘 길러 그 본초의 상태를 회복한 것이다.²⁴³

---

241 『孟子』「公孫丑上」, "必有事焉而勿正, 心勿忘, 勿助長也. 無若宋人然."
242 『孟子』「公孫丑上」, "宋人有閔其苗之不長而揠之者, 芒芒然歸. 謂其人曰 : '今日病矣, 予助苗長矣.'其子趨而往視之, 苗則槁矣. 天下之不助苗長者寡矣. 以爲無益而舍之者, 不耘苗者也 ; 助之長者, 揠苗者也. 非徒無益, 而又害之." 참조.
243 『孟子章句』「公孫丑章句 上」, 朱子註, "知言者 盡心知性 於凡天下之言 無不有以究極其理而識其是非得失之所以然也. 浩然 盛大流行之貌 氣卽所謂體之充者 本自浩然 失養故餒 惟孟子爲善養之 以復其初也."

원래 몸에 꽉차있는 기가 그 기름을 잃어서 부족한 것을 스스로 호연하도록 심신을 수행하여 처음의 상태를 회복하는 '복기초'의 의미는 앞에서 언급하였듯이 매우 중요한 수행의 명제다. 이러한 행공부行工夫의 양기와 진리를 아는 지공부知工夫의 지언을 놓지 않도록 하는 것은 바로 도와 의의 배합으로 충족되어진다는 것이다. 호연지기는 유가의 적극적인 인의의 실현을 중시하여 그 본초의 상태를 회복하는 입장이다. 이에 비하여 장자는 무위자연한 본래면목을 기르는 것을 중시하는 수련방법을 제시하고 있다.

장자의 허실생백을 통한 좌망과 맹자의 마음에 잊지도 말며 억지로 조장하지 않는 '심물망心勿忘 물조장勿助長'의 호연지기는 모두 인위나 작위를 버리고 마음을 텅 빈 상태로 만드는 무위의 경지로 돌아간다는 점에서 한가지다. 한재의 허실생백은 유가의 치심공부와 노장의 심재에서 그 합일점을 찾고, "마음이 신령한 데 통하면 만물을 감동시키고, 정신이 기운을 움직이면 미묘한 경지에 든다."고 한다. 한재는 어떤 경우에도 허실생백을 통해서 마음의 미묘한 경지에 들 수 있음을 확인하고 있다. 이 '정통령이감물혜精通靈而感物兮, 신동기이입묘神動氣而入妙'의 말은 『한서』, 「서전상」에 "정통령이감물혜精通靈而感物兮, 신동기이입미神動氣而入微"[244]라는 구절이 나오는

---

[244] 「漢書」「敍傳上」, "精通靈而感物兮, 神動氣而入微. 養游□而猿號兮, 李虎發而

데 '미微'자를 '묘妙'자로 대체했으나 미와 묘는 같은 속성이다. 여기에서 치심은 「악기」에서 나오는 말로 예와 악을 철저히 하여 마음을 다스린다는 '치심'을 말한다.

> 예와 악은 잠시라도 몸에서 뗄 수 없다. 악을 철저히 하여 마음을 다스리면, 평이하고 정직하며 자애롭고 착한 마음이 구름이 일듯이 생겨난다. 평이하고 정직하며 자애롭고 착한 마음이 생기면 즐겁고, 즐거우면 편안하고, 편안하면 오래 살며, 오래 살면 하늘의 경지에 이르고, 하늘은 바로 신이다. 하늘은 말을 하지 않아도 미덥고 신은 성내지 않아도 위엄이 있으니 악樂을 철저히 하여 마음을 다스리는 것이다.[245]

군자는 예악을 함께 묶어 이것을 철저히 하여 치심을 함으로써 평안하고 자애로운 마음이 구름일 듯 일어나고, 오래하면 하늘의 경지에 이르러서 성냄도 없는 하늘이 바로 신(神)인 경지에 다다르게 된다는 것이다. 이 단락의 중간부에서 한재는 도에 나아감에 지인至人에 이르기 멀고 그 바른 길이 모색

石開."

[245] 『禮記』「樂記」, "禮樂 不可斯須去身 致樂以治心 則易直子諒之心 油然生矣 易直子諒之心 生則樂 樂則安 安則久 久則天 天則神天則不言而信 神則不怒而威 致樂以治心者也."

茅塞[246]하여 답답하게 여기나 다행히 관락關洛에서 선철의 뜻을 펴고 도학을 이어감에 "마음이 신령한 데 통하면 만물을 감동시키고 정신이 기운을 움직이면 미묘한 경지에 든다."는 희망을 말하고 있다. 모색은 띠가 길게 깔려있는 것처럼 욕심 때문에 마음이 흐려 있음을 의미한다. 장자는 「소요유」에서 이상적인 인격체를 지인至人, 신인神人, 성인聖人을 제시하고 있다. 지인은 자기를 잊고, 신인은 공적을 세우지 않으며, 성인은 명예를 세우지 않는 것[247]을 말한다. 무궁한 경지에 노닐 수 있는 소요유를 성취한 지인은 자기가 없다는 것이다. 여기서 '지인무기至人無己'의 '자기가 없음'은 어떤 편견이나 집착에 사로잡힌 자기 자신을 초월하였을 뿐 아니라, 우주적인 천지 만물 속에 융합되어 주체로서의 자아가 무화無化된 경지를 말한다. 즉 장자사상의 중요개념인 그 무엇에도 구속되지 않는 자유로운 삶인 소요유의 실천자를 말한다고 볼 수 있다. "육기六氣의 변화를 조종하여 끝없는 경지에 노닐 줄 아는 사람이라면 그는 대체 무엇을 의존할 것이겠는가."[248]에서 보듯이 성인이 천지간에 노닌다는 것은 우주와 일체가 되는 경지로 자연현상

---

[246] 「孟子」「盡心下」, "山徑之蹊閒, 介然用之而成路. 爲閒不用, 則茅塞之矣. 今茅塞子之心矣."
[247] 「逍遙遊」, "至人無己, 神人無功, 聖人無名."
[248] 「逍遙遊」, "若夫乘天地之正, 而禦六氣之辯, 以遊無窮者, 彼且惡乎待哉!"

의 근원인 천, 즉 도와 하나가 되는 경지를 말한다고 볼 수 있다. '무기無己'는 자신의 견해를 지나치게 내세워 고집하지 않는다는 뜻이며, 자기가 없기 때문에 사물에 따를 수 있고 사물에 따르는 것이 도에 다가가는 최상의 경지이다.

이 단락의 하단부인 "바야흐로 하나에 돌아가 만 가지를 본다."에서, '일一'은 현玄, 도道와 더불어 천지만물의 근원이자 본체로 바로 일심, '마음'을 뜻한다고 볼 수 있다. 이를 통해보면 한재는 내면의 성찰을 매우 중요하게 여겨서 심학에 관심을 크게 두고 있음을 알 수 있다. 여기서 양웅이 현기玄機를 지키면서「축빈부逐貧賦」를 짓고 한유韓愈가 궁색한 생활을 하면서도 즐겁게 보냄을 생각하여 도리어「송궁문送窮文」을 지어 현기를 굳세게 지키고 있음을 들고 있다. 이미 모든 것을 놓아버린 경지의 '오중지공동吾中之空洞'을 말하고 있다. 이 공동이라 함은 아무것도 없이 텅 빈 굴, 곧 도량이 넓은 것에 대해 비유한 것이다. 이러한 경지는 철저히 마음을 다스리는 수행에서 연유한 결과이다. 이와 같이 한재는 일심으로 돌아가 만 가지를 보는 '정통령이감물혜, 신동기이입묘'의 경지에 도달하고자 한다.

성명性命을 세움에는 경敬과 성誠으로
[立性命 敬誠虛室]

❖ 국역

요약하여 말한다.
시운天造이 혼란하고 어지러운[草昧]데서 성명性命을 세움이여,
사람은 그 사이에서 홀로 바르게 살아야 하느니.
어찌하여 말단을 좇아 풍진 속에서 고생하는고.
누런 메조 밥이 채 익기도 전에 흰 귀밑털이 새롭도다.
인간세계에 머리를 돌림에 어떤 일이 참다운 것인가.
공자는 뜬구름이라 일컬었고 맹자는 호연지기를 말씀하셨네.
탁월한 저 선각先覺들이 이 '내 마음의 하늘'을 밝혔으니,
경敬으로써 그것을 지키고 성誠으로써 주를 삼을지어다.

지금의 천하 사람들이 수고롭고 고생함이여
어찌하여 옛날처럼 허실虛室에 돌아가지 않는고.

❖ 원문

亂曰
난 왈

天造草昧 立性命兮
천조초매 입성명혜

人於其間 獨也正兮
인어기간 독야정혜

胡爲逐末 困風塵兮
호위축말 곤풍진혜

黃粱未熟 白鬢新兮
황량미숙 백빈신혜

回首人間 底事眞兮
회수인간 저사진혜

孔稱浮雲 孟浩然兮
공칭부운 맹호연혜

卓彼先覺 明此天兮
탁피선각 명차천혜

敬以守之 誠爲主兮
경이수지 성위주혜

今天下人 勞且苦兮
금천하인 노차고혜

胡不歸來 室猶古兮
호불귀래 실유고혜

❖ 강설

이 부분은「허실생백부」의 결론이다. '난왈'이라고 결론을 맺는 부분은 초사에서 악樂의 마지막 장에 전편全篇의 대요를 쓴 난사亂辭를 말한다. 결론의 첫머리 '난왈亂曰 천조초매天造草昧 입성명혜立性命兮'[249]는 반고班固의「유통부幽通賦」의 결론 구절을 그대로 가져왔다. 또한 '천조초매'란 천지가 만물창조를 비롯함에 있어서 어두운 세상을 말한다. 그러한 거칠고 어두워서 사물이 정돈되지 못한 것은 성명性命을 세워 바로 잡아야한다는 것으로 결론을 열고 있다. '성명'이란 말은 한재의 저술 중에서 잘 나오지 않은 말이다.「허실생백부」의 이 "시운[天造]이 혼란하고 어지러운[草昧] 데서 성명을 세움이여"와 「홍문관부」에서 한 번 사용되었다. 이 '성性'이란 말이 한재의 저술에서 단 두 군데 씌어졌을 뿐이다. 즉 한재의 성리학에 대한 본격적인 논술이 없는 상황에서 이렇듯 부를 통해서만 가볍게 논해지고 있는 편이다.「홍문관부」에서도 구체적인 논술을 편 것도 아니고 "대개 우주가 생성한 이래로 예악, 문물, 천경, 지지, 음양과 성명의 논설을 적은 책이 만 궤짝과 천 개의 시렁에 가득 쌓여 있도다."[250]라고 하여 단편적인 상황 설명으

---

[249] 班固,「文選」권14,「幽通賦」, "亂曰 : 天造草昧, 立性命兮.",「易經」, "天造草昧"
[250]「弘文館賦」, "蓋自宇宙以來. 禮樂, 文物, 天經, 地誌, 陰陽, 性命之說. 萬匭千架."

로 끝나고 있다. 한재가 지나치게 노장사상에 빠져서 그의 학문의 본령을 놓친 것은 아니다. 글머리에서 밝힌 바와 같이 한재는 노장의 좋은 점을 유가사상과 나란히 견주어 취하고 있다. 그 좋은 점은 높이고 강조하여 학문과 사상의 지평을 넓혀가는 그의 당당한 자세와 열린 마음을 볼 수 있다. 인생의 세월을 황량몽의 우언寓言에 견주어 헛되이 보내지 않고 공맹孔孟의 선각자들이 밝힌 천리天理를 성경으로 주체를 삼아 원초의 빈 마음으로 돌아가자고 하는 결론이다. 이 황량몽은 중당中唐의 심기제沈旣濟(750-800)가 쓴 「침중기枕中記」에 나오는 고사로 감단지몽邯鄲之夢, 노생지몽盧生之夢, 일취지몽一炊之夢이라고도 한다. 사람의 일생에서 부귀란 헛되고 덧없음을 뜻하는 말로 지칭된다. 옛날 중국 당唐의 노생이 감단 주막에서 도사 여옹呂翁에게서 베개를 빌어 잠이 들어 부귀영화를 누리며 여든까지 잘 산 꿈을 꾸었다. 깨어본 즉 아까 주막주인이 짓던 좁쌀 밥이 채 익지도 않았다고 하는 데서 유래되었다.

한재는 그 학문의 본령이 도학이면서 그 본령을 바탕으로 장자의 허실생백설을 취하여, 공자의 '부귀여부운', 맹자의 '호연지기'와 주자의 '허령불매'의 경지와 그 맥이 같음을 논하였다. 허실생백이 심체본명을 형용하는 데는 가장 적절하다고 강조한다. 그 실현방법은 경敬으로 지키고 성誠으로 주를 삼아 허실로 돌아갈 것을 대의로 제시한다. 이는 한재의 본연의 모습인 도학자의 자세로 돌아와 부를 마치고 있다.

「허실생백부」의 의의

'허실생백'을 담고 있는 장자의 「인간세」편은 공자의 이야기다. 공자와 제자 안회의 대화를 통해 당시 지식인들의 절실하고 진지한 물음을 장자 자신의 방법대로 풀어나간 것이지만 그것은 장자의 사상을 절실히 나타낸 것이다. 장자가 공자를 들어 심재와 허실생백을 끌어낸다고 해서 장자를 유가의 무리로 볼 수 없듯이, 한재 또한 허실생백을 들어 장자를 노래했다고 하여 전적으로 노장사상가라고 할 수는 없다. 그러나 철저한 유자의 길을 위해서는 생사화복을 초개같이 여기던 그가 유가의 수기지학에 머물지 않고 장자를 끌어들여 「허실생백부」를 지었던 것은 그만큼 학문의 폭이 넓고 사상경향이 자유로웠다는 것을 말한다. 한재 당시의 조선조 유가에서는 공식적으로는 엄격히 노장사상과 불가사상을 배제하는 시대이다. 한재가 조선시대 유자로서 노장사상에 마음을 열어 「허실생백부」를 짓고 노장을 노골적으로 드러낸다는 것은 매우 이례적이라 할 수 있다.

　조선시대는 성리학의 가치를 충실하게 따라야만 학자로서의 존립이 원만한 시대였다. 한재 또한 도학사상의 가치에 근거하여 과거를 보고, '부오도 벽이단'으로 표상되는 인물로 생사를 내걸고 살았다. 그러한 그가 「허실생백부」의 저술이 가능했던 점을 다음과 같이 요약해본다.

　첫 번째는 조선초기에서도 한재가 김종직 문하에서 수업할 당시에는 성종(성종14년)이 『장자』·『노자』·『열자』, 이 삼자三子의 글을 승정원에서 진강할 것인가의 논란을 일으키며 임금으로서 노장 강조의 은근한 압박을 가하던 시기였다.

　두 번째는 김종직이 세종 때 출간된 경자자본庚子字本의 『장자권재구의』의 말미에 발문跋文을 썼던 것으로 추정되는 기록이 나왔다. 이것은 젊은 시기부터 김종직과 그 문하의 영향을 많이 받게 된 한재의 노장에 관련한 글의 기술과 무관하지 않다.

　세 번째는 김종직의 문하에서 유일청담 부류가 많았고, 한재 또한 조선의 도학자 사이에서 삼자의 글이 무난히 읽혔던 학문풍토 속에 있었다.

　당시 학자들이 노장의 글을 교양서처럼 읽긴 했어도 「허실생백부」에서처럼 노장사상을 노골적으로 드러내지는 않았다. 이러한 상황에서 한재의 노장에 관한 저술은 어떤 형식이나 사상의 고착에서 초탈한 경지에 있었음을 보여준다. 노장경향이 깊이 깔린 한재의 저술경향은「차부」에서도 매우 비중 있게 나타난다. 한재를 호당학사로 선발했던 대제학 성현成俔의「허백정기虛白亭記」가「허실생백부」와 함께 뜻을 깊이 새기게 해준다. 즉 한재의 이러한 노장경향의 부賦 저술의 시대적인 배경은, 이황이 양명학을 비판하고 노불의 비인륜성을 배척하는 등 이단에 대하여 철저히 배척하였던 논쟁 시기의 50여 년 전이었다.[251] 또한 도학과 문장이 분화되기 이전의 시기였고, 노장 등의 사상이 이단사설로 첨예하게 분기되기 이전의 시기였다. 그러나 한재의 학문태도에서 도학이 그의 학문의 본령이기는 하나 노장사상의 수용은 유가에서 장자의 설이 괴이하지 않으면 성현도 취하듯이 유가의 무리가 아니라 할지라도 그 설만을 취함이 온당하다고 하는 주장을 정확하게 하고 있음을 볼 때 그의 학문태도가 매우 자유롭고 열려있는 실제적인 자세임을 알 수 있다.「허실생백부」의 결론에서 "탁월한 저 선각들이 이 '내 마음의 하늘[吾中之天]'을 밝혔으니, 경으로써 그것을 지키고 성으로써 주를 삼을지어다."라고 한 '탁월한 선각'의 중심은 한재의 도맥에서 중요하게 영향을 받았던 주자朱子이다. 실제로 주자학에 있어서 수양의 문제는 거경과 궁리로 종합되며, 경은 하나에 전념하여 마음을 다른 데로 감이 없

---

[251] 李東俊,「十六世紀 韓國性理學波의 哲學사상과 歷史意識에 關한 硏究」, 成均館大學校大學院 博士學位論文, 1975. p.131 참조.

도록 하는 것이다. 주자는 "경을 실천하면 천리가 밝아져, 자연히 인욕이 제압되어 소멸된다."[252]라고 하였는데 경의 실천적인 방법의 하나가 바로 정좌법靜坐法이다. 한재는 주자가 강조하였던 거경居敬 정좌靜坐와 장자의 심재·좌망의 수양론을 강조하여 성명을 바르게 세워 허실로 돌아갈 것을 언급하여, 공맹과 노장을 자연스럽게 융합시킴이 시사하는 바가 크다고 볼 수 있다. 또한 그의 과거답안인 삼책·이부[253] 이외의 저술 곳곳에서 그의 학문 경향이 노장사상과 신선사상에 관한 언급들이 있음을 발견할 수 있다. 이러한 것은 한재 고유의 학문에 임하는 자세의 특징으로 볼 수 있다.

이상과 같이 「허실생백부」의 분석을 통하여, 한재가 노장사상을 드러내어 그의 심학을 논하고자 했음을 다음과 같이 정리할 수 있다.

첫째, 한재의 「허실생백부」는 심의 수양에 절실한 내용으로 장자의 허실생백을 취하여 심의 바탕이 본래 밝음을 형용하기에 가장 적절함을 강조하여 심학사상을 드러냈다.

둘째, 「허실생백부」는 장자의 '허실생백'이 『대학』의 '명덕·명명덕'과 다르지 않음을 말하고, 유가의 '호연지기', '허령불

---

[252] 『朱子語類』 卷즉十二, 楊方錄, "敬則天理常明, 自然人欲懲窒消治."
[253] 한재의 과거시험답안이었던 『천도책(天道策)』, 『인재득실책(人才得失策)』, 『치란흥망책(治亂興亡策)』의 삼책과 『삼도부(三都賦)』와 『홍문관부(弘文館賦)』의 두 부를 통틀어 지칭함.

매'의 치심수렴治心收斂과 같음을 강조하였다.

셋째, 한재는 인간본연의 주체성과 자아를 파악하기 위해 '허실생백'에서 유가의 치심공부와 장자의 심재의 합치점을 찾고, 장자의 좌망과 주자의 정좌법과의 합치점을 모색했다.

넷째, 한재가 추구한 현허지도의 경지를 마음이 신령함에 통하여 사물을 감화시키고 정신이 기운을 움직이게 하여 묘한 경지에 드는 "정통령이감물혜 신동기이입묘"를 바로 좌망의 경지와 상통시켰다.

다섯째, 한재는 장형의 「사현부」와 장자의 허실생백을 읊으며, 마음이 우주의 광박심후廣博深厚함과 고대광명高大光明함 가운데 즐거움의 묘관妙觀을 호탕하게 즐기면서도, '반구저신反求諸身'의 즐거움을 강조하며, '낙천지명'으로 이욕의 마음을 막고자 했다.

여섯째, 「허실생백부」의 저술시기를 「차부」와 비슷한 시기로 추정할 수 있다. 이는 「허실생백부」에서 인용되고 있는 「사현부」와 「차부」에서 인용되고 있는 「남도부」 등 『문선』에 수록된 장형의 부에서 다 같이 공통으로 노장경향의 영향을 많이 받은 것을 염두에 둘 수 있다. 「차부」의 저술 시기를 한재의 연경燕京기행 이후[254]로 볼 때, 「허실생백부」의 저술시기가 한재

---

[254] 崔英成, 「한재 李穆의 茶賦 硏究」, 『한국사상과 문화』 제19집, 한국사상문화학회, 2003. p.483.

의 연경기행시기(24세)와 호당학사시기(27세) 사이 한재의 학문이 가장 완숙한 시기였다고 본다. 또 다른 공통점은 두 부에서 모두 공맹사상과 노장사상을 융합해 내려는 노력이 짙기 때문이다.

이와 같이 한재는 「허실생백부」를 통해서 유학을 본령으로 하는 학문과 사상에 노장사상을 수용하여 심취했음을 보여주고 있다. 그리고 수양의 접근방법에 있어서, 심체본명을 실현함에 허실생백의 설만큼 간절한 것이 없다고 하여 심학을 강조한 것이 특별하게 보인다. 노장적인 개념이나 용어를 빌어서 유학사상을 설명하기도 하고, 또한 공맹의 유학과 노장의 도가사상을 상생적으로 융합하려는 폭넓은 학문적 자세와 노력을 보였다. 이러한 공맹과 노장의 융합은 「차부」에서 더욱 확실하고 구체적인 실천을 보여주고 있다.

❖ 조선전기 노장수용 양상

조선시대는 유교를 숭상하는 시기였지만 조선왕조실록 태종조부터 이목의 생존시기인 연산군 1년까지의 기록에 근거하여 보면, 이때 이미 학자들이 불교와 도교를 수용하였음을 알 수 있다. 최재목은 임희일의 『삼자권재구의三子鬳齋口義』가 조선에 수용·유포되었던 것의 필연성을 다음과 같이 말하고 있다.

신라 최치원(857-?)의 삼교병행론, 조선의 승려 기화(호는 함허, 1376-1433)의 삼교회통론, 같은 승려 휴정(호는 서산, 1520-1604)의 삼교융합론은 조선사상사의 내부에 잠복되어 왔던 '유불도삼교회통론'²⁵⁵이란 혼합주의syncretism이었던 것이다. 조선에서 도덕경 관련저서로 제일 이른 시기의 것으로 휴정의『삼가귀감三家龜鑑』인『선가귀감禪家龜鑑』·『유가귀감儒家龜鑑』·『도가귀감道家龜鑑』에는 삼가(유가·불가·도가)가 상호 대립하는 것이 아닌 회통하는데 있다고 말하고 있는데, 여기에서 삼교일치의 전형을 볼 수 있다고 할 수 있다. 이것으로 보아 삼교일치에 기반한 임희일의『삼자권재구의』가 조선에 수용·유포되었던 것은 기이한 현상이 아니고 그 필연성이 있었다고 본다.²⁵⁶

노장의 수용은 조선시대만의 특성이 아니다. 삼교일치에 기반하여 임희일의『삼자권재구의』가 조선에 수용·유포되었던

---

255 "이 三教竝行·會通·融合의 전통에 있어서의 槪論은, 韓鐘萬,「韓國의 儒佛道三教會通論」,『韓國道教思想研究叢書·Ⅴ: 韓國道教와 道家思想』, 亞細亞文化社, 1991. 참조." 崔在穆,「朝鮮時代における 林希逸『三子鬳齋口義』の受容」,『陽明學』제10호, 한국양명학회, 2003, p. 318. 각주. 3. 재인용.

256 崔在穆,「朝鮮時代における 林希逸『三子鬳齋口義』の受容」,『陽明學』제10호, 한국양명학회, 2003, p.318. 참조.

것은 기이한 현상이 아니고, 신라의 최치원에서 조선의 함허선사와 서산대사 등의 유불도삼교회통사상으로 전승된 것이다.

세종 7년(1425)에 경자자본庚子字本『장자권재구의莊子鬳齋口義』를 문신들에게 나누어 주었다는 기록이 있다.[257] 이로 보아 이 책이 적어도 세종 대에 이미 들어와 있었으며 조선 초의 학자들 사이에 널리 읽혔다는 것을 알 수 있다. 조선조에서 우리나라 식의 현토본이 있다는 사실로도 임희일의『장자권재구의』가 많이 읽혔다는 것을 알 수 있다.

한재 생존시기까지의 조선실록을 검색해보면 세종, 세조, 성종에 걸쳐서『노자』·『장자』·『열자』의 삼자에 대한 기록들이 나온다. 즉 세종, 세조, 성종에 걸쳐 임금이 직접 노장에 대한 깊은 관심을 가지고 있었음을 알 수 있다.

세종이 주자소에서『장자』를 인쇄하게 하여 일반적인 보급이 가능하게 하였고, 학자들 사이에 널리 읽혀졌다는 것을 알 수 있다.

세조 7년(1461)에는 임금이 서강·임원준 등에게 명하여『병서』·『노자』·『장자』·『한문』등의 서적을 강하게 하였고,[258] 13년(1467)에는 간택한 문신 107인에게『주역』·『예기』

---

[257] 世宗實錄 七年(1425年), 1月 17日 두 번째 기사, "分賜鑄字所印「莊子」于文臣."
[258] 世祖實錄 七年(1461年), 1月 21日 세 번째 기사, "上步至後苑, 使李純之等, 相構芧亭之基, 逐御翠露亭池邊, 命岡·元濬等, 講「兵書」·「莊」·「老子」·「韓文」等書."

등 10과목의 성경현전과 『노자』·『장자』·『열자』 삼자를 나누어 주고 기한을 세워 반드시 읽도록 하였다.259 이는 당시 문신들도 노장에 대한 관심을 가지고 있었으며, 그것의 접근도 자유로웠다는 것을 말한다. 세조 때는 조선 창업 초기의 철저한 숭유억불정책이 후퇴하여 세조 자신이 공공연하게 불교가 유교보다 낫다고 언명하기도 하였다. 그리고 집권계층인 훈구대신들도 불교를 신봉한 시기여서 불교와 노장이 함께 대두한 분위기였다고 본다.

성종 14년(1483)에 성종이 "내가 지금 『근사록』과 『전한서』를 보고 있다. 그러나 성경현전만 알고 제자의 글을 알지 못하면 선악을 분별할 수 없으니, 『근사록』·『전한서』를 다 본 뒤에 『장자』·『노자』·『열자』 삼자의 글을 강하고자 하는데, 경들의 뜻은 어떠한가?"라고 승정원에 전교하자260 다음날 승정원 경연에서 『장자』를 강하는 것이 부당하다고 하자, 성종은 "만약 이글을 보는 것을 잘못이라고 한다면 경서 가운데 『장자』를 인용한 곳이 한 군데가 아닌데, 그것을 모두 없애버린

---

259 世祖實錄 十三年(1467年), 6月 22日, 두 번째 기사, "傳于禮曹曰:"今所揀文臣百七人, 分授『易』·『易學啓蒙』·『禮記』·『周禮』·『左傳』·『綱目』·『宋元節要』·『杜詩』·李白·『東坡』·『莊子』·『老子』·『列子』, 立期畢讀."

260 成宗實錄 十四年(1483年), 1月 18日 세 번째 기사, "傳于承政院曰: '予今方覽 『近思錄』·『前漢書』. 然但知聖經賢傳, 而不知諸子之書, 則無以別善惡. 『近思錄』·『前漢書』畢覽後, 欲講『莊』·『老』·『列』三子, 於卿等意, 何如也?'"

뒤에야 진강할 것인가?"라고 하였다.[261] 이어 성종은 "삼자를 강하고자 하는 물음에 어찌하여 대답하지 아니하는가?"라고 재촉하기도 한다. 도승지 이세좌 등이 삼자가 이단의 글로 강함이 필요치 않다고 하고, 홍문관박사 이거가 "이단을 전공하면 해롭다."고 하는 공자의 말을 인용하여 그 폐해를 논하기도 하였다. 그러자 성종은 "하고 아니하는 것은 내가 마땅히 처리하겠다. 삼자에 능통한 자를 기록하여 아뢰라."고 하였다.[262] 이에 따라 우승지 강자평이 『장자』를 잘 모른다고 한 것에 대하여 꾸짖는 대목이 나온다.[263] 성종 16년에 "대내전 사인 원숙에게 『사서』·『육경』과 『운부군옥』·『운회』·『한묵대전』·『사림광기』·『장자』·『노자』 각각 1건을 내려 주었는데, 그가 청

---

[261] 成宗實錄 十四年(1483年), 1月 19日, 세 번째 기사, "承政院啓曰: "殿下欲講『莊子』等書, 以觀其非. 臣等竊謂, 自祖宗朝, 經筵不講此書. 若於夜對, 下問未解處, 則猶可也; 經筵官進講, 則不可." 傳曰: "若以見此書爲非, 則經書中引用『莊子』不一, 其盡削去, 然後進講耶?"

[262] 成宗實錄 十四年(1483年), 1月 20日, 세 번째 기사 : 傳于承政院曰: "三子欲講之問, 何不對乎?" 都承旨李世佐等啓曰: "臣等以謂 '人主當觀聖賢之書, 以稽古今治亂之迹耳.' 「莊」·「老」·「列」, 乃異端之書, 於經筵, 不必進講." 弘文館博士李琚, 將本館議, 來啓曰: "「莊」·「老」·「列」, 異端之書, 不必覽也." 傳曰: "讀聖賢之書, 而知其是, 讀異端之書, 而知其非, 不亦可乎?" 琚啓曰: "孔子云: '攻乎異端, 斯害也已', 釋之者曰: '浸浸然入於其中', 何必泛覽異端之書, 然後辨其是非乎?" 傳曰: "爲, 不爲, 予當處之, 其疏能通三子者, 以啓."

[263] 成宗實錄 十四年(1483年), 1月 27日, 세 번째 기사 : 上謂右承旨姜子平曰: "知異端之爲非, 則亦可見聖道之高出矣. 爾以內臣, 啓如此之言, 以欺君上可乎? 自今毋如此也."

한 것을 따른 것이다."²⁶⁴라는 기록이 보인다. 이것으로 보아 지속적으로 노장을 존숭한 것을 알 수 있다. 조선시대의 노장 관련 주해서 가운데 한재의 생존 이전인 세종 때 이미 출간된 『장자권재구의』와 『노자권재구의』가 있고, 『열자권재구의』의 존재도 추정할 수 있어 당시 유학자들이 장자를 이해하는데 크게 영향을 미쳤고 폭넓게 읽혔다는 사실을 알 수 있다. 이는 후대의 서계西溪 박세당朴世堂(1629-1703)의 『남화경주해산보南華經註解刪補』를 통해서 『삼자권재구의』의 수용의 단서를 찾아볼 수 있다. 이와 같이 『삼자권재구의』를 언급한 유학자나 승려들의 서적을 토대로 해서 조선의 유학자들 사이에 노장이 무난하게 읽혔다는 사실을 입증할 수 있음을 알 수 있다.²⁶⁵ 이러한 맥락에서 한재의 노장사상에 대한 수용과 「허실생백부」의 탄생은 자연스러운 귀결이기도 하다.

한재의 노장수용을 이해하기 위해서는 그의 사우관계에 대한 고찰이 필요하다. 우선 그의 스승인 점필재 문하의 유일부류에 주목해야 하고, 청담을 즐겨했던 그들의 학문적 분위기도 중요한 몫을 차지하므로 살펴야 한다. 점필재 또한 『장자권재

---

²⁶⁴ 成宗實錄 十六年(1485年), 10月 10日, 세 번째 기사, "賜大內殿使元肅『四書』・『六經』・『韻府群玉』・『韻會』・『翰墨大全』・『事林廣記』・『莊子』・『老子』各一件, 從其請也."

²⁶⁵ 崔在穆, 「朝鮮時代における 林希逸『三子鬳齋口義』の受容」, 『陽明學』 제10호, 한국양명학회, 2003. p.315. 참조.

구의』에 발문이 있었을 것으로 추정하는 연구가 나와 있다. 최재목의 연구[266]에 의하면, 현재 전해지는 세종 때 출간된 경자자본의 『장자권재구의』 말미에 김종직의 발문이 있었던 것으로 추정할 수 있는 기록이 이인영[267]의 『청분실서목清芬室書目』에서 임희일의 『장자권재구의』를 소개하면서 김종직의 발문에 관해서 성종5년 갑오, 경주간복경자자본慶州刊覆庚子字本, 『장자권재구의』 영본零本의 발문에 중직대부 함양군수 김종직이 발문을 썼다고 이인영은 말한다.

김종직은 조선초기의 문신으로 영향력이 있었던 도학자로 그 도학을 계승했던 제자 김굉필, 조광조와 같은 걸출한 인물을 배출했다. 『청분실서목』에는 영본의 『장자권재구의』 1권의 말미에 있는 김종직의 발문을 요약하고 있지만, 그 가운데 김종직은 "옛날, 세종 때에 있어, 중국에서 사용했던 것의 구절도 전전의 신기한 것을 얻은 이래, 정성을 다하여 동활자를 써서 그것을 인쇄하였다. 때는 갑오년에 있어, 방백 김영유에게 도달하여 뜻하지 않게 1본을 얻어 각

---

[266] 崔在穆, 「朝鮮時代における 林希逸『三子鬳齋口義』の受容」, 『陽明學』 제10호, 한국양명학회, 2003.
[267] 李仁榮(1911 - ?): 호는 鶴山, 平壤태생. 휘문고등보통학교와 일본의 마쓰야마 고등학교[松山高等學校]를 졸업하고, 1937년 경성제국대학 법문학부 사학과 졸업. 震檀學會에 들어가 활동하면서, 1940년부터 1944년까지 연희전문학교의 강사 재임.

읍에 나누어 간행하여, 경주부에서 구집하였다. 권재는 공맹의 무리다. 어찌 우리를 헐뜯었겠는가. 지금, 공의 이 서의 발간을 급히 한 것도, 또한 권재를 나타냄이다."라고 말하고 있다.268

김종직이 '권재는 공맹의 무리'라고 말한 것처럼 당시의 유학자 사이에서 임희일을 유학자로 보고 그의 『장자권재구의』를 호의적으로 수용했다는 것을 엿볼 수 있다. 또한 "조선시대에 상당량의 『삼자권재구의』가 간행되어, 유포·보급되었다는 사실, 그리고 『삼자권재구의』를 언급한 유학자, 승려들의 서적을 토대로 해서 '조선의 유학자들 사이에 무난하게 읽혔다'는 사실을 입증하였다."269라고 최재목은 말하고 있다.

계운季雲 김일손金馹孫이 동문들의 학문 성향을 분류한 적

---

268 崔在穆,「朝鮮時代における 林希逸『三子鬳齋口義』の 受容」,『陽明學』제10호, 한국양명학회, 2003. p.327. "卷十末有, 景定開元, … 林德經序, 及景定辛酉十日月己巳, 三衢徐林景說跋, 十論末有莊子音釋, 次成化(=1474)甲午七月日, 中直大夫·咸陽郡守 金宗直跋 … 及分刊各官守令等列衡, 跋略云, 昔在世宗, 使于上國者, 苟得箋傳之新奇者以來, 費用銅活字印之, 歲在甲午, 方伯金公永濡之到也, 偶得一本, 分刊各邑, 鳩集于慶州府, 蓋庸學見理壽定, 未嘗不跌蕩, 未嘗不戲劇, 而大綱領大宗旨, 未嘗與聖人異也, 鬳齋孔孟之徒也, 豈誣我哉, 今公之急於是書之刊, 亦鬳齋之見也, 按隆慶乙亥字本, 攷事攝要, 慶州冊版, 有此書"(李仁榮,『淸芬室書目』, 184頁)." 재인용.

269 崔在穆,「朝鮮時代における 林希逸『三子鬳齋口義』の 受容」,『陽明學』제10호, 한국양명학회, 2003. p.315.

이 있는데, 점필재 문하의 동문 열두 사람 중에 유일로 분류되는 남효온,[270] 신영희,[271] 안응세,[272] 홍유손[273] 등이 청담파이다.[274] 이들 유일 부류는 한국 성리학의 도통을 잇는 점필재 문하에서 보면 많은 비중을 차지하는 편이다. 김일손의 분류에 의하면 한재는 강혼[275] · 이주[276] · 이원[277]과 함께 저명한 문장으로 분류되지만 동문들의 이러한 청담풍의 영향을 많이 받았음을 충분히 짐작할 수 있다. 이들 청담파는 서로 각별한 관계

---

[270] 南孝溫(1454 – 1492)은 조선 成宗 때의 학자. 生六臣의 한 사람. 金宗直의 문인으로 金宏弼 · 鄭汝昌 등과 함께 수학함. 저서에『추강집』,『秋江冷話』,『師友名行錄』등이 있다.

[271] 辛永禧(1442 – 1511) 세종4 – 중종6. 조선 전기의 학자.

[272] 安應世(1455 – 1480) 조선 성종 때의 儒學. 본관은 竹山으로, 丹陽郡守를 지낸 安仲聃의 아들. 南孝溫 · 金時習 등과 교유하고 樂府에 뛰어났으나, 26세의 나이에 요절함.

[273] 洪裕孫(1431 – 1529) 세종13 – 중종24. 조선 초기의 시인. 본관은 南陽. 자는 餘慶, 호는 篠叢 · 狂眞子. 戊午士禍 때 제주도에 유배되고 노예가 되었다가 1506년 중종반정으로 풀려남.

[274]「年譜」, p.164 참조.

[275] 姜渾(1464 – 1519)은 조선 중기의 문신. 본관은 晉州. 자는 士浩, 호는 木溪. 金宗直의 문인. 戊午士禍가 杖流되었다가 얼마 뒤 풀려났다. 그 뒤 연산군에게 문장과 시로써 아부하여 그 총애를 받고 도승지에 오름.

[276] 李胄(? – 1504)는 본관이 固城, 자는 胄之이다. 어질고 문에 능하였다. 容軒 李原의 증손, 成宗戊申에 과거에 올라 正言에 배수되다. 戊午士禍 때 진도로 杖流, 갑자사화에 죽음.

[277] 李黿(? – 1504)은 조선 초기의 문신. 戊午士禍 때 金宗直의 당인으로 지목되어 유배, 갑자사화 때 참형. 자는 浪翁, 益齋 李齊賢의 후손이며 死六臣 朴彭年이 그의 외조부다.

를 유지했으며 세조의 권력찬탈에 항거했던 사람들이다. 이들 청담파 부류는 당시의 명류들과 특히 가깝게 지내면서 죽림칠현을 자처하고 노자·장자의 학문을 토론하며 시율을 나누었다. 이들 유일 부류는 김굉필金宏弼·정여창鄭汝昌 등과 깊은 도의를 맺고, 이원·이심원·김시습과 엮이면서 산수자연을 벗 삼으며 도학에 힘쓰면서 불의에는 항거하였다. 이심원도 「청량사에 있으면서 차운함」[278]이란 시를 남기며 이목과 더불어 노장 현담을 논했다. 이것으로 보아 점필재 문하의 청담부류가 한재의 노장사상에 직간접으로 영향을 미쳤음을 알 수 있다.

지금까지 한재 당시의 조선 초기 왕조실록의 노장수용과 관련된 기록과 한재 동문사우의 노장 수용상황을 검토하여 보았다. 한재 당시의 학문적 배경의 검토를 통하여 성리학을 세우고 노장을 이단시 했던 사회적 풍토 속에서 어떻게 「허실생백부」를 공공연하게 지을 수 있었던가를 개략적으로나마 살펴보았다. 즉, 조선 창업 초기의 철저했던 숭유억불정책이 훈구권신들이 추진한 중앙집권체제의 폐해가 대두되자 세종 때에는 유교적 도덕수양의 성리학적 정치이념을 바탕으로 하는 신

---

[278] 李深源(1454-1504), 「在淸凉寺 次韻(答李穆)」, "邯鄲枕裡去來今, 分付禪窓一洗心. 雲色已收麟覆態, 鳥聲來和長短吟. 時逢白足玄談劇, 獨對靑山黃色深. 寄語諸生休攪我, 龍門應有理瑤琴."『附錄』, p.265.; 李起大 편, 李錫宰 교열, 『醒狂遺稿』, 청권사, 1989. 참조.

진사류의 진출이 높았다. 세조의 정권찬탈로 다시 훈구대신들이 득세하며 다시 불교를 옹호하는 정책을 시행하였다. 그러다가 성종 때는 유학을 존숭하여 학자들을 우대하고 성리학을 다시 공고히 하며 영남사림들을 대거 등용함으로써 훈구파와의 갈등을 야기하는 정치적 격변의 시대였다. 개국공신인 훈구파와 신진 사림파와의 정치 이념적 투쟁과 노불의 대두는 그 이념적 갈등이 깊었다고 볼 수 있다. 성리학이 정착되는 16세기 이전의 조선전기에는 정서적으로는 여전히 불교를 숭상하는 풍토였다. 또한 김종직의 문하에서 청담사상에 심취하여 노장을 선호하는 문인들이 자유 방달한 학문적 풍토를 이루었던 것도 사림파의 기상을 드높이게 했음을 알 수 있다. 그들은 깊은 도의를 논하고 학문적 교류에 있어서도 활발했다. 따라서 조선 초기의 학자들은 노장이나 불교를 그들의 시문을 통해 비교적 자유롭게 표현하고 있었다고 볼 수 있다.

　1497년 한재를 호당학사로 선발했던 대제학 성현과 홍귀달[279]은 서로 절친한 친구로, 두 사람이 똑같이 '허백'을 당호로 사용하였다. 성현이 친구인 홍귀달이 남산에 지은 허백정이란 정자에 대해 써준 「허백정기」를 보면 한재 당시의 유학자

---

[279] 洪貴達, 1438(세종 20) - 1504(연산군 10). 조선 전기의 문신. 본관은 缶溪. 자는 兼善, 호는 虛白堂 · 涵虛亭. 戊午士禍 직전 열 가지 폐단을 지적한 글을 올려 왕에게 간하다가 사화가 일어나자 좌천.

들의 노장에 대한 일반적 관심이 어느 정도인가를 짐작할 수 있다.[280] 한재가 무오사화의 참화로 일찍 생을 마감하게 되어 많은 글을 남기지 못했지만 그 중에도 비중이 큰 아홉 편의 부 작품에서 보여주는 상징법, 은유법을 동원한 우의적인 표현수법을 구사함에는 장자로부터의 받은 영향이 컸을 것으로 여겨진다. 「홍문관부」에서 "부라는 것은 옛 시의 한 흐름이라, 빗대고 비유하는 뜻으로 남의 결점을 찌르는 사람은 뜻을 안에 지니고, 직접 말로 하는 허물이 없으니, 이것은 덕업을 찬양하고 성공을 기리는 바이었다."[281]라고 한재 스스로 부를 규정하기도 하였다.

---

[280] 成俔(1439-1504), 「虛白亭記」, 「虛白堂集」 제4권 참조.
[281] 李穆, 「弘文館賦」, "且賦者 古詩之流也. 諷之者含意, 言之者無罪, 所以揄揚德業, 褒贊成功也."

제 5 장 한국 차도의 연원과 시대적 변천

본 장은 한재의 「차부茶賦」의 특성인 오심지차吾心之茶의 심차사상心茶思想과의 역사적인 연결고리를 파악하였다.
　한국차도의 연원을 시대적 변천에 따라 신라와 고려의 차생활 면모를 기술하여 조선전기의 한재의 「차부茶賦」까지 잇는 의미를 가진다.
　본 장에서 한국 차도의 연원을 신라에서부터 출발하고자 한다. 그 근거는 지금까지의 한국차도문화의 정체성은 불교문화의 선차禪茶에 집중되어, 유교나 도교사상 측면의 연구가 소홀하였다는 반성적 입장에서 출발하기 때문이다. 한국차도사상을 관통하는 핵심은 '심心'이라는 명제로 나타난다. 화랑정신으로 모아지는 신라의 풍류차도나 고려문사들의 청심한 차생활에서 보는 고려의 수양차도에는 심수양의 요소가 굳건히 자리 잡고 있다. 이러한 심수양의 차도사상이 조선의 한재에 이르러 '오심지차吾心之茶'의 심차사상으로 완성되었으며, 한국고유의 차도사상으로 꽃을 피우고 있다.

본 장에서는 신라에서 비롯된 차도사상이 조선시대 한재에 이르러 어떻게 심차사상으로 정립되었는지 그 연원과 변천과정은 다음과 같다.

신라의 풍류차도

『삼국사기』나 『삼국유사』의 신라사 기록에 의하면, 제사에 차를 올리는 일, 미륵불에게 차를 올리는 일, 차종자에 관한 일, 차를 마신 일, 차를 선물하는 일 등, 차에 관한 기록들이 나타난다. 이로써 한국차도의 실질적인 연원을 신라시대로부터 잡고 있다.

신라의 차에 관한 기록들이 대개 통일신라 전후 화랑의 활동이 활발한 시기에 집중되어 있음을 볼 때 화랑정신과 차도정신이 밀접한 관계가 있음을 알 수 있다. 또한 차를 마셨다는 관련기록의 배경이 유儒·불佛·도道 삼교의 회통문화이거나 낭郎·불佛 융합형의 인물이 돋보이고 있다. 또한 이러한 기록의 기저에 깔려있는 사상 배경에는 화랑정신이 있고, 이 화랑정신은 유학의 도의사상과 도교의 신선사상이 상호 작용하고 있음을 알 수 있다. 삼교회통三敎會通의 사상적 배경은 신라의 차도정신과 무관하지 않다. 그렇기 때문에 신라의 차생활은 유·불·도 삼교의 회통사상의 풍류정신에서 착안하여 검토해보아야 한다.

유·불·도 삼교의 회통사상에 관해서는 최치원(857-?)의 「난랑비서鸞郞碑序」에서 확인할 수 있다.

> 나라(신라)에는 현묘한 도가 있으니, 이를 풍류라고 하였다. 이 교를 창설한 내력은 선사에 자세히 밝혀져 있는데, 실제적으로는 유불선의 세 가지 교를 포괄하여 중생을 교화하자는 것이다. 이를테면 집에서는 효도하고, 집밖에 나아가서는 나라에 충성하는 것은 노魯나라 사구司寇(공자)의 뜻이요, 무위의 일에 처하며, 불언不言의 가르침을 실천하는 것은 주周나라 주사柱史(노자)의 뜻이요, 모든 악행을 하지 않고, 모든 선행을 실천하는 것은 축건태자(석가)의 교화와 같은 것이다.[282]

최치원의 삼교병행론은 유·불·도의 삼교가 상호 대립하는 것이 아닌 회통함을 말하고 있다. '현묘지도玄妙之道', '포함삼교包含三敎'로 표현되는 이 '현묘한 도'가 바로 풍류라고 하여 최치원은 이를 신라 사회의 사상적 배경으로 지목하고 있

---

[282] 『三國史記』 권4, 「眞興王」, "國有玄妙之道, 曰풍류. 設敎之源, 備詳仙史, 實乃包含三敎, 接化群生. 且如入則孝於家, 出則忠於國, 魯司寇之旨也; 處無爲之事, 行不言之敎, 周柱史之宗也; 諸惡莫作, 諸善奉行, 竺乾太子之化也."

다. 우리나라의 도교는 유교 · 불교와 상당한 수준으로 혼융해 있었다. 일상 속에서 신선의 풍류를 추구하면서 고도의 철학적이고 윤리적인 성격을 추구하였음을 짐작할 수 있다. 김낙필은 "풍류도를 선도仙道라고 부르는 것은 선적仙的 경향이 강하기 때문이며, 이를 삼교사상과 대비하면 도교적 흐름이 강하다는 말이 된다."[283]라고 했다. 화랑들이 즐겨한 현묘한 도, 즉 풍류정신의 배경 속에서 형성된 신라인의 차생활 전형은 한재의 「차부」에서 보이는 유학사상과 도가사상이 융합된 차도사상과 연결된다. 실제의 차생활이란 삶의 진리에 부합되고 인간생활을 각성시켜 온전한 삶을 살도록 하는 것을 목표로 하는 것이다. 진리에 부합된 삶이란 화랑도들의 도의정신에 부합되는 것이다. 그것의 요체가 각성된 삶으로 화랑의 일상생활과 부합되는 일이기도 하다.

신라 차생활의 연원에 관한 기록을 살펴 추려보면 다음과 같다.

『삼국유사』에 신라 제삼십대왕 법민왕(문무왕, 재위 661-681)은 가야국 원군元君이 그의 15대 시조가 되므로 나라는 이미 망했으나 그 사당은 아직 남아 있으니 종묘에 합하여 제사를 계속하게 하라는 령을 내려 제사에 차를 올리게 한

---

[283] 金洛必 외 3인, 「한국 신선사상의 展開에 관한 연구」, 『도교문화硏究』 제15집, 1999. p.45.

기록[284]이 있다.

홍덕왕 삼년(828)에 견당사 대렴이 차씨를 가져와서 지리산에 심게 하였다는 기록[285]이 『삼국사기』에 나타난다. 이것이 오늘날의 지리산 화개동 야생차로 차나무 전래에 관련한 최초의 기록이다. 밝혀진 바와 같이 선덕여왕(재위 632-647) 시대부터 차생활이 있었음을 알 수 있다. 차가 제례에 나타나고, 차종자의 전래에 대한 기록으로 보아 이 시기가 화랑활동이 활발한 시기였음을 알 수 있다.

『삼국사기』와 『삼국유사』, 고려시대 문인들의 기록에는 신라 승려들과 화랑도의 음차풍을 많이 볼 수 있다.

승려들의 음차풍에 관한 기록은 도처에 발견된다. 사복蛇福이 원효(617-686)에게 차를 공양했다는 기록, 설총의 「화왕계」 설화 속에서 차로 정신을 맑게 한다는 기록, 경덕왕(재위 742-762) 때의 충담사가 삼화령의 미륵불에게 차를 공양했다는 기록, 「도솔가」를 지은 월명사에게 경덕왕이 차를 예물로 주었다는 기록, 진감국사의 차풍을 언급한 최치원의 비문 기록, 보천寶川·효명孝明 두 왕자가 오대산에서 수도할 때 문수보살에게 차를 공양했다는 기록, 화랑들이 명산대천을 주유하

---

[284] 『三國遺事』 권2, 「駕洛國記」, "王之十七代孫虛世級干祗稟朝旨, 主掌厥田. 每歲, 時釀醪醴, 設以餠飯茶菓庶羞等奠" 참조.

[285] 『三國史記』 권10, 「興德王」, "入唐廻使大廉, 持茶種子來, 王使植地理山, 茶自善德王時有之, 至於此盛焉." 참조.

며 차를 마신 흔적 등 다양한 기록이 있다. 이 차에 관한 기록들을 통해 다음과 같이 신라의 차생활 면모를 범주화하여 관찰할 수 있다. 첫 번째는 원효성사·진감국사와 설총으로 대표되는 불승과 유현의 차생활이다. 두 번째는 충담사와 월명사를 통한 낭승郎僧[286]의 차생활이다. 세 번째는 명천대산을 유람하며 즐겼던 화랑의 차생활이다.

고려 중기의 문신이자 문인인 이규보(1168-1241)의 『남행월일기』에 원효성사와 사포성인蛇包聖人이 나눈 차살림에 관한 기록이 있다. 여기 실린 사포성인이 해동의 석가로 숭앙받는 원효에게 차를 달여 드렸다는 원효방 이야기는 두 성인 간에 걸림 없는 차의 거래가 이루어졌음을 보여주고 있다.[287]

다음은 우리나라에서 최초로 유학명현으로 홍유후弘儒侯로 불리는 설총(655-미상)에 관한 차의 기록이다. 『삼국사기』에 신문대왕(재위 681-691)이 설총에게 고명담론을 청하자 「화왕계」를 지어 바친다. 「화왕계」 설화 속에 "좌우의 봉공이 넉넉하여 고량진미로 충복하고 차와 술로 정신을 맑게 할지라

---

[286] 박노준은 '僧侶郎徒'를 줄여서 '郎僧'이라 칭하고 있음. 「향가로 읽는 月明의 문학세계」, 『새국어생활』 제13권 제3호, 국립국어원, 2003. 참조.
[287] 李奎報, 『東國李相國全集』 卷第二十三, 「南行月日記」, "傍有一庵. 俗語所云蛇包聖人所昔住也. 以元曉來居故. 蛇包亦來侍. 欲試茶進曉公. 病無泉水. 此水從巖罅忽湧出. 味極甘如乳. 因嘗點茶也." 참조.

도"[288]라는 차의 성품에 관한 최초의 기록이 있다. 이 설화는 계율적으로도 훌륭한 가치를 가지지만 차로 정신을 맑게 한다는 설총의 차생활에 대한 면모를 엿볼 수 있다는 점에서도 중요한 자료적 가치가 있다.

또 최치원의 진감화상비명에 다음과 같이 진감국사의 차생활 기록이 전한다.

> 또 중국차를 올리는 자가 있으면, 돌솥에 불을 지피며 가루로 만들지도 않고 달이면서 말하기를, "나는 이 맛이 무슨 맛인지 알지 못한다. 그저 뱃속을 적실 따름이다."라고 하였다. 진성眞性을 보지保持하고, 속정俗情을 멀리하는 것이 모두 이런 식이었다.[289]

최치원은 진감국사가 한명漢茗, 즉 중국차를 선물로 받아 차를 대하는 모습을 의미 있게 기술하였다. 차라는 것이 '그저 뱃속을 적실 따름'이라며 차 맛에 얽매이지 않고 초탈한 경지를 보였던 점을 돋보이게 하고 있다. 이러한 진감국사의 차풍은 비명을 지은 최치원 자신의 차에 대한 견해를 드러낸 것이

---

[288] 『三國史記』 卷46, 「薛聰」, "左右供給雖足, 膏粱以充腸, 茶酒以淸神."
[289] 『孤雲集』 卷之二, 「眞鑑和尙碑銘」, "復有以漢茗爲供者. 則以薪爨石釜. 不爲屑而煮之曰. 吾不識是何味. 濡服而已. 守眞忤俗. 皆此類也."

신라의 풍류차도

기도 하다. "이 맛이 무슨 맛인지 알지 못한다."라며 통상의 경계를 넘는 도가의 풍으로 차를 묘사하는 데는 최치원의 삼가(유가 · 불가 · 도가)를 회통하는 현묘한 도의 차풍과도 연결된다. '가루로 만들지도 않고'라는 데서 당시의 차가 덩이차임을 알 수 있다. 또 신라의 차 우리는 방법이 돌솥에 불을 지피며 달이는 자차법煮茶法임도 알 수 있다.

또 신라의 정신태자 보질도가 그 아우 효명태자와 더불어 오대산에 들어가 숨어 지내면서 매일 동중洞中의 물을 길어다가 차를 다려 공양하고 저녁이면 각기 암자에서 도를 닦았다고 한다.[290]

다음은 충담사忠談師와 월명사月明師의 기록에 담겨있는 낭승의 차생활을 엿볼 수 있다. 충담사와 월명사는 젊어서 화랑이었다가 후에 불가에 귀의하여 스님이 된 낭 · 불 융합의 전형적인 인물로써 경덕왕 시기의 인물이다. 두 인물 모두 이름에서도 '승僧'이 아닌 '사師'로 호칭함에 공통점을 가지고 있다. 이는 화랑출신의 승려로서 그 사상적 배경 또한 화랑정신과 불교가 잘 융합되어 있음을 나타낸다. 다음은 경덕왕(재위, 742-765)이 충담사를 맞이하여 차를 대접받는 장면이다.

---

[290] 『三國遺事』卷3, 「溟州五臺山寶叱徒太子傳記」, "兩太子並禮拜, 每日早朝汲于洞水, 煎茶供養一萬眞身文殊. 兩太子並禮拜, 每日早朝汲于洞水, 煎茶供養一萬眞身文殊." 참조.

스님이 말하기를 "내가 매양 중삼일과 중구일에는 차를 다려서 남산 삼화령의 미륵세존에게 드리는데, 오늘도 드리고 오는 길입니다."라고 하였다. 왕이 "나에게도 차 한 그릇을 주겠느냐?"라고 하니 중이 차를 다려 드리었다. 차의 맛이 이상異常하고 그릇 속에서 이향異香이 풍기었다.[291]

충담이 우려 주는 차를 맛보며 경덕왕은 차의 맛과 향을 칭송할 뿐만 아니라 안민가를 지어달라고 청한다. 다음은 경덕왕이 월명사에게 차를 선물한 기록이다.

왕이 가상하여 품차品茶 한 봉과 수정염주 백팔 개를 하사하였다. 홀연히 외양이 깨끗한 한 동자가 공손히 차와 염주를 받들고 궁전 서쪽 소문에서 나타났다. 월명은 이를 내궁의 사자使子라 하고, 왕은 사師의 종자從者라 하였으나, 현징玄徵의 결과 모두 아니었다. 왕이 매우 이상히 여겨 사람을 시켜 뒤를 쫓게 하니 동자는 내원탑 속으로 숨고, 차와 염주는 남벽화 미륵상 앞에 있었다.[292]

---

[291] 『三國遺事』卷2, 「景德王 忠談師 表訓大德」, "僧曰, 僧每重三重九之日, 烹茶饗南山三花嶺彌勒世尊, 今玆旣獻而還矣. 王曰, 寡人亦一甌茶有分乎. 僧乃煎茶獻之, 茶之氣味異常, 甌中異香郁烈."

[292] 『三國遺事』卷5, 「月明師兜率歌」, "王嘉之, 賜品茶一襲, 水精念珠百八箇. 忽有一童子, 儀形鮮潔, 跪奉茶珠, 從殿西小門而出. 明謂是內宮之使, 王謂師之從者, 及玄徵而俱非. 王甚異之, 使人追之, 童入內院塔中而隱, 茶珠在南壁畫慈氏像前."

경덕왕 19년 해가 둘이 나란히 나타나 열흘 동안이나 없어지지 않자[二日並現 挾旬不滅] 연승緣僧 월명사를 청하여 산화공덕의 기도문을 짓게 한 것이 「도솔가」이다. 도솔가를 지어 부르자 해의 괴변이 사라지는 감통을 보였다. 이에 왕이 내린 선물이 차와 염주이다. 왕이 내리는 선물인 만큼 차가 매우 귀한 물건임을 알 수 있다.

충담사와 월명사는 두 사람 모두 화랑도이면서 스님인 낭·불 융합의 인물이다. 그들의 사회적 위치로 보아 당시 스님들의 음차풍속과 화랑도의 음차풍속이 친밀하게 연결되어있음을 알 수 있다.

화랑도의 음차풍속에 관한 기록은 화랑의 차생활 실상을 보여주고 있다. 이에 사용되었던 석지·석조·석정 등의 유물은 조선 초기까지 전해졌다. 이것들은 선인이자 초기 화랑이었던 사선(영랑·술랑·안상·남랑)이 경포대·한송정 등지에서 차를 마실 때 사용했던 것이다. 화랑들의 음차풍이 있었던 것은, 화랑정신의 수행에 정신을 맑게 하는 것과 차의 효능이 밀접한 관련이 있다. 화랑들이 명산대천을 유람하며 차를 마신 흔적은 고려 말 이곡(1298-1351)의 「동유기」에 상세하게 전한다.[293]

---

[293] 『稼亭集』卷之五, 「東遊記」, "人言신라時有永郞述郞徒南四仙童者. 與其徒三千人遊於海上. … 其文曰. 述郞徒南石行. … 人言此湖爲四仙所遊. … 上鏡浦臺. 臺舊

풍류도를 닦은 선인들이 명산대천에서 차를 달여 마시며 심신수련을 하는 선가의 독특한 음차풍속을 알 수 있다. 선랑仙郎들이 무리를 지어 다니면서 심신을 수련하는 그들의 수련장에는 차를 달이는 돌절구와 돌 부뚜막의 차구가 고정되어 있고, 돌우물이 준비되어 있다는 것은 항상 차를 달여 마셨음을 의미한다.

화랑들이 무리지어 수련을 하면서 도의를 닦고 가락으로 즐거이 놀며 명산과 대천을 돌아다니는 동안에 훌륭한 인품의 인물이 절로 가려지게 되어 조정에 진출하는 통로가 되는 것이다. '도의를 닦고 가락으로 즐거이 놀며 명산대천의 유람'이라는 정서적 풍류의 덕목이 바로 차도정신과 부합되는 것이다. 화랑도 교육은 집단적인 생활과정 속에서 이루어진다. 국가의 유사시에 필요한 전사의 실력과 고매한 인격을 갖추는 것을 교육 내용으로 하고 있다. 이를 위해 오상·육예와 삼사三師·육정六正[294]의 도의교육을 실시하였다. 이러한 도의연마의 기본은 바로 유교이념이었다.

無屋. 近好事者爲亭其上. 有古仙石竈. 盖煎茶具也. … 飮餞于寒松亭. 飮餞于寒松亭. 亭亦四仙所遊之地. 郡人厭其遊賞者多. 撤去屋. 松亦爲野火所燒. 惟石竈石池二石井在其旁. 亦四仙茶具也."

[294] 仁義禮智信·禮樂射御書數와 太師 太傅 太保·聖臣 良臣 忠信 智臣 貞臣 直臣.

고려의 수양차도

고려시대에는 직접적인 차서의 저술은 없었지만 차를 즐기고 차를 통해 수양의 도를 실천했던 문인아사와 승려들의 차에 관한 시문 등이 많이 남아 있다. 이러한 자료는 당시의 성행했던 고려인들의 차생활을 엿보기에 충분한 근거가 된다. 특히 고려의 백운거사 이규보와 목은 이색(1328-1396)은 많은 차시문을 남김으로써 이를 통해 고려시대 차정신을 느끼기에 충분하다. 또 이들은 차도가풍과 스승과 제자 간에 차 전통을 이어갔으므로 그들을 통해 고려시대 차도사상을 유추해 낼 수 있다. 고려의 차생활은 신라의 차생활 전통이 이어지는 선상에서 바라볼 필요가 있다. 진정한 차생활의 실천 의미에서 보면 고려시대는 우리 차도문화의 전성기라 볼 수 있다.

신라에서 고려로 이어지는 정치이념의 굵은 맥락은 유학의 도의정신이다. 신라와 고려의 정치·문화적인 전통계승은 차사茶史면에서도 그 맥을 같이 하고 있다. 차생활 역시 신라의 전통을 자연 답습하게 되었다.

『고려사절요』「태조신성대왕」편 신묘 14년(931)에 신라왕이 태수 겸용을 보내어 귀순할 뜻을 알려 와서 보윤 선규를 보내어 신라왕에게 안장 얹은 말과 능라·채금을 선사하였다. 아울러 백관에게는 채벽綵帛을 내려주며, 군인과 민간인에게는 차와 복두를 차등 있게 내려 주었다는 기록[295]으로 고려의 차문화를 연다.

고려 차생활을 논하려면 고려청자와 함께 생각해야한다. 고려청자는 고려인의 차생활의 수준을 가늠하는 기준이 된다. 효당曉堂은 『한국의 차도』에서 지리산 화개동에 이름이 드러나 있는 죽로차를 천하의 명차로 찬하면서 차인 다산 정약용과 차성 초의 등 여러 대가들이 찬양하였음을 밝히고 있다. "이러한 천하명차는 다시 고려시대에 와서 고려차완을 만나게 되었다. 말하자면 고려시대는 천하명차와 천하명품의 자기, 고려차완이 결합함으로서 차생활의 절정을 이루었다. 비유컨대 용이 여의주를 얻은 격"[296]이라고 극찬하였다. 이로서 고려의 차생활이 차와 차기가 명실상부하였음을 말하고 있다.

『고려사절요』에 고려의 차생활이 잘 나타나 있다. 고려의

---

[295] 『고려史節要』卷之一「太祖神聖大王」[辛卯十四年], "春二月丁酉, 新羅王, 遣太守謙用, 來告歸順 … 秋八月, 遣甫尹善規, 遺新羅王, 鞍馬, 綾羅, 綵錦, 幷賜百官, 綵帛, 軍民, 茶幞頭, 有差."

[296] 崔凡述, 『한국의 차도』, 寶蓮閣, 1975. pp.25-27. 참조.

대표적 차인인 이규보와 이색을 중심으로 고려문사들의 차시문을 통해 그 시대의 차도사상을 알 수 있다.

『고려사절요』에 언급되는 음용차로는 뇌원차腦原茶, 유차孺茶, 용봉차龍鳳茶, 용단승설차龍團勝雪茶, 작설차雀舌茶, 자순차紫荀茶, 향차香茶, 대차大茶, 영아차靈芽茶, 노아차露芽茶, 황금명黃金茗, 아차芽茶 등이 있다. 이중에서 특별히 고려의 토산차인 뇌원차는 고려왕실의 애용품으로 진차의식에 사용했다. 뿐만 아니라 부의품이나 공을 세운 신하에게 내리는 하사품, 외국에 보내는 공물로도 사용하였다. 그 쓰임새의 수준으로 보아서 매우 우수한 차임에 틀림없다. 고려사 문헌에서 뇌원차는 세 차례의 부의품, 한 차례의 하사품, 한 차례의 조공품으로 기록상에는 다섯 번만 나타난다. 그러나 뇌원차라고 명기하지는 않았지만 그냥 차라고 한 부의, 하사, 조공의 물목에 든 것은 양과 단위의 형식이 같은 것으로 보아 대개 뇌원차일 것으로 유추하고 있다. 뇌원차라고 이름이 붙게 된 유래나 만드는 방법 등은 일체의 문헌에서 나타나지 않아 그 내용은 분명히 알기 어렵다.

『고려사절요』에 나타난 고려의 차풍속은 중국인의 눈을 통해 기록되어 있다. 서긍徐兢의 『고려도경』에는 중국인의 눈에 비친 고려의 차생활이 자세히 기록되어 있다. 서긍은 고려 인종(1122-1146)대의 송나라 사절단이었다. 그가 머물렀던 관사의 향림정에서 차생활을 일상적으로 즐기는 풍경이 기록되어 있다.[297] 서긍은 고려의 연회에서 차례가 어떻게 진행되는지 소상하게 기록하고 있다. 기록에 의하면, 고려인들이 하루에 세 차례씩 차를 마신다는 것과 차를 마신 후에는 탕을 내는 풍속이 있음을 알 수 있다.[298]

고려시대의 궁내직 직책 중에 차방茶房이 있는데, 진차의식을 행할 때면 이를 차방의 관원들이 맡았다. 이러한 차방제도[299]는 조선시대까지 이어진다. 이와 같이 차방이라는 특별한 직책을 둔다는 것은 고려에서의 국가적인 진차의식 등의 차례가 성행하였음을 입증하는 것이기도 하다.

임금과 신하 사이에 차에 대한 의식이 성행하였으며, 임금이 신하에게 성대한 사차식을 빈번히 행하였다. 사차는 나라에 공이 있는 신하가 죽으면 내리는 부의사차, 나이든 노인들의 축수를 위한 기로사차, 나라에 공을 세운 신하에게 내리는 포상사차로 나타난다. 차는 국가 간에 주고받는 선물, 또는 조공

---

297 『宣和奉使高麗圖經』卷第二十七,「香林亭」,"使副暇日. 每與上節官屬. 烹茶抨棊於其上. 笑談終日. 所以快心目. 而却炎蒸也." 참조.

298 『宣和奉使高麗圖經』卷第三十二,「茶俎」"凡宴則烹於廷中. 覆以銀荷. 徐步而進. 候贊者云. 茶遍乃得飲. 未嘗不飲冷茶矣. 館中. 以紅俎. 布列茶具於其中. 而以紅紗巾冪之. 日嘗三供茶. 而繼之以湯. 麗人. 謂湯爲藥. 每見使人飲盡. 必喜. 或不能盡. 以爲慢已. 必怏怏而去. 故常勉强. 爲之啜也." 참조

299 『高麗史』第75卷, 志제29, 選擧3, 銓注, 成衆官選,"成衆官選補之法曰內侍院曰茶房曰司楯曰司衣曰司彝其始置歲月不可考 明宗十六年 重房武臣請兼屬內侍茶房 則其選猶爲榮矣." 참조.

품으로 등장한다.

고려의 차인으로는 크게 승려차인과 문사차인의 두 부류로 나눌 수 있다. 고려시대는 건국초기부터 불교가 융성하여 왕사와 국사를 두었으며, 이들 중에는 많은 차인 승려들이 있었다. 고려의 차승으로는 의천 대각국사(1055-1101), 요일선사, 혜심 진각국사(1178-1234), 천인 정명국사, 천책 진정국사, 충지 원감국사(1226-1292), 공민왕의 왕사이자 국사인 태고 보우(1301-1382), 나옹 혜근(1320-1376) 등의 무수한 차승이 있었다.[300] 원감국사는 이십세 수의 차시를 남겼고, 태고 보우는 세 편의 차시를 남겼다. 나옹 혜근은 「적차摘茶」, 「일완차一椀茶」 등 일곱 편의 차시를 남겼다. 고려의 승려들은 대개 유학을 공부한 후에 출가를 하였으므로 유학의 학문과 불교의 경전공부를 겸한 수승한 승려들이다. 이 때문에 유·불의 교유가 원만하여 유학의 문사와 같이 많은 차시를 남기기도 하였다. 특히 고려의 문화가 찬연했던 문종(1046-1083)의 네 번째 왕자인 의천은 문화사상을 집대성시켜 세계적으로 탁월한 지위를 차지했다. 수많은 불교문헌을 집대성하여 고려속대장경을 간행했으며, 그 문헌의 분량도 엄청나다. 의천이 저술한 모든 문헌에 차에 대한 말이 여러 곳에 걸쳐 보이는 점, 특히 그 문집 가운데에 세편의 차시가 있는 것으로 보아, 차인으로서

---

[300] 鄭英善, 「다도철학」, 너럭바위, 2010, p.152. 참조.

의 의천의 면모를 볼 수 있다. 의천이 지은 「분황사원효성사에 대한 제문」에 "법을 구하는 사문 의천은 삼가 차와 과실 등 제수를 갖추어 해동교주 원효보살께 받들어 올리나이다."[301]라고 하였다. 여기서 원효를 '해동교주 원효보살'이라 경칭하며 차과를 올리고 있다. 또 의천이 불법을 구하려고 송나라에 가 있을 때는 송황제로부터 차약茶藥을 선물 받고 「차와 약을 내리신데 대해 사례하는 표」를 지어 바치기도 했다.[302]

이규보는 고려의 대표적인 문사차인으로 차선일여의 차생활을 보여주었다. 그는 오십여 수의 차시문을 남겼다. 뿐만 아니라 풍류를 즐기는 유불학인들과 함께하는 찻자리, 즉 명석茗席의 차풍속을 자리 잡게 하였다. 그는 특히 차선일미의 사상을 주창하며 유불도 삼교와 민간 사상까지 모두 포용하였다. 이규보는 경사經史 · 백가百家 · 불서佛書 · 도질道秩 등 유불도 삼교에 두루 통달하여 뛰어난 문장과 식견을 가졌던 거사였다. 「이날 보광사에 묵으면서 고故 서기書記 왕의가 남긴 시에 차운하여 주지에게 주다」에서 이규보의 사상을 엿볼 수 있다.

---

[301] 『國譯大覺國師文集』, 한국정신문화연구원, 1989, p.121.
[302] 『國譯大覺國師文集』, 한국정신문화연구원, 1989, p.41.

꿈길 끊긴 산창에 달빛조차 가셨는데
어깨 곧추세우고 해 저물 때까지 읊었구나
땅 기운 따뜻하니 아직 푸른 숲이 남았고
정원이 오래되어 유달리 누른 버섯 많다
일곱 잔 향긋한 차 겨드랑이에 바람이 일고
한 쟁반 서늘한 과일은 창자에 눈雪이 스미는 듯
만약 석가와 노자를 부을鳧乙 같다고 본다면
우리 유가에서 백양伯陽을 숭상하는 것 탓하지 마오.

夢斷山窓落月光
몽 단 산 창 락 월 광
聳肩吟到日蒼凉
용 견 음 도 일 창 량
地溫尙有林衣綠
지 온 상 유 임 의 록
園古偏多木耳黃
원 고 편 다 목 이 황
七睕香茶風皷腋
칠 완 향 차 풍 고 액
一盤寒菓雪侵腸
일 반 한 과 설 침 장
若將釋老融鳧乙
약 장 석 노 융 부 을
莫斥吾家祖伯陽 303
막 척 오 가 조 백 양

---

303 『東國李相國全集』 卷第十, 「是日宿普光寺. 用故王書記儀留題詩韻. 贈堂頭.」

부을은 부새와 을새를 말하는데, 이 두 새는 서로 비슷하지만 실제로는 전혀 다른 새이다. 석가와 노자가 부새나 을새와 같이 두 새가 전혀 다르지만 매우 비슷하다고 여긴다면, 유가에서 백양, 즉 노자를 숭상하는 것을 탓하지 말라고 하였다. 이것으로 보아 그는 불교와 더불어 도가도 숭상하였음을 알 수 있다. 이규보는 다음의 시구에서 차선일미를 선창하고 있다.

다른 날에 그윽한 암자에 찾아가
두어 권 서책 펼치고 현묘한 이치 토론하리
이 몸 늙었으나 오히려 물길을 수 있으니
한 바리때 물 떠놓고 참선할까 하노라

草庵他日叩禪居
초 암 타 일 고 선 거
數卷玄書討深旨
수 권 현 서 토 심 지
雖老猶堪手汲泉
수 노 유 감 수 급 천
一甌卽是參禪始 304
일 구 즉 시 참 선 시

「장원 방연보가 화답시를 보내왔기에 차운하여 화답하다」라는 이 시의 '일구즉시참선시一甌卽是參禪始'가 바로 차선일

---

304 『東國李相國全集』卷第十三,「房狀元衍寶見和. 次韻答之」

여를 일러주고 있다. 『동국이상국집』에 기재된 차시와 차와 더불어 그가 매우 즐겨하였던 기호인 술까지를 합하여 차茶·주酒의 취미를 재미있게 표현하였다. 다음은 차와 술을 번갈아 가며 읊은 시구들이다.

선사더러 봄 술을 빚어라 권함이 어이 잘못인가
만취한 후에야 차의 참맛을 알기 때문이지
굶주린 서생 오래도록 군침을 흘려
구복만을 위해 진미를 생각하였다오
만약 유차를 보내주고 술도 생긴다면
거룩한 일 우리들로부터 시작되리라

勸師早釀豈妄云
권 사 조 양 기 망 운
欲識茶眞先醉耳
욕 식 차 진 선 취 이
書生寒餓長流涎
서 생 한 아 장 류 연
只將口腹營甘旨
지 장 구 복 영 감 지
若遣孺茶生稚酒
약 견 유 차 생 치 주
勝事眞從吾輩始
승 사 진 종 오 배 시
「腹用前韻贈之」
복 용 전 운 증 지

돌솥에 차를 달여 술 대신 마시며

화로를 끼고 둘러 앉아 찬 옷을 말리노라

石鼎烹茶代酒卮
석 정 팽 차 대 주 치
擁爐圍坐熨寒衣
옹 로 위 좌 위 한 의
「訪嚴禪老. 用壁上書簇詩韻. 二首」
방 엄 선 로   용 벽 상 서 족 시 운   이 수

차담도 끝나기 전에 도로 술을 나누니

소쇄한 생활에다 난만까지 겸하였네.

茶談未罷還浮白
차 담 미 파 환 부 백
簫洒中間闌熳兼
소 쇄 중 간 난 만 겸
「聆公見和. 復次韻答之」
영 공 현 화   부 차 운 답 지

위의 세 편의 차시는 마치 술을 다식으로 삼고 차를 술의 안주로 삼는 것과 같은, 차와 술의 격의 없는 넘나듦과 그의 자유로운 기호를 보여주고 있다. 또한 차와 술의 대차貸借적인 특성을 하나로 승화시키는 색다른 인상을 우리에게 끼쳐준다. 「월수좌가 시랑 조충에게 증여한 운에 차하다」라는 시에서 "차석茶席에서 때로는 반나절을 머무네.[명석시용반일류茗

席時容半日留]"라고 하여 명석을 편 글들을 남겨주어 오늘날의 아름다운 찻자리의 근원을 보여주고 있다. 이 명석은 유불학인들이 함께 풍류를 즐기며 문사가 이끄는 찻자리 풍속으로 자리 잡았다. 사실 이규보의 시대는 최충헌 부자의 무신정권(1196-1258)으로 인한 무신시대였기 때문에 문인들에게는 어려운 시대였다. 이 시기에 이규보는 불교와 더불어 은둔생활을 하며 차선일여의 삶을 선택하였다.

「묘련사석지조기」로 유명한 익재 이제현(1287-1367)은 고려말 시인이자 성리학자이다. 익재의 부친 이진(1244-1321) 또한 조계사 혜감선사로부터 차를 얻기도 하는 차인연이 깊은 차인으로서 부자간의 차도가통이 이어진다. 익재는 신라 사선이 차를 즐겼다는 석지차조에 관한 기문, 「묘련사석지조기妙蓮寺石池竈記」를 써서 순암법사가 1337년에 석지조를 발굴한 것을 기념하여 경축하였다. 신라 사선이 차를 즐겼다는 것을 확인하기 위해 석지차조를 찾는 작업이 그의 제자 이곡의 「동유기」에서 나온다. 또 이곡의 아들 목은 이색이 「묘련사의 조순암법사가 발견한 석지조에 대하여, 익재 선생이 쓴 기문의 후미에 제하다[題益齋先生妙蓮寺趙順菴石池竈記後]」라는 시를 썼다. 묘련사의 석지조 발굴을 통해 신라 화랑 사선들이 동해를 유오하며 차를 즐겼다는 사실을 입증하였다. 뒷날 스승 익재의 경축기문에 따른 제자 이곡의 동해기행의 확인으로 사제 사이에 이어지는 차심이 있었다. 이처럼 차도가 가통으로 이어지는 전통을 기록에서 보면 신라의 원효대사와 설총 부자, 고려의 이진과 이제현 부자, 이곡과 이색 부자의 차도가통이 유명하다.

　무사청심無邪淸心차도의 차생활로 알려진 목은 이색은 부친인 가정 이곡과 더불어 익재의 문인이다. 이색은 차도를 군자의 삶으로 향해가는 실질적인 수양의 방편으로 차생활을 일상화하였고, 구십여 편의 많은 차시문을 남긴 차인이다. 『목은고牧隱藁』 행장에서 권근權近은 목은을 두고 "문장을 짓는 데 있어서는 붓을 잡은 즉시 써내려가서 마치 바람이 가고 물이 흐르는 것처럼 조금도 막힘이 없으되, 사의辭義가 매우 정밀하고 격율格律이 고상하고 고아하였으며, 호호하고 도도하여 마치 강하가 바다로 쏟아져 흐르는 것과 같았다.[凡爲文章. 操筆卽書. 如風行水流. 略無凝滯. 而辭義精到. 格律高古. 浩浩滔滔. 如江河注海]"라고 평하고 있다. 또 여말선초의 문신인 이색의 제자 호정 하륜(1347-1416)이 지은 목은의 신도비명에 "의리는 정하고 치밀하여 위로 정자程子, 장자張子를 접하였고, 문사는 고상하고 고아하여 소식, 황정견을 내려 보았네.[義理精微. 上接程張. 文辭高古. 下視蘇黃]"라고 기록하였다. 이성계는 목은 당대에 이미 목은을 '유학의 조종'[305]이라 지칭하였다. 이

---

[305] 『太祖實錄』 太祖1年(1392)12月 6日(壬子)1번째 기사, "李穡爲世大儒, 亦且崇佛. 此輩讀何書, 不喜佛若是?"

색의 고절함과 고아함은 조선 성리학의 영수인 사림파 김종직과 그 문인 이목으로 그 정신이 이어진다. 그리고 그 전통 위에서「차부」가 탄생할 수 있었다. 실제로 한재의 고조부 백유 伯由(?-1399)는 이색의 문인으로 조선왕조의 건국에 참여한 개국공신이기도 하다.[306]

이색은 유가철학의 바탕 위에서 한국차도문화를 꽃피웠다. 그의 차시문에는 차를 매개로 한 수양의 내용이 성리학적 인식에 바탕하고 있음을 보여준다. 그러나 수양의 체계 속에서는 노장과 불교사상을 융합해서 담아내고 있다. 그의 말년에는 두 왕조를 맞이해야하는 당대의 정치적 어려운 현실에서 고뇌하는 모습을 차시에 담아내기도 했다.『목은시고牧隱詩藁』1권의「산중사」에서 목은의 차의 경계와 사상을 만날 수 있다.

> 부싯불 켜서 차를 달이려 하노니
> 육우의 입 침 흘린 게 비루하여라
> 부러워라 반곡이 배회할 만함이여
> 더구나 그 글은 나의 지남이 됨에랴
> 천 년 도통의 실마리를 이음이여
> 그 시내를 염계라고 명명했는데
> 오직 산중에 짝할 이가 없어서

---

306 최영성 편역,『국역 한재집』, 문사철, 2012. p. 418. 참조.

위로 염계를 스승으로 삼았노라

한마디 말 듣고 도를 깨달아서

탐하는 이욕을 깨끗이 씻었어라

마음의 근원을 열어 밝게 하는 데는

오직 태극을 깊이 궁구할 뿐이로다

將敲火而煎茶兮
장 고 화 이 전 차 혜
鄙陸羽之口饞
비 육 우 지 구 참
羨盤谷之可沿兮
선 반 곡 지 가 연 혜
矧其文爲我之指南
신 기 문 위 아 지 지 남
續道緖於千載兮
속 도 서 어 천 재 혜
乃命其溪曰濂
내 명 기 계 왈 렴
惟山中之無偶兮
유 산 중 지 무 우 혜
尙摳衣於丈函
상 구 의 어 장 함
聞一言以悟道兮
문 일 언 이 오 도 혜
洗利欲之貪婪
세 리 욕 지 탐 람
開心源之瑩淨兮
개 심 원 지 형 정 혜
惟太極之泳涵
유 태 극 지 영 함

목은은 차성 육우를 앞질러 차를 달이고 싶어 하며 도통이 끊어진 천년의 세월을 이은 송대 유학의 선구였던 주렴계를 스승으로 삼고자 하였다. 심원을 열어 밝고 청정하게 하는 데는 오직 태극을 궁구하는 것이라 여겼던 그의 수양사상이「태극도설」의 천인합일사상으로 바로 공맹孔孟의 의리사상에 기초하고 있음을 보여준다. 그의 차도사상을 대표할 수 있는 차시「차를 마시고 나서 작게 읊다」의「차후소영茶後小詠」역시 그의 차경茶境과 사상을 나타내고 있다.

조그마한 병에 샘물을 길어다가
깨진 솥에 노아차를 끓이노라니
귓속은 갑자기 말끔해지고
코끝엔 붉은 놀이 통하여라.
잠깐 사이 눈의 흐림이 사라져서
외경에 조그만 티도 보이질 않네.
혀로 맛 분변하여 목으로 삼키니
기골은 정히 평온해지고
방촌의 밝은 마음 깨끗하여
생각에 조금의 사邪도 없어라
어느 겨를에 천하를 언급하랴
군자는 의당 집부터 바루어야지

小甁汲泉水
소 병 급 천 수
破鐺烹露芽
파 당 팽 노 아

耳根頓清淨
이 근 돈 청 정
鼻觀通紫霞
비 관 통 자 하
俄然眼翳消
아 연 안 예 소
外境無纖瑕
외 경 무 섬 하
舌辨喉下之
설 변 후 하 지
肌骨正不頗
기 골 정 부 파
靈臺方寸地
영 대 방 촌 지
皎皎思無邪
교 교 사 무 사
何暇及天下
하 가 급 천 하
君子當正家
군 자 당 정 가

　　스스로 물을 길어 끓인 노아차를 마신 후에, 차의 약리적인 효능이 귀, 코, 눈, 혀, 기골을 평정시켜 수행의 준비를 이룬다. 그리고 육체를 가다듬어 마음을 깨끗이 하는 수양의 길로 안내하고 있다고 했다. 즉 사무사思無邪를 통하여 군자는 마땅히 정가正家부터 이루어야 한다는 무사청심의 수양차도사상을 피력하고 있다. 그의 차시에는 청淸, 청심淸心, 청기淸氣, 청풍淸風, 청야淸夜 등의 '청'과 정淨, 무사無邪, 진眞, 도진道眞 등의 수양에 관련된 단어들이 많이 나타나고 있다. 이는 차도생활을 통해 무사청심의 삶을 실현하는 수양의 차도사상을 보여주고 있다. 송광사의 부목화상이 차를 부쳐주자 사례한 시에서는

"응당 매이고 벗어남이 원래 다름없기에, 늙은 나 또한 유연히 진리에 맛 붙였다오."307라고 하며 도진道眞을 강조하고 있다. 목은은 당대의 뜨르르한 선비들과 교유차회를 하면서 자신은 인仁을 행하는 안자顔子처럼 어리석은 이가 되려 한다고 말하고 있다.『목은시고』에서 동가군東嘉君 이광보李光輔, 상장군 이자안李子安, 정종지鄭宗之와 함께 차를 마시고 헤어진 후 혼자 앉아서 차의 약리적 효능을 교유한 사람의 특성에 따라 비유하며 다음과 같이 읊었다.

    병치레하던 종지(정도전)는 안색이 발갛게 피어나고
    머리가 하얗던 동가는 다시 까맣게 바뀌는 중
    호연지기 기르는 자안(이숭인)은 한창 의리를 축적하고
    인을 행하는 목은은 어리석은 이처럼 되려 하네.

    宗之素病色敷腴
    종 지 소 병 색 부 유
    髮白東嘉再黑初
    발 백 동 가 재 흑 초
    養氣子安方集義
    양 기 자 안 방 집 의
    爲仁牧隱欲如愚
    위 인 목 은 욕 여 우

---

307 『牧隱詩藁』卷之十七,「奉謝松廣夫目和尙避倭靈臺寺寄茶」, "… 秪應縛脫元無二. 老我悠然味道眞."

목은의 차풍은 시를 지어 읊고 물 끓는 소리 들으며 차 달여 마시는 지락의 삼절을 이룬다. 또 그의 차시에는 좌망坐忘, 참선參禪, 정좌靜坐, 반성反省 등의 단어들을 직접 표현하며 수양의 실제를 차생활을 통해 얻어내고 있다. "분향하고 조용히 앉아 내칙을 읽고… 명랑한 마음으로 밝은 달을 마주하여, 솔바람 속에 작은 솥에 새 차를 끓이네.",[308] "주막 깃발 다 적시어 술기운 더해 주고, 찻잔 걸상에 뿌리자 참선도 끝내는구려.",[309] "난간 앞의 푸른 솔은 다시 비바람 소리, 차 끓이고 정좌하니 떠오르는 삼성三省[310]이요."[311] 등의 시구들이 이를 말한다.

목은은 유불을 융합한 정좌와 참선의 수양공부를 중히 여기고 맑음[淸]을 추구하였던 차생활에 노장사상도 즐겨 결합하였음을 알 수 있다. 당나라 때 장략가이며 신선술을 좋아하여 수도를 위해 산에 들어간 이전李筌을 사사하고 싶다고 했다.[312] 「서정당기후書政堂記後」에서는 다음과 같이 중도를 논하

---

[308] 『牧隱詩藁』卷之九, 「晏起行 二首」, "… 焚香靜坐讀內則. … 心肝冏徹對明月. 松風小鼎烹新茶."

[309] 『牧隱詩藁』卷之二十二, 「詠雨」, "… 濕盡酒帘添得醉. 洒來茶榻罷參禪."

[310] 『論語 學而』에서 曾子가 말한 "吾日三省吾身 爲人謀而不忠乎 與朋友交而不信乎 傳不習乎"에서 유래하여 자기반성과 수양을 뜻하는 말.

[311] 『牧隱詩藁』卷之三十, 「曆訪安大夫, 李開城, 李雞林, 各設酌. 醉歸」, "… 碧松當檻更颼颼. 烹茶靜坐追三省…"

[312] 『牧隱詩藁』卷之六, 「用前韻」, "思入虛無太極前. 焚香細讀白雲篇. 茶餘小鼎卷飛雨. 歲久破衫多斷綿. 世上無才宜手縮. 書中有味只心傳. 何時更下澘溪筆. 欲註武經師李筌" 참조.

고 이단을 나무라기보다는 절로 변화시켜야 한다는 시구를 보이고,[313] 다음과 같이 좌망의 경지를 수양에서 포용 선호하였다.

좌망이 매우 의미 있음을 이제야 믿겠네
한 표주박 안자의 마을엔 이끼만 끼었구려

始信坐忘深有味
시 신 좌 망 심 유 미
一瓢顔巷綠苔封[314]
일 표 안 항 록 태 봉

고요한 대낮 빈 집에 시원한 바람 선들선들
생각에 깊이 잠겼다가 어느새 깜박 꿈나라로
새 울음 한 소리에 불현듯 잠을 깨고 보니
이것이 바로 내 평생 바라던 좌망의 경지

晝靜虛堂生嫩涼
주 정 허 당 생 눈 량
冥心誤入黑甜鄕
명 심 오 입 흑 첨 향
一聲啼鳥俄驚起
일 성 제 조 아 경 기
驗得平生得坐忘[315]
험 득 평 생 득 좌 망

---

313 『牧隱詩藁』卷之七,「書政堂記後」, "… 從容乃中道. 然後集大成. 異端豈足責. 永慨時靡爭…" 참조.

314 『牧隱詩藁』卷之十四,「卽事」

315 『牧隱詩藁』卷之三十二,「卽事」

목은은 물아物我를 다 잊고 도와 일치하는 정신의 경계인 좌망에 의미를 두었다. 누추한 시골에서 대그릇 밥 한 그릇, 한 표주박 음료수로 곤궁한 생활을 하면서도 지극한 즐거움을 얻었던 안자顔子의 낙도정신을 높이 들었다. 그는 "일만 구멍이 일제히 열려 소리치누나.",[316] "오만 구멍 부르짖어 성난 바람 몰아치니"[317] 등의 찻물 끓는 소리를 표현함에 있어서 장자의 만규萬竅, 풍뢰風雷를 끌어오고 있다. 『장자』 제물론에 "바람이 안 불면 그만이지만 일단 바람이 불어오기만 하면 일만 개의 나무 구멍이 성내어 각자 소리치기 시작한다.[是唯無作作則萬竅怒號]"라는 말을 즐겨 인용하여 차시를 지었다. 이는 차를 마시자마자 몸이 상쾌해져서 이목구비와 살갖의 털구멍 등 모든 감각기관들이 다시 살아나 발동하기 시작한다는 뜻을 해학적으로 표현한 것이다.

목은의 차생활의 깊이와 전통은 그의 사우와 후학문인으로 이어진다. 그의 영향력이 매우커서 주변의 많은 차인들이 교유했다. 목은이 1367년에 대사성이 되어 성균관의 학칙을 새로 제정하고, 정몽주(1337-1392), 김구용(1338-1384), 이숭인(1349-1392) 등을 학관으로 채용하였다. 이들 문인들이 모두 차를 즐기고 차시를 남긴 자들이다. 이첨(1345-1405), 권

---

316 『牧隱詩藁』卷之二十九 『金按廉送茶適至』, "… 一啜爽五內. 萬竅呼風雷."
317 牧隱詩藁卷之四, 詩, 杏店途中風雪, "萬竅呼號風怒起. …"

근(1352-1409), 변계량(1369-1430) 등이 차시문을 남긴 차인들이다. 목은 이색 이후 고려 말은 차의 꽃을 피우는 시기였다. 이 중 유자이며 경세가였던 포은 정몽주는 「석정전차石鼎煎茶」와 「독역讀易」 등 네 편의 차시를 남겼다.

    지금까지 고려의 차풍속과 고려문사들의 대표적인 차시를 살펴볼 때 고려의 차도는 수양의 차도라 할 수 있다. 고려시대는 건국초기부터 숭불정책으로 불교가 융성하여 왕사, 국사를 두어 많은 차인 승려들을 볼 수 있다. 고려의 차승으로는 의천 대각국사, 혜심 진각국사, 충지 원감국사의 세 국사의 차생활을 개괄적으로 살펴보았다. 이들 국사들은 모두 승려가 되기 이전에 유학의 학문을 깊이 연마하여 출가를 하였으므로 유불을 통섭한 차생활을 보임이 고려의 문사차인들이 유불도 삼가 三家를 융합한 특성과 상통한다. 고려는 고려청자의 빛남과 함께 우리 차도문화의 전성기라 할 수 있다. 현재까지 고려시대의 전문차서가 남겨진 것이 발견되지 않은 상태이지만 많은 문인아사들이 남긴 차의 시문을 볼 때에 고려시대의 차생활문화의 정도와 깊이를 가늠할 수 있다. 고려의 많은 차인 중에서 중요한 차시문의 족적을 남긴 백운거사 이규보, 익재 이제현, 목은 이색을 중심으로 고려의 차도사상을 살펴보았다. 이 중에 이규보의 차선일여 차도와 이색의 무사청심 차도가 고려 차도 사상의 중심에 선다 할 수 있다. 고려의 차도사상은 한마디로 수양차도라 하겠다.

특히 목은 이색은 유자로써 성리학에서 동방의 조종이라 일컬음을 받으면서도 유불도 삼가를 넘나들며 차로써 광범위한 교유를 가진 차인이다. 이는 신라 현묘지도의 풍류차도, 이규보의 차선일치의 유불 융합의 차도, 목은 이색의 유불도 삼가를 융섭한 차도는 모두 차가 가지는 회통융합의 특성과 수양의 특성 때문이다. 이러한 차정신은 조선의 한재 이목으로 이어져서 도학사상과 도가사상이 융합되는 심차사상으로 귀결된다.

조선의 차례차도

조선 초기는 고려의 차풍속을 계승하였다. 이는 태조 이성계가 차를 즐겼다는 『태종실록』의 기록에서 알 수 있다. 태종 3년에 왕이 조회를 할 때 임금이 술잔을 드려 장수를 축하하고자 하니 당시의 태상왕(태조)이 말하기를 "이제부터 술과 고기는 먹지 않겠다고 말하며 차 한 사발을 마시고 그만두었다."[318]고 기술되어 있다. 태조 이성계로부터 차를 즐겨 마신 기록을 보이는 조선 왕조는 대대로 궁중에서는 관례이던 차례의 제전이 계속되고, 한편 민가에 있어서도 차인이 끊이지 않았다. 조선왕조실록에 보면 태종 1년(1401) 2월 14일에 임금이 태평관에 가서 사신들과 더불어 차례를 행한 기록을 보인 이후에 850여 차례의 차례의식을 행한 것을 볼 수 있다. 그 차

---

[318] 『太宗實錄』, 太宗三年 十二月 十七日, "庚寅/上朝太上殿. 上欲獻壽, 太上王曰: '自今不飮酒食肉.' 飮茶一椀而止."

례 가운데는 칙서를 맞이하는 영칙서의迎勅書儀나 조서를 맞이하는 영조서의迎詔書儀 때에 차례를 행하고, 사신을 맞이하거나 전별할 때에도 차례를 행하는 것이 주류를 이룬다. 임금이나 왕비의 장례 후 3년 안에 혼전魂殿과 능소에 드리는 제사인 주차례晝茶禮와 정규 외의 특별차례인 별차례가 있고 그 외 환차례換茶禮가 있었다. 이러한 궁중의 차례는 민간의 가례에서도 선조차례, 가묘차례, 생신차례, 절일차례節日茶禮 등의 형식으로 행해졌다. 우리나라에서는 차례를 행하는 미풍예속이 옛적부터 전해오고 있다. 제례나 혼사 때에 행해지는 차례가 그것이다. 차례란 차를 마실 때의 예의범절, 즉 차에서 행사하는 예를 말하고 있다. 이것은 기제사나 명절 제사를 막론하고 제례에는 반드시 다식을 제수로 올리고, 향을 사르고, 차로서 제례를 행하였음을 말해 준다. 술이 제수로 쓰이지 않았던 것은 아니지만, 술보다도 차를 더 중히 여겼던 것이다. 성현의 『용재총화』에 "제사에는 여러 가지 과일, 인절미, 차, 탕과 술을 쓴다.[祭奠諸果饔餅茶湯與酒]"고 한 기록이 있다. 현재까지도 차가 나생羅生하고 있는 경상도와 전라도의 일부지방 범절 있는 집안에서는 반드시 차로써 제사를 모시고 있는 점 등을 미루어 보아도 틀림없는 일이다. 이러한 의식차례로 궁중이나 민가에서도 차를 많이 마셨음을 알 수 있다. 또한 차를 즐기는 선비들이 예의를 갖추어 차의 풍미를 감상하는 차회를 열기도 하였다.

조선왕조실록에 '차시茶時'라는 것이 있는데 사헌부의 벼슬아치가 날마다 한 번씩 회좌하여 차를 마시면서 공사를 의논하는 모임에서 차례를 행하므로 이렇게 불렀다. 잠시 작은 규모로 모여서 차를 마시고 헤어진다는 뜻이다. 또 비상한 일이 있을 때 사헌부의 감찰이 밤중에 모이는 것을 야차시夜茶時라 하여 긴급한 문제를 해결하기도 했다. 이익의 『성호사설』의 「차시」라는 절목에 "이 야차시란 재상 이하 누구든지 간사하거나 범람하여 불법을 저지른 자가 있으면 여러 감찰들이 야차시를 틈타 그 근처에 가서 그의 죄악 사실을 흰 판자에 써서 그 판자를 문 위에 걸고 가시나무로써 다시 그 문을 봉한 뒤에 서명하고 흩어진다. 이렇게 함으로써 그 사람은 드디어 출입을 못하고 아주 기물棄物이 되고야 마는 것이다."라고 적고, 이를 두고 국조의 아름다운 풍속이라고 했다. 즉 차의 의미가 일을 공정하게 처리하기 위한 자세를 다듬거나 이미 잘못을 저지른 것을 고치기 위한 경종의 역할을 하는 것은 차가 가지는 정결의 품성에 근거한 것이다.

조선에는 훌륭한 차승茶僧과 차인이 많다. 빼어난 차승으로는 기화, 서산, 초의를 들 수 있다. 조선 초기의 차승으로서는 기화스님(함허당 득통, 1376-1433)을 꼽을 수 있다. 그는 무학대사(1327-1405)의 제자로서 차선일치의 차생활을 보여 주는 이름난 선사였다. 그는 남선의 종조로 지칭되는 혜능의 『금강반야경해의』에 못지않게 세상에서 높이 평가되는 『금강경오

가해金剛經五家解』의 일인자이기도 하였다. 다음 시는 기화스님이 지은 진산대사珍山大師 헌차수어獻茶垂語의 게송의 일부이다.

한잔 차는 한조각 마음에서 우러나니
한조각 마음이 한사발의 차속에 있구나
마땅히 이 한잔 차로 한번 맛보고
한 맛에 한량없는 즐거움을 내어야 하네

一椀茶出一片心
일 완 차 출 일 편 심
一片心在一椀茶
일 편 심 재 일 완 차
當用一椀茶一當
당 용 일 완 차 일 당
一當應生無量樂
일 당 응 생 무 량 락

함허스님이 진산스님의 입적 소식을 듣고 영전에 찾아가 향과 차를 올리고 지어올린 게송이다. 마치 술술 물 흐르듯이 걸림 없는 일상의 선귀로 노래하는 그의 차풍을 보여준다. 또 옥봉玉峰스님을 위해 지은 「옥봉대사 헌차수어」에 "이 차 한 잔에, 나의 옛정을 담았구려. 차는 조주스님 가풍이라네, 그대에게 권하노니 한번 맛보소서.[此一椀茶, 露我昔年情. 茶含趙老風, 勸君嘗一嘗]"라는 수어垂語 또한 절로 차가 입으로 들어오는 듯하다. 다음은 그의 차선일치의 차생활을 보여주는 선차

조선의 차례차도

시의 「산중미山中味」이다.

산 깊고 골도 깊어 찾아오는 사람 없어
왼 종일 고요하여 세상인연 끊어졌네
낮이 되면 무심히 산굴에 핀 구름보고
밤이 오면 부질없이 중천에 뜬 달을 보네
화로에 차 달이는 연기 향기로운데
누각 위 옥전의 연기 부드러워라
인간 세상 시끄러운 일 꿈꾸지 않고
다만 선열 즐기며 앉아서 세월 보내네

山深谷密無人到
산 심 곡 밀 무 인 도
盡日寥寥絶因緣
진 일 요 요 절 인 연
晝則閑看雲出岫
주 즉 한 간 운 출 수
夜來空見月當天
야 래 공 견 월 당 천
爐間馥郁茶烟氣
로 간 복 욱 차 연 기
堂上氤氳玉篆烟
당 상 인 온 옥 전 연
不夢人間喧擾事
불 몽 인 간 훤 요 사
但將禪悅坐經年
단 장 선 열 좌 경 년

그 어느 곳에도 사로잡힘이 없는 차살림의 운용을 충분히 체득하고, 철저하게 차생활을 영위한 차승임을 보여준다.

선조 때의 서산대사(1520-1604) 또한 유명한 차승으로 호는 청허이며 법명이 휴정이다. 청허스님은 임진왜란 때 제자 사명대사와 함께 국난에 진력하였다. 민족이 큰 수난을 당하던 때에 시국을 향해 앞장서서 국난을 막았던 것은, 차를 통하여 체달한 생활 자세에서 비롯된 것임을 짐작하게 된다. 그의 차생활 가운데에 읊은 향로봉에 올라 지은 시「등향로봉작시 登香爐峯作詩」를 보자.

만국의 도성은 개미집과 같고
천가 호걸들은 하루살이와 같도다
창에 밝은 달 청허하게 베개 삼는데
차솥 물 끓는 소리 한없이 고르지 않도다

萬國都城如蛭蟻
만 국 도 성 여 질 의
千家豪傑若醯鷄
천 가 호 걸 약 혜 계
一窓明月淸虛枕
일 창 명 월 청 허 침
無限松風韻不齋
무 한 송 풍 운 불 재

그의 호처럼 청허하게 홀로 여는 차회에 명월을 촛불로 삼고 백운을 벗 삼았다. 차솥에서 무한히 끓는 물소리가 그냥 소리만이 아닌 무한성을 내포하고 있음을 고요히 관찰하고 있다. 선승의 생활로서 지극한 차선茶禪의 경지에서 생활하였던 차인이었음을 보여 주고 있다.

조선의 이름난 차승으로 초의선사(1786-1866)가 있다. 자는 중부中孚, 법명은 의순意恂, 초의艸衣는 그의 법호이다. 이 법호는 야운선사의 「자경문自警文」에 나오는 "나무뿌리 나무 열매로 배를 채우고, 솔잎과 초의草衣로 몸을 가린다."는 구절에서 유래한 것이라고 전해지고 있다. 초의는 「차신전茶神傳」과 「동차송東茶頌」을 저술하여 조선후기 우리나라 차도를 정립하였다. 효당 최범술은 "이 「동차송」과 「차신전」은 가히 한국 차의 성전聖典이요, 중국에 있어서 육우의 『차경』에 비견되는 명저이다."[319]라고 하며 초의를 한국의 차성茶聖[320]이라 칭하였다. 또한 초의의 인물됨을 다음과 같이 표현하고 있다.

대흥사의 명승 초의선사는 한국 차의 중흥조이다. 문자 그대로 차승으로 차를 논함에 있어 그를 빼놓고는 말할 수 없으며, 그를 말함에 있어 차를 빼놓고는 이야기가 안 된다. 그의 선은 차선이요, 그의 시는 차시이니, 이른바 '차선일

---

[319] 崔凡述, 『한국의 차도』, 寶蓮閣, 1975, p.128.
[320] 崔凡述, 『한국의 차도』, 寶蓮閣, 1975, p.57, p.75, p.77, p.119, p.238.참조

체茶禪一體'가 되고 이른바 '차시일관茶詩一貫'이 된다.[321]

초의는 다산과 더불어 정유산·김추사·홍석주·신자하·김명희·신관호·권돈인 등 당대의 홍학석유들과 넓게 교유했으며, 선禪의 오의에도 새로운 지평을 열어 놓은 학승이었다. 그가 추사의 아우 산천도인(김명희)의 사차시謝茶詩를 받들어 화운하여 지은 차시에는 차의 성품에 대해 잘 나타내고 있다.

옛적부터 성현이 다 차를 아꼈으니
차는 군자와 같아서 거짓됨이 없네
알가〔茶〕의 참 모습 묘원을 다함이나
묘원 집착 없음이 바라밀인 것을

古來賢聖俱愛茶
고 래 현 성 구 애 차
茶如君子性無邪
차 여 군 자 성 무 사
關伽眞體窮妙源
알 가 진 체 궁 묘 원
妙源無着波羅蜜
묘 원 무 착 바 라 밀

---

[321] 崔凡述, 『한국의 차도』, 寶蓮閣, 1975. p.116.

차의 성품을 초의는 유가의 사무사思無邪의 성품과 같다고
언급하였으며, 차를 범어梵語로 알가關伽(Argha)라 하였다. 알
가는 '시원'·'원초'라는 뜻으로 어느 욕심에도 사로잡힘이 없
는 순연한 본래의 마음을 말한다. 초의에 있어서 차란 곧 이러
한 욕심과 번뇌 이전의 본래 마음인 무착바라밀인 것이다. 또
「동차송」에서 그의 차도관을 다음과 같이 잘 드러내고 있다.

차의 체와 차의 신기가 온전하다 할지라도
오히려 중정을 지나치면 못쓴다.
이 중정이란 그 빛이 건실하고 그 간 맞게 된
신령스러움이 아울러야 한다.

體神雖全
체 신 수 전
猶恐過中正
유 공 과 중 정
中正不過
중 정 불 과
健靈倂
건 령 병

차를 채취할 때는 그 묘妙함을 다하며,
만듦에는 그 정精함을 다하고,
물에 있어서 그 참된 물을 얻어야 하며,
차를 다려냄에는 그 간이 알맞아야하고,

차의 체가 되는 물과 그 차의 정신인 기운이 잘 어우러져서,
그 빛의 건실한 것과 그 간 맞는 것이 신령스럽게 되어
이 두 가지가 갖추어져 있는 지경에 이르렀을 때
차도는 다 통하였다 할 것이다.

採盡其妙
채 진 기 묘
造盡其精
조 진 기 정
水得其眞
수 득 기 진
泡得其中
포 득 기 중
體與神相和
체 여 신 상 화
健與靈相倂
건 여 령 상 병
至此而茶道盡
지 차 이 차 도 진

초의의 차도정신은 바로 중정지도中正之道요, 차선일치라 할 것이다.

조선에는 차인들이 많겠지만 그 중에서도 이름난 차인으로는 한재 이목을 비롯하여 다산 정약용과 완당 김정희를 들 수 있다. 한재 이목에 대해서는 본서에서 전체적으로 다루고 있기 때문에 이 장에서는 언급하지 않기로 한다.

다산 정약용(1762-1836)은 실학의 대가로 18년 동안 유배생활을 하면서 『경세유표經世遺表』, 『흠흠신서欽欽新書』, 『목민

심서牧民心書』와 육경사서六經四書에 대한 평의 등 많은 저술을 남겼다. 그는 1783년 진사시에 합격하여 정조의 총애를 받다가 신유사옥으로 사십 세에 귀양을 가게 된다. 적거생활 중에 강진의 귤동 뒷산, 다산에는 차나무가 무수히 야생으로 자라고 있어 이 산 이름이 그의 호로 연결되었다. 다산초당은 원래 단산정博山亭으로 귤림처사 윤단의 산정인데 다산이 살도록 숙식을 제공하며 수많은 저서를 완성하도록 도왔다. 다산은 그의 실학적인 학문태도와 같이 저술하는 틈틈이 차나무를 돌보고 재배하였다. 다산초당 주변에 밭을 일구어 차를 모종하여 재배하기도 했다. 그리고 초당 뒤편 바위틈을 파서 약천藥泉을 만들고, 또 초당 앞뜰에는 크고 널찍한 바위를 옮겨다 놓고, 그 바위 위에서 차를 끓이는 차조茶竈를 만들어서 절역에서 유배의 고독을 차로 달랬다. 다산이 거처하던 동암을 '송풍루松風樓'라 하였는데,『여유당전서與猶堂全書』의「송풍루잡시松風樓雜詩」중에는 학문연구에 몰두하여 차 달이기를 게을리하여 화로에 먼지가 끼었다고 적고 있다.

약절구는 자주 찧어 이끼 낄 새가 없지만
차 달이는 일은 드물어 화로에 먼지기가 앉았네

頻春藥臼煩無蘚
빈 용 약 구 번 무 선
稀煮茶鑪靜有塵
희 자 차 로 정 유 진

산골에 찬 물소리 대숲을 흔드는데
봄볕은 뜰아래 매화가지에 스며드네
이 속의 즐거움 누구에게 말할 곳 없어
몇 번이나 앉았다 다시 일어나 이 뜰을 거니는고

寒聲澗到千苞竹
한 성 간 도 천 포 죽
春意庭存一樹梅
춘 의 정 존 일 수 매
至樂在中無處說
지 락 재 중 무 처 설
屢回淸夜起徘徊
루 회 청 야 기 배 회

    다산에서 딴 차와 약천의 석간수를 차 부뚜막 위에서 끓여 그윽이 마시며 답답한 가슴을 풀었다. 저술에 몰두하고 제자들을 가르치며 차로서 귀양살이의 고독을 달래고, 차로써 귀양살이의 통분을 이기며, 차로서 정신을 정화시킴으로 그 많은 저술을 이룩할 수 있었던 것이다. 다산은 실학관계 저술 이외에도 많은 시문을 남겼다. 그 가운데 47편의 차시가 있다. 「차합시첩茶盒詩帖」, 「차신계절목茶信契節目」, 「걸명소乞茗疏」 등의 글을 남겼다. 중국의 차세 전매제도를 역사적으로 고찰한 「각차고榷茶考」를 『경세유표』에 남기기도 하였다. 다산은 차와 관련된 일을 손수 하여 차나무 재배법을 개척했고, 차 끓일 물, 차 땔감을 손수 마련하고 차 맷돌질을 손수하며 현실과 실천을 중시하는 그의 실학정신으로 인간살이에서 찻일을 얼마나 중시했는지 알 수 있다.

다산은 유배지에서 많은 제자를 기름은 물론 아암 혜장선사, 초의선사와 각별한 관계를 가졌다. 이들과의 교류로 실학과 불학의 학문을 나누고 차를 청하기도 했다. 다산은 아암兒庵보다 열 살 많고 초의보다는 스물다섯이나 많았지만 믿음과 학문을 나눔에는 나이차는 문제가 되지 않았다. 혜장상인에게 차를 비는 「기증혜장상인걸명寄贈惠藏上人乞茗」을 짓기도 하였다. 차신계를 조직하고 『차신계절목』에 의거하여 그의 제자들이 차를 만들고 차밭을 육성하며 시를 짓기도 하는 연례행사를 했다. 이는 우리나라 최초의 차회조직이며, 제자들이 서로 신의와 도리를 잊지 않게 하려는 다산 실학의 실천면모를 보여주는 것이다.

추사 김정희(1786-1856)는 19세기 전반기의 탁월한 실학자요, 금석학의 대가이며 서예가이다. 그의 실사구시학의 바탕에는 차생활이 영위되었고, 서도의 밑바닥에는 차도가 깔려있었다. 그의 참선의 밑바닥에는 차선이 함께 숨 쉬고 있었다. 초의선사와 정동갑이며 42년간 각별한 교유를 가졌던 추사 역시 '차시일관'·'차서일체'·'차선일치'의 인물로 한국의 진정한 차인이라 할 수 있다. 이들의 교유는 단순한 차담만이 아니라 학문적 교유 또한 대단히 유명하다. 조선 후기의 승려 백파긍선白坡亘璇이 제시한 선서禪書인 『선문수경禪門手鏡』에 초의선사가 정면으로 조목조목 반박할 때 추사는 초의와 함께 끊임없이 담론을 끌어내었다. 『선문사변만어禪門四辨漫語』는 초의 의순이 이 논쟁에서 남긴 산물이다. 김정희는 추사라는 아호 이외에 완당 등 2백여 가지가 있었다. 그 가운데에서 차생활과 관련된 호는 차로茶老 · 고정실주인古鼎室主人 · 승설학인勝雪學人 등이 있다. 어릴 때 박제가에게 사사하였으며 1809년 이십사 세 때에는 동지사 박종래冬至使朴宗來 일행과 함께 연행길에 올라 당대의 거유 완원 · 옹방강 · 조강 등과 교유하여 경학과 서예를 담론하고, 또한 차도를 강론하였다. 추사의 아호 가운데 하나인 승설학인은 완원대유阮元大儒를 만났을 때 완원이 내놓은 승설차를 마신데서 유래한다. 후에 그는 이 아호를 작품 속에서 즐겨 썼다. 제주도 적거살이를 할 때, 대흥사의 초의는 죽로차를 보내고, 키우던 차나무도 보냈다. 추사는 그 차를 마시고 그 차나무들을 기르며, 유배지에서의 울분을 누르고 서도에 정진하였다. 이 때 추사가 초의의 차 선물에 대한 답례로 반야심경 일질을 써서 보내기도 하였다. 초의 또한 추사에게 차시를 지어 보내기도 하며 차를 통한 선담禪談을 나누었다. 그는 서도에 마음을 두고자 하면 예서隸書를 몰라서는 아니 된다고 하며, 글을 씀에 가슴 가운데 수많은 문자가 들어 있어야 붓을 들 수 있다고 하였다.

더구나 예법隸法은 가슴속에 청고고아한 뜻이 들어 있지 않으면 손에서 나올 수 없고, 가슴속의 청고고아한 뜻은 또 가슴속에 문자향文字香과 서권기書卷氣가 들어 있지 않으면 능히 완하腕下와 지두指頭에 발현되지 않는다. 또 심상한 해서楷書 같은 것에 비할 바가 아니다. 모름지기 가슴속에 먼저 문자향과 서권기를 갖추는 것이 예법의 장본이며, 예隸를 쓰는 신결이 된다.322

  난을 치는 법 또한 예서 쓰는 법과 가까우니, 반드시 '문자향'과 '서권기'의 정취가 있은 다음에야 될 수 있다고 하였다. 이러한 '문자향'과 '서권기'의 심미안적 깊이는 차도·차선과는 떼어놓을 수 없는 깊은 관계가 있다 하겠다. 추사의 주변에는 늘 차가 있고, 찻물 끓이는 차로가 있었다. 그의 글씨와 시구에도 늘 차가 있었다. 추사는 초의가 보내준 차를 마시며 차선을 다듬고 붓을 들어 대필로 '명선茗禪' 두 자를 써서 초의에게 보내기도 하였다.
  이상 살펴본 차인들 이외에도 차를 즐겼던 수많은 차인들이 조선에 있었으나 그 시대를 대표하는 차인만 살펴보았다.

---

322 「阮堂全集」卷七, 雜著, 「書示佑兒」, "且隸法非有胷中淸高古雅之意. 無以出手. 胷中淸高古雅之意. 又非有胸中文字香書卷氣不能現發於腕下指頭. 又非如尋常楷書比也. 須於胸中先具文字香書卷氣. 爲隸法張本. 爲寫隸神訣."

조선의 차도도 역시 고려의 차문화 영향을 받았고 정치적으로는 성리학의 기치를 펴고 있지만 정서적으로는 여전히 유불사상이 혼융하고 있었다. 신라, 고려, 조선의 차도에 관통하는 것은 '심心'이라는 명제이다. 이를 통해 신라는 풍류가악으로 심신을 수련해왔다. 고려는 차선일치로 수양을 해왔고, 조선 또한 차례를 통해 마음을 다스리며 중정의 도를 익히는 차생활을 했음을 보았다.

조선은 전기와 후기를 나누어 전문 차서의 저술이 있어서 차사에 큰 획을 그어주고 있다. 조선전기의 유가의 차문화를 대표하는 한재의 「차부」와 조선 후기 불가의 차문화를 대표하는 초의의 「동차송」이 그것이다. 이들은 어깨를 겨누어 조선차도의 정체성에서 폭을 넓히는 역할을 다하였다. 비록 두 차서의 저술자가 유가와 불가의 두 분야로 나타나고 시대적으로는 삼백여 년의 간격이 있지만, 「차부」의 '오심지차'와 「동차송」의 '중정지도'는 차가 가지는 수행적 요소를 모두 심에 근거함으로써, 한국 차도를 차생활을 통한 심신수양이라는 큰 맥으로 관통할 수 있게 하였다.

한재 이목의 연보(年譜)

김상헌의 묘표와 성종실록, 연산군일기에 의거하고 최영성의 『국역한재집』을 참고하였다.

- 1471년(성종2) 1세
  - 7월 전주이씨(全州李氏) 시중공파(侍中公派)의 후손인 참의공 이윤생(李潤生)의 삼남 중 차남으로 태어나다.
- 1484년(성종15) 14세
  - 金宗直의 문하에서 수학하다.
- 1489(성종20) 19세
  - 진사시(進士試)에 제2위로 합격하다.
  - 전주부윤 김수손(金首孫)의 딸과 혼인하다.
  - 왕대비가 성균관에 음사(淫祠)를 설치하여 무당을 부르자 이를 쫓아내다.
  - 벽불소(闢佛疏)를 올리고, 영의정 윤필상(尹弼商)을 탄핵하다.
- 1492년(성종 23년) 22세
  - 12월 4일 금승법(禁僧法)을 반대하는 대비전(大妃殿)과 영의정 윤필상(尹弼商)을 비판하는 상소를 성균관 생원들과 네 번째 일곱 조

목에 걸쳐 상소하다가 의금부에 갇히게 되다.
- 12월 14일 석방되다.

- 1493년(성종24) 23세
  - 10월 12일 정조사(正朝使) 동지중추부사(同知中樞府事) 김수손의 자제군관(子弟軍官)으로 북경에 가다.

- 1494년(성종25) 24세
  - 3월 10일 북경에서 돌아오다.
  - 12월 승하한 성종의 수륙재(水陸齋) 지내는 것을 비판하고 영의정 윤필상을 탄핵하다.

- 1495년(연산군1) 25세
  - 1월 27일 성종의 수륙재 비판으로 공주에 유배되다.
  - 5월 공주 유배에서 풀려나다.
  - 10월 증광문과(增廣文科)에 장원급제하다.
  - 성균관 전적(典籍)이 되어 종학사회(宗學司誨)를 겸하다.

- 1496(연산군2) 26세
  - 영안남도평사(永安南道評事)가 되다.
  - 12월 15일 홍문관에 보직을 받고, 사가독서(賜暇讀書)할 14인의 한 사람으로 선출되다

- 1497년(연산군3) 27세
  - 춘추관 기사관(記事官)에 보임을 받고『성종실록』편수에 참여하다
  - 6월 22일 아들 세장(世璋)이 태어나다.
  - 12월 21일(기축) 실록청 총재관 신승선 등 여러 신하에게 논공행상으로 상을 내릴 때 향표리(鄕表裏) 한 벌을 하사받다.

- 1498년(연산군4) 28세
  - 7월 12일 김일손의 집에서 찾아낸 사초에 관한 이목·권오복의 편

지 내용, 무오사화에 연루 체포되다.
- 7월 26일 사초 사건 관련자들의 처벌에 대하여 전교를 받고, 무오사화에 연루되어 참형(斬刑)을 당하다.[323]

- 1504년(연산군10)
  - 갑자사화로 부관참시(剖棺斬屍)되다.
  - 9월 10일 이목(李穆) 집을 모두 깎아 평하게 하다

- 1507년(중종2)
  - 5월, 복관(復官)되다.
  - 6월 18일, 적몰된 가산을 다시 돌려주도록 명하다.

- 1519년(중종14년)
  - 이목(李穆)의 죄안(罪案)을 금부(禁府)에 내리고, 정부(政府)에 문의하라고 정원(政院)에 전교하다

---

[323] 한재가 참형을 당한 날에 대한 이견이 있다. 『한재문집』 「연보」에서는 "1498년 7월 26일(丁巳) 정오"라고 되어있다. 그러나 성구용의 「유적비명(遺蹟碑銘)」에서는 "7월 27일(戊午)"이라고 되어있다. 최영성은 7월 27일(戊午)이 옳다고 보고 있다. 이는 그의 『국역한재집』 p. 487에서 『탁영집』 「연보」에서 사형집행일을 7월 27이라 하였기 때문이다.("탁영집』, 권6, 부록, 「기실(記實)」(朽淺黃宗海撰) "戊午仲夏. 外除. 是時. 燕山亂政. 史獄大起. 先生戮於市. 是年七月二十七日也. 同時騈首死者有四人. 權五福, 權景裕, 李穆, 許磐".) 그러나 한재 16대손 이병규선생은 무오참화 당시 한재의 장인인 성균관대사성(大司成) 김수손(金首孫)이 한재의 부인 김씨와 아들 이세장을 거두었으므로 자손이 살아서 제사를 모셔왔던 근거를 중시하고 있다. 반면 『탁영집』 「연보」에 비록 기록되어있다 할지라도 김일손의 경우, 일족이 모두 참화를 입었다. 1512년(중종7)년 홍문관 직제학에 추증되면서 선생의 유문을 구하라는 교지가 내린 후 조카 김대유가 수집, 편찬한 것을 1519년(중종 14) 경상도 관찰사(慶尙道觀察使) 김안국(金安國)이 간행한 것이다. 그러므로 살아있었던 한재 직계의 제사기일이 더 사실임을 강조하고 있다.

- 1552년(명종7년)
    - 강원도관찰사인 아들 세장(世璋)의 권귀(權貴)로 가선대부이조참판 겸 홍문관 제학(提學) 동지춘추관성균관사(同知春秋館成均館事)에 추증되다.
- 1557년(명종12년)
    - 아들 세장(世璋)을 호분위대호군(虎賁衛大護軍)으로 삼았다.
- 1581년(선조14)
    - 공주 충현서원(忠賢書院)에 향사(享祀)되다.
- 1585년(선조18)
    - 손자 이철(李鐵)이 무송(茂松)에서 문집을 초간하다.
- 1625년(인조3년)
    - 5월 청음(淸陰) 김상헌(金尙憲)이 「묘표」를 짓다.
- 1631년(인조9)
    - 증손 이구징(李久澄)이 청송(靑松)에서 문집을 중간하다.
    - 계곡(谿谷) 장유(張維)가 「묘지명」을 짓다.
- 1706년(숙종32)
    - 3월 15일 통진 유생 심상희 등이 포증(褒贈)할 것을 청하다.
- 1717년(숙종43)
    - 정승 민진후가 시호를 내려줄 것을 건의하여 윤허하다.
- 1722년(경종2)
    - '정간(貞簡)'으로 증시(贈諡)되다.
    - 8월 강화부에서 연시연(延諡宴)을 베풀다.
- 1726년(영조2)
    - 조정에서 부조지전(不祧之典)을 내리다.

- 1781년(정조5년)
  - 전주 황강사(黃崗祠)에 배향되다.
- 1830년(순조30년)
  - 사학(四學)유생 윤정수 등이 문묘에 종향할 것을 청하였으나 윤허를 얻지 못하였다.
- 1849년(헌종15년)
  - 통진 여금산 아래에 사우(祠宇)를 짓다. 종손이 향화(香火)를 받들지 못하게 되자 조정에 품의(稟議)하여, 문익공(文翼公) 정광필(鄭光弼)의 예에 따라 나이가 많고 관작이 높은 후손이 봉사하라는 전교를 받다.
- 1914년(甲寅)
  - 공주출신 후손 응호(膺浩), 존원(存原)이 문집을 증보하여 『한재집(寒齋集)』을 간행하다.
- 1960년(庚子)
  - 후손 병선(炳璇)이 연보(年譜)를 엮다.
- 1974년(甲寅) 12월
  - 한재종중관리위원회가 발족하다.
- 1981년(辛酉) 8월
  - 한재종중관리위원회에서 『한재문집(국역본)』을 발간하다.
- 2008년(戊子) 2월
  - 한재 이목선생기념사업회가 발족(회장 류승국)되다.
- 2012년(壬辰) 3월
  - 최영성이 『국역한재집』을 발간하다.

가계도

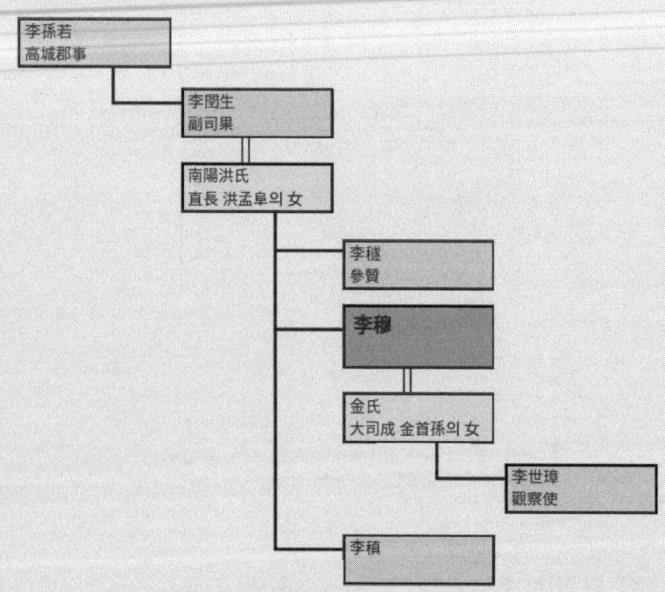

참고도서

한재문집
무송현감 李鐵발간, 『李評事集』2권 1책, 1585.
청송부사 李久澄발간, 『李評事集』重刊, 1631.
李存原, 李存洙, 李膺浩발간, 『寒齋集』상하 2권, 부록 2권, 1914.
민족문화추진회, 『한국문집총간, 제18권 寒齋文集』, 1988.
한재종중관리위원회, 柳錫永역, 『寒齋文集』, 1981.
崔英成편역, 『국역 한재집』, 문사철, 2012.

원전
『大學』
『中庸』
『論語』
『孟子』
『周易』
『禮記』
『老子』
『莊子』
『朱子語類』
『朱熹集』
『性理大全』

『退溪全書』
郭象,『莊子注』
林希逸,『莊子鬳齋口義』
魏伯陽,『周易參同契』
朴世堂『南華經註解刪補』
韓元震,『莊子辨解』
馬端臨,『文獻通考』
『宋史』
艸衣,『東茶頌』
艸衣,『茶神傳』
徽宗,『大觀茶論』
李圭景,『荼茶辨證說』
李德履,『記茶』
陸羽,『茶經』
『茶錄』- 四庫全書
『品茶要錄』- 四庫全書
『宣和北苑貢茶錄』- 四庫全書
『北苑別錄』- 四庫全書
『東溪試茶錄』- 四庫全書
『續『茶經』』- 四庫全書
『煎茶水記』- 四庫全書
『圃隱集』
『韓國佛教全書』
『東國輿地勝覽』
『世宗實錄地理志』
『成宗實錄』
『燕山君日記』
『肅宗實錄』

『中宗實錄』
『佔畢齋集』
『濯纓集』

「차부」 관련 논저

姜銓燮,「寒齋 李穆의 「絶命歌」에 對하여」,『白鹿語文』Vol.3-4, 제주대학교 사범대학 국어교육과 국어교육연구회, 1987.
김길자,『다시 불러보는 李穆의 차노래』, 두레미디어, 2001.
崔英成,「寒齋 李穆의 道學思想 硏究」,『한국사상과 문화』제12집, 한국사상문화학회, 2001.
崔英成,「茶賦 幷序 譯註」,『한국사상과 문화』제19집, 한국사상문화학회, 2003.
崔英成,「寒齋 李穆의 '茶賦' 硏究」,『한국사상과 문화』제19집, 한국사상문화학회, 2003.
廉淑,「寒齋 李穆의 道學思想연구」, 성균관대학교 석사학위논문, 2003.
崔鎭英,「寒齋 李穆의 茶精神 硏究」, 성신여자대학교 석사학위논문, 2003.
崔鎭英,「다부의 분석적 고찰」,『한국차학회지』9-2, 한국차학회, 2003.
廉淑,「寒齋 李穆의 道學思想과 茶道思想」, 원광대학교대학원 박사학위논문, 2007.
이병인·이영경,「다부 - 내 마음의 차노래』, 도서출판 차와 사람, 2007.
이병인,「한재(寒齋) 이목(李穆)에 대한 연구(硏究) 현황(現況)과 과제(課題)」,『한국차학회지』14권 1호, 한국차학회, 2008.
김장환,「寒齋 李穆의 선행연구에 관한 확인 연구」, 한서대학교대학원 석사학위논문, 2009.
안선재(Son Jae An),「한국의 차 고전 두 작품 비교: 이목의 「차부」와 초의의 「동차송」(Two Korean Tea Classics Compared: Yi Mok`s ChaBu

and Cho-ui's DongChaSong)」,『비교한국학』, Vol.18, No.1, 국제비교한국학회, 2010.
이병인,「한재 이목(寒齋 李穆)의 다부연구(茶賦硏究)」,『한국차학회지』16권 3호, 한국차학회, 2010.
崔英成,「寒齋 李穆의 삶과 茶意識」,『학술심포지엄』Vol.1, 계명대학교 차문화연구소, 2010.
黃玉伊,「寒齋 李穆『茶賦』의 분석적 고찰」, 성균관대학교 석사학위논문, 2011.
이병인 편저,『한재 이목(寒齋 李穆)의 다부(茶賦)』, 신라문화원, 2012.
朴南植,「寒齋 李穆의 茶道思想 硏究」, 成均館大學校大學院 박사학위논문, 2012.
朴南植,「寒齋 李穆의 心茶思想 硏究」,『한국차학회지』제19卷 第2號 한국차학회, 2013.
朴南植,「한재 이목의『虛室生白賦』硏究」,『道敎文化硏究』제39집, 한국도교문화학회, 2013.
朴南植,「老莊思想 融合의 한재 茶精神 考察」,『예절·차문화 연구』제4호, 성균예절차문화연구소, 2014.
崔星民,「한국 수양다도(修養茶道)의 모색」, 成均館大學校大學院 박사학위논문, 2016.
朴南植,「『茶賦』에 나타난 寒齋 李穆의 樂道思想 硏究」,『차문화산업학』제33호, 국제차문화학회, 2016.

단행본
栗谷, 국역『栗谷集』1, 2, 민족문화문고간행회, 1968.
崔凡述,『韓國의 茶道』, 寶蓮閣, 1973.
朴鍾漢,『韓國의 茶生活史』, 精神文化社, 1981.
김두만,『東茶頌·茶神傳』, 태평양박물관, 1982.

柳承國,「東洋哲學研究」, 槿域書齋, 1983.
葉朗,「中國美學史大綱」, 上海人民出版社, 1985.
박영희,「東茶正統考」, 호영출판사. 1985.
金明培,「茶道學」, 학문사, 1987.
李康洙,「道家思想의 硏究」, 高大民族文化硏究所出版部, 1989.
崔英辰,「易學思想의 哲學的 탐구」, 成均館大學校大學院 博士學位論文, 1989.
李相殷,「儒家의 禮樂思想에 관한 硏究」, 成均館大學校大學院 博士學位論文, 1990.
조민환,「老莊의 美學思想에 관한 연구」, 성균관대학교대학원 박사학위논문, 1990.
朴鍾浩,「莊子哲學」, 一志社, 1990.
諸岡存・家人一雄 공저, 김명배 역,「朝鮮의 茶와 禪」, 보림사, 1991.
韓國佛敎硏究院,「東茶頌・茶神傳」, 태평양박물관, 1992.
정영선,「한국차문화」, 너럭바위, 1992.
李澤厚・劉綱紀 主編, 權德周・金勝心 共譯,「中國美學史」, 대한교과서주식회사, 1992.
琴章泰,「韓國儒學史의 理解」, 민족문화사, 1994.
楊國榮, 宋河璟역,「陽明學通論」, 博英社, 1994.
정영선,「다도철학」, 너럭바위, 1996.
琴章泰,「朝鮮 前期의 儒學思想」, 서울대학교 출판부, 1997.
李康洙,「老子와 莊子」, 도서출판 길, 1997.
이종성,「莊子哲學에 있어서의 眞知에 관한 硏究」, 忠南大學校大學院 박사학위논문, 1998.
윤경혁,「茶文化古典」, 弘益齋, 1999.
彭鋒,「美學的意識」, 中國人民大學出版社, 1999.
成百曉 譯註,「古文眞寶」, 전통문화연구회, 2001.
安炳周・田好根 공역,「莊子1」, 전통문화연구회, 2001.

왕양명, 정인재·한정길 옮김, 『傳習錄』1, 청계출판사, 2001.
溝口雄三외 편저, 김석근외 옮김, 『中國思想文化事典』, 민족문화문고, 2003.
安炳周·田好根 공역, 『莊子2』, 전통문화연구회, 2004.
김운학, 『한국의 차문화』, 이른아침, 2004.
張德麟지음, 박상리·이경남·정성희 옮김, 『정명도의 철학』, 예문서원, 2004.
朱熹·呂祖謙 編著, 金學主譯, 『新完譯 近思錄』, 名文堂, 2004.
천병식 『역사 속의 우리 다인 - 孤雲에서 曉堂까지』. 이른아침. 2004.
이경환, 「『庄子』的 "自由" 論」, 中國社會科學院 硏究生院 박사학위논문, 2004.
차우치펑지음, 김봉건 옮김, 『茶經 圖說』, 이른아침, 2005.
崔英辰, 『原典으로 읽는 周易』, 민족문화문고, 2005.
정재훈, 『조선전기 유교 정치사상 연구』, 태학사, 2005.
戴均良, 『中國古今地名大辭典』, 上海辭書, 2005.
王弼著, 임채우 옮김, 『왕필의 노자주』, 한길사, 2005.
오석원, 『한국 도학파의 義理思想』, 성균관대학교 출판부, 2005.
이동준외, 『동방사상과 인문정신』, 심산, 2007.
이동준, 『16세기 韓國 性理學派의 哲學思想과 歷史意識』, 심산, 2007.
류건집, 『茶賦 註解』, 이른 아침, 2009.
정성희, 『金宗直 : 조선 道學의 분수령』, 성균관대학교 출판부, 2009.
강육발, 『煮茶學』, 도서출판 국차미디어, 2011.
田賢美역주, 『박세당의 장자, 남화경주해산보 내편』, 예문서원, 2012.

학위논문

崔一凡, 「儒敎의 中庸思想과 佛敎의 中道思想에 관한 硏究」, 成均館大學校大學院 博士學位論文, 1991.

崔珍晳, 「成玄英的『莊子疏』硏究」 북경대학교 박사학위논문, 1996.
맹제영, 「『庄子·內篇』"天一人一地"和合思想硏究」, 中國人民大學 박사학위논문, 1999.
조한석, 「朴世堂의 莊子 齊物論 思想硏究」, 성균관대학교대학원 박사학위논문, 2004.
朴南植, 「『韓國의 茶道』에 나타난 曉堂의 茶道精神」, 성균관대학교 석사학위논문, 2005.
김진숙, 「送于陸羽『茶經』飮茶關点的硏究」, 浙江大學 박사학위논문, 2005.
金炯錫, 「南宋 林希逸의 新儒學的 老莊解釋에 關한 硏究」, 成均館大學校 大學院 박사학위논문, 2005.
김명희, 「朝鮮 前期 선비들의 茶 精神 - 茶詩를 中心으로」, 원광대학교 대학원 박사학위논문, 2006.
曺圭洪, 「心齋와 洞察治療의 比較分析」, 강원대학교대학원 박사학위논문, 2007.
김재홍, 「역학의 중정지도에 관한 연구」, 충남대학교대학원 박사학위논문, 2008.
강현숙, 「일본의 전다도(煎茶道)에 관한 연구」, 성신여자대학교대학원 박사학위논문, 2008.
김희자, 「五洲 李圭景의 茶文化觀 硏究」, 원광대학교대학원 박사학위논문, 2008.
센겐시쓰, 「다도의 精神:茶道の精神」, 중앙대학교대학원 박사학위논문, 2008.
송해경, 「艸衣意恂의 茶道觀 硏究 : 東茶頌을 중심으로」, 원광대학교대학원 박사학위논문, 2008.
신미경, 「茶事典籍을 通해 본 宋과 高麗의 茶文化 考察」, 성신여자대학교 대학원 박사학위논문, 2008.
고연미, 「韓·中·日 點茶文化에 나타난 宋代 建盞硏究」, 원광대학교대학원 박사학위논문, 2009.
노근숙, 「日本 草庵茶의 形成過程을 통해 본 茶文化 構造에 관한 硏究」, 원광대학교대학원 박사학위논문, 2009.
박정희, 「17-18세기 通信使에 대한 日本의 儀式茶禮 硏究」, 원광대학교대학원 박사학위논문, 2009.
박홍관, 「韓國 茶道具 名稱 統一模型에 관한 硏究」, 원광대학교대학원 박사학위논문, 2009.
서정임, 「唐代 文人의 茶道觀 硏究 : 陸羽를 중심으로」, 원광대학교대학원 박사학위논문, 2009.
조인숙, 「조선 전기 茶詩 연구: 徐居正과 金時習을 중심으로」, 원광대학교대학원 박사학위논문, 2009.
許稲, 「程明道의 天理思想 硏究」, 성균관대학교대학원 박사학위논문, 2011.

학술지논문

김상현, 「艸衣禪師의 茶道觀」, 『史學志』10, 단국사학회, 1976.
김태영, 「한국儒學에서의 誠敬思想」, 『호서문화연구』 제3호, 호서문화연구소, 1983.
金洛必, 「莊子의 精神槪念」, 社會思想硏究, Vol.1 1984.
고영인, 「이퇴계의 심리학과 眞西山의 心經」, 『퇴계학연구논총』 제8권, 1987.
柳錫永, 「朝鮮時代 科學答案에 관한 硏究」, 『한국행정학보』 제21권 제1호, 한국행정학회, 1987.
崔丞灝, 「退溪의 養氣와 老莊의 養氣의 차이」, 『韓國의 哲學』 제16호, 경북대퇴계연구소, 1988.
천병식, 「韓國 茶詩의 主題 考察」, 『인문노총』 제4집, 아주대학교 인문과학연구소, 1993.

이상곤,「性理學의 老莊認識」,『道敎의 韓國的 受容과 轉移』, 한국도교사상연구회, 아세아문화사, 1994.
李相殷,「儒家의 根本思想과 禮樂의 位相」,『儒敎思想研究』제7집, 한국유교학회, 1994.
金光淳,「退溪의 誠敬哲學과 文學認識」,『동방한문학』제10호, 동방한문학회, 1994.
조민환,「朱熹의 老莊觀」,『道敎文化研究』제11집, 한국도교문화학회, 1995.
金洛必,「栗谷 李珥의 老子觀」,『도교문화연구』제10집, 한국도교문화학회, 1996.
임채우,「老莊의 세계이해방식」,『道敎文化研究』제13권, 한국도교문화학회, 1999.
김학목,「魏晉玄學에서 知와 無에 대한 考察」,『도교학연구』Vol.16, 한국종교학회, 2000.
조민환,「儒家의 異端觀 研究」,『哲學』63권, 한국철학회, 2000.
崔珍晳,「宋明理學의 성립과 道敎」,『도교문화연구』제15집, 한국도교문화학회, 2001.
맹제영,「莊子『齊物論』의 和合 思想 연구」,『인간연구』제2호, 가톨릭대학교 인간학연구소, 2001.
김용수,「朝鮮朝 性理學者들의 老子注 研究」,『도교문화연구』제18집, 한국도교문화학회, 2003.
진창영,「안민가 찬기파랑가와 老莊思想」,『新羅學研究』Vol.7, 위덕대학교부설 신라학연구소, 2003.
崔珍晳,「老莊에게서 인간은 어떠한 존재인가?」,『인간연구』Vol.-No.6, 가톨릭대학교 인간학연구소, 2004.
이종성,「莊子의 '坐忘'론」,『大東哲學』제24집, 대동철학회, 2004.
이진용,「嵇康과 向秀의 養生 논변」,『道敎文化研究』제22집, 한국도교문화학회, 2005.

金松姬,「張衡 賦와『莊子』」,『中國文化硏究』제7집, 중국문화연구학회, 2005.
박수밀,「朴趾源의 老莊思想 수용과 神仙觀」,『도교문화연구』제22집, 한국도교문화학회, 2005.
金炯錫,「林希逸의 老莊注를 중심으로 본 三敎觀」,『유교사상연구』제25집, 한국유교학회, 2006.
이진용,「葛洪『抱朴子內篇』의 '玄' '道' '一'에 대한 이해」,『道敎文化硏究』제26집, 한국도교문화학회, 2007.
김기원,「曉堂 崔凡述의 生涯와 韓國茶道의 中興」,『학술심포지엄』Vol.1, 계명대학교 차문화연구소, 2010.
朴南植,「曉堂의 茶詩감상을 통해본 차살림精神 小考」,『한국차학회지』제16권 제1호, 2010.
朴南植,「『韓國의 茶道』에 나타난 曉堂의 茶道精神」,『한국차학회』제16권 제2호 2010.
尹絲淳,「儒學의 '天人合一'思想에 대한 현대적 해석」,『유교문화연구』제18집, 성균관대학교 유교문화연구소, 2011.

웹사이트

國學網 http://www.guoxue.com/jibu/wenxuan/wx_ml.htm
百度百科 http://baike.baidu.com
中國哲學書電子化計劃 http://ctext.org/pre-qin-and-han/zh
中央硏究員歷史言語硏究所 http://www.ihp.sinica.edu.tw/
한국고전종합DB http://db.itkc.or.kr/itkcdb/mainIndexIframe.jsp

찾아보기

ㄱ

권오복(權五福) 348
김상헌(金尙憲) 22, 194, 347, 350
김수손(金首孫) 148, 347, 348, 349
김일손(金馹孫) 40, 198, 220, 290, 291, 348, 349
김종직(金宗直) 6, 32, 144, 149, 169, 180, 235, 279, 289, 290, 293, 320

ㄴ

낙도(樂道) 7, 145, 175, 180, 181, 182, 183, 185, 186, 189, 190, 192, 193, 196, 198, 199, 200, 201, 202, 216, 217, 218, 219, 220, 222, 223, 327
낙천(樂天) 47, 122, 131, 133, 212, 214
낙천지명(樂天知命) 236, 259, 260, 282
남도부(南都賦) 65, 66, 67, 74, 75, 162, 238, 246, 282
낭중지법(囊中之法) 107, 164
노동(盧仝) 31, 94, 97, 99, 103, 111, 129, 131, 132, 133, 161, 214

ㄷ

다산(茶山) 309, 337, 339, 340, 341, 342
대관차론(大觀茶論) 47
동생(董生) 105, 111, 116, 197
동차송(東茶頌) 5, 336, 338, 345, 355
두육(杜毓) 62, 80, 82, 86

ㄹ

류승국(柳承國) 6, 21, 147, 216, 351

ㅁ

문선(文選) 65, 66, 67, 73, 74, 75, 110, 116, 161, 163, 238, 246, 282
문헌통고(文獻通考) 32, 35, 36, 41, 45, 46, 47, 48, 49, 52, 54, 155

ㅂ

반고(班固) 138, 157, 238, 248, 276
배문(裵汶) 31, 112, 116
백이(伯夷) 91, 96, 121, 125, 126, 127, 131, 132, 163, 165, 168, 174, 211, 214, 222, 261

범중엄(范仲淹) 97, 103, 180, 193, 194
벽이단부오도(闢異端扶吾道) 22

ㅅ

사가독서(賜暇讀書) 348
사현부(思玄賦) 65, 162, 238, 239, 245, 246, 247, 248, 282
사호(四皓) 121, 127, 128, 131, 132, 165, 168, 211, 214
선차(禪茶) 296, 333
소동파(蘇東坡) 131, 133
소이(蘇廙) 80, 82, 85
송궁문(送窮文) 273
수륙재(水陸齋) 348
수양(修養) 21, 24, 95, 96, 112, 145, 164, 182, 183, 200, 202, 203, 207, 208, 217, 219, 221, 230, 242, 243, 249, 255, 266, 267, 280, 281, 283, 308, 319, 320, 322, 323, 325, 326, 328, 329, 345
신동기이입묘(神動氣而入妙) 139, 140, 158, 166, 170, 171, 208, 209, 237, 270, 273, 282
심차(心茶) 7, 144, 145, 146, 150, 159, 160, 161, 166, 170, 171, 172, 175, 177, 181, 182, 208, 217, 222, 296, 297, 329
심체본명(心體本明) 174, 202, 209, 221, 230, 231, 234, 277, 283

ㅇ

양생(養生) 7, 83, 97, 134, 137, 138, 139, 156, 157, 158, 159, 163, 165, 172, 175, 177, 217
양웅(揚雄) 38, 248, 263, 273
양진(楊震) 121, 125, 126, 131, 132, 165, 168, 211, 214
오심지차(吾心之茶) 7, 8, 139, 144, 145, 146, 156, 159, 161, 166, 169, 170, 171, 175, 176, 181, 182, 201, 208, 216, 217, 218, 219, 221, 222, 296, 345
오해(五害) 122, 132
옥당(玉堂) 105, 196
유백륜(劉伯倫) 14, 20, 26, 27, 152
유통부(幽通賦) 138, 157, 238, 248, 276
육우(陸羽) 6, 15, 20, 21, 28, 29, 30, 37, 38, 39, 41, 46, 62, 131, 133, 147, 148, 151, 153, 155, 161, 211, 214, 216, 320, 321, 336
윤필상(尹弼商) 347, 348
이로(二老) 121, 127, 131, 132, 165, 168, 211, 214
이문흥(李文興) 196
이아(爾雅) 37, 38, 40, 43, 72, 114, 153, 155, 215
이존오(李存吾) 197
이주(李胄) 291
이평사집(李評事集) 4, 67, 68, 73

ㅈ

장원(張源) 80, 81, 84, 197, 315, 348
장유(張維) 350
장형(張衡) 65, 66, 67, 162, 238, 239, 245, 246, 247, 248, 282
정명도(程明道) 22, 187, 191, 192, 194, 195, 204, 208, 220, 221, 357
정좌(靜坐) 207, 208, 221, 243, 281, 282, 325
정행검덕(精行儉德) 30
조엽(曹鄴) 48, 122, 131, 133, 212, 214
주자(朱子) 28, 31, 95, 130, 133, 183, 186, 188, 190, 193, 195, 197, 203, 204, 205, 206, 207, 208, 210, 211, 216, 219, 221, 222, 227, 229, 232, 235, 243, 252, 254, 258, 259, 269, 277, 280, 281, 282, 285
중산(中散) 15, 26, 27, 152

ㅊ

차경(茶經) 6, 15, 20, 21, 28, 29, 30, 37, 39, 41, 46, 62, 131, 133, 147, 148, 151, 152, 153, 155, 156, 161, 216, 217, 322, 336
차례(茶禮) 130, 214, 215, 216, 311, 330, 331, 332, 345
차록(茶錄) 80, 81, 84
차부(茶賦) 5, 6, 7, 14, 20, 21, 22, 23, 25, 29, 30, 35, 36, 41, 43, 51, 65, 74, 99, 110, 131, 134, 137, 139, 140, 143, 144, 146, 147, 148, 149, 150, 151, 152, 153, 154, 155, 156, 157, 158, 159, 160, 161, 162, 163, 164, 165, 166, 167, 168, 169, 170, 171, 172, 173, 174, 175, 176, 177, 180, 181, 182, 201, 202, 208, 211, 215, 216, 217, 218, 219, 221, 222, 223, 226, 235, 238, 246, 280, 282, 283, 296, 300, 320, 345, 355
차술(茶述) 31, 112, 116, 118
차신전(茶神傳) 5, 84, 336
차심일여(茶心一如) 6, 139, 146, 158, 161, 166, 175, 208, 217, 222
차오공(茶五功) 105
차육덕(茶六德) 132, 210
차칠효(茶七效) 146, 161, 167, 169, 174
천군(天君) 134
천도책(天道策) 25, 26, 169, 203, 281
천부(荈賦) 62, 80, 82, 85, 86, 87, 88
초의(艸衣) 5, 6, 28, 35, 84, 209, 309, 332, 336, 337, 338, 339, 342, 343, 344, 345
최응현(崔應賢) 197
추사(秋史) 337, 342, 343, 344
축빈부(逐貧賦) 273
춘추좌씨전(春秋左氏傳) 180, 194
충현서원(忠賢書院) 350
칠완차가(七碗茶歌) 161

ㅌ

투차가(鬪茶歌) 97, 103

ㅍ

파(菠) 33, 34, 39, 40, 43, 44, 146, 153, 154, 155, 156, 161, 176
팔진(八鎭) 122, 132
팽택(彭澤) 152
풍류차도(風流茶道) 176

ㅎ

한(蘘) 33, 39, 146, 153, 154, 155, 156, 161, 176
한유(韓愈) 64, 66, 105, 111, 116, 133, 263, 273
한재문집(寒齋文集) 15, 154, 349, 351, 353
허령불매(虛靈不昧) 203
허실생백부 7, 139, 146, 147, 158, 162, 169, 170, 174, 175, 176, 202, 203, 208, 209, 221, 224, 225, 226, 229, 232, 233, 234, 235, 236, 237, 238, 246, 276, 278, 279, 280, 281, 282, 283, 288, 292
허실생백부虛室生白賦 7, 146
현허낙도(玄虛樂道) 146, 167, 175
호연지기(浩然之氣) 203
홍기달(洪貴達) 293
홍문관부(弘文館賦) 169, 183, 276, 281, 294
효당(曉堂) 4, 5, 6, 309, 336
휘종(徽宗) 46